臨床心理学20-6（通巻120号）

［特集］ひきこもり——就職氷河期からコロナウイルス時代を見据えた全世代型支援

1 総論

日本のひきこもり ……………………………………………………………… 境　泉洋 665
ひきこもり本人 ……………………………………………………………………… Toshi 670
ひきこもり「当事者の知」——親の立場で ……………………………………… 伊藤正俊 674
コロナウイルスとひきこもり …………………………………………………… 池上正樹 679

2 ひきこもりの理解

ひきこもりの生物学的基盤——ひきこもりにバイオマーカーは存在するのか？ ……………… 早川宏平・加藤隆弘 683
発達的要因・個人要因 ………………………………………………………… 齊藤万比古 692
ひきこもりの理解——家族関係 ……………………………………………… 野中俊介 698
ひきこもりの文化・社会的要因——文化心理学からの検討
……………………………… Koh, Alethea H.Q.・Liew Kongmeng・内田由紀子 703

3 ひきこもりの支援

家族支援 ……………………………………………………………………… 平生尚之 710
居場所支援 …………………………………………………………………… 田中　敦 714
本人支援——主として相談室などでの対面的支援 …………………………… 竹中哲夫 719
「働かなくても良い」から始まる就労支援 ………………………………… 芦沢茂喜 723
訪問支援 ……………………………………………………………………… 齋藤暢一朗 728
危機介入 ……………………………………………………………………… 山本　彩 733
ファイナンシャル支援 ……………………………………………………… 村井英一 738
ひきこもり本人がいるきょうだいへのアプローチ——「KHJひきこもり兄弟姉妹の会」の実践活動から ……… 深谷守貞 743
コロナ危機とひきこもり ……………………………………………………… 中垣内正和 747

投　稿
理論・研究法論文
　　対話的ナラティヴ分析の臨床的意義に関する
　　考察——頻回病休者の混沌の語りからナラ
　　ティヴ分析を考える
　　　　　　　　　野田実希・阪上　優 755
資料　心理療法におけるクライエントの感情変容を捉
　　　える——修正感情体験尺度クライエント版開
　　　発の試み　　　中村香理・岩壁　茂 765

リレー連載
臨床心理学・最新研究レポート シーズン3
　　第25回「日常の臨床活動においてクライエントからの
　　フィードバックを活用する」　高野　明 773
主題と変奏——臨床便り
　　第46回「「東洋思想と心理療法」研究会の歩み」
　　　　　　　　　　　　　　大山みち子 778

書　評 779
● 鈴木大介 著『「脳コワさん」支援ガイド』（評者：風間雅江）
● 日本学生相談学会 編『学生相談ハンドブック新訂版』（評者：杉原保史）
● 亀岡智美 著『子ども虐待とトラウマケア——再トラウマ化を防ぐトラウマインフォームドケア』（評者：橋本和明）
● 齋藤 梓・大竹裕子 編著『性暴力被害の実際——被害はどのように起き，どう回復するのか』（評者：野坂祐子）

次号予告 753 ／実践研究論文の投稿のお誘い 771 ／総目次 783 ／投稿規定 789 ／編集後記 790

シリーズ ケアをひらく

食べて出せればOKだ！（けど、それが難しい……。）

食べることと出すこと

■著 頭木 弘樹

「人間なんてしょせん食べ
て出すだけ」。なるほど。
ではそれができなくなっ
たらどうする——食事と
排泄という「当たり前」
が当たり前でなくなったと
き、世界はどう変わった
のか？ 切実さの狭間に
漂う不思議なユーモアが、
何が「ケア」なのかを教
えてくれる。

人間は、
食べて出すだけの
一本の管。
（だが、悩める管だ……。）

●A5 頁328 2020年
定価：本体2,000円＋税
［ISBN978-4-260-04288-8］

「日常を支える人々」に捧げるアメイジングな思考！

やってくる

■著 郡司ペギオ 幸夫

日々の生活は、何かを為
すためのスタート地点で
はない。それこそが奇跡
的な達成であり、体を張
って実現すべきものなん
だ！ ケアという「小さき
行為」の奥底に眠る過激
な思想を、素手で取り出
してみせる郡司氏。その
圧倒的に優しい知性。

やってくる
郡司ペギオ幸夫
「日常」という
固いアスファルトを
めくってみた。
天然知能、全開！

●A5 頁312 2020年
定価：本体2,000円＋税
［ISBN978-4-260-04273-4］

「脳がコワれた」僕らから、すべての援助者へ

「脳コワさん」支援ガイド

■著 鈴木 大介

高次脳機能障害の人も、
発達障害の人も、認知症
の人も、うつの人も、脳
が「楽」になれば見えて
いる世界が変わる。疾患
ごとの〈違い〉に着目す
る医学＋〈同じ〉困りごと
に着目する当事者学＝
「楽になる」を支える超実
践的ガイド！

「脳コワさん」
支援ガイド
鈴木大介
ブックレコーディング
清水淳子

脳が コワ れたら、
「困りごと」はみな同じ。

だれもが「楽」になる。

●A5 頁226 2020年
定価：本体2,000円＋税
［ISBN978-4-260-04234-5］

幻は、幻が消えたときに、幻とわかる。
——脳の中からの鮮やかな現場報告！

誤作動する脳

■著 樋口 直美

「時間という一本のロープ
にたくさんの写真がぶら
下がっている。それをた
ぐり寄せて思い出をつか
もうとしても、私にはその
ロープがない」——「レビー
小体型認知症」と診断さ
れた女性が、幻視、幻臭、
幻聴など五感の変調を抱
えながら達成した圧倒的
な当事者研究。

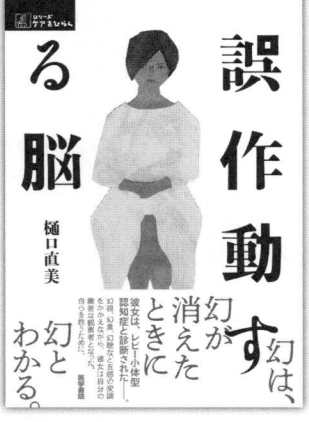

誤作動する脳
幻が消えたときに
幻とわかる。
樋口直美

●A5 頁260 2020年
定価：本体2,000円＋税
［ISBN978-4-260-04206-2］

医学書院

〒113-8719 東京都文京区本郷1-28-23　[WEBサイト] http://www.igaku-shoin.co.jp
[販売・PR部] TEL:03-3817-5650　FAX:03-3815-7804　E-mail:sd@igaku-shoin.co.jp

[特集] ひきこもり──就職氷河期からコロナウイルス時代を見据えた全世代型支援

日本のひきこもり

境 泉洋 Motohiro Sakai

宮崎大学教育学部

I　はじめに

2000年頃から注目されはじめたひきこもりは，当初，若者の問題と認識されていた。しかし，近年では高年齢化事例の増加に伴い，全世代で生じるひきこもりが社会問題となっている。全世代で生じるとはいっても，ひきこもりの中心層は2000年頃に就職を迎えた就職氷河期世代である。この世代が，中高年に差し掛かったことが高年齢化の背景にある。

2020年，世界はコロナウイルスの猛威に曝されている。オリンピックで湧くはずだった日本の経済は急転直下の大きな危機に直面している。1990年代のバブル崩壊による就職氷河期と同じような経済的停滞期を迎えるとなれば，ひきこもりに陥る人が再び増加することになるだろう。

コロナウイルスの出現によって世界が変わろうとしている今，本特集を通じて，ひきこもりの今を知り，どのように対応していくかだけではなく，ひきこもりがこの20年になぜ日本に起こったのか，我々はひきこもりをどのように理解し，共に生きていくのかについて知ってもらいたい。

II　就職氷河期からのひきこもり

ひきこもりの問題が，大きな注目を集めるようになったきっかけは，ある事件への過剰な報道であった。それは，1999年の京都小学生殺害事件，新潟少女監禁事件，2000年の佐賀バスジャック事件である。これらの一連の事件がひきこもり状態にある人（以下，ひきこもり本人）によって引き起こされたという報道がなされ，ひきこもりは犯罪と結びつく状態であるかのようにしてクローズアップされた。こうした経緯で注目されるようになったひきこもりへの偏見は今でも根強く，ひきこもり本人や家族に対する大きなプレッシャーとなり，ひきこもりからの回復の大きな障壁となっている。

これらの事件を契機に，厚生労働省はひきこもりを主に扱う研究班を組織した。この研究班は，本邦初のひきこもりのガイドライン「地域精神保健におけるひきこもりへの対応ガイドライン」（以下，第一次ガイドライン）を公表した（伊藤，2004）。第一次ガイドラインは2004年度以降，精神保健福祉センター，保健所といった行政機関がひきこもりへの支援を行う上での重要な指針となった。

第一次ガイドラインが公表された後，ひきこもり本人の背景にさまざまな精神医学的疾患があることが明らかにされてきた。こうしたことを受けて，厚生労働省は新たな研究班を立ち上げ，2010 年に「ひきこもりの評価・支援に関するガイドライン」（以下，第二次ガイドライン）（齊藤，2010）を公表した。第二次ガイドラインにおいては，診断に基づいて治療方針を 3 つに分けることが提唱されている。第一群は薬物療法の有効性が考えられる群，第二群は福祉的支援が必要な群，第三群は心理・社会的支援が中心になると考えられる群である。第二次ガイドラインでは，ひきこもり本人に対する多様な精神医学的背景を踏まえた治療の必要性が示されている。

　近年のひきこもりの傾向として，ひきこもり本人の高年齢化が指摘されている。ひきこもり本人の高年齢化は，8050 問題と重なる現象である。8050 問題とは，年金生活をしている 80 歳の親が無職の 50 歳の子どもを養っているような状態を指している。この 8050 問題は，高年齢化したひきこもり本人と家族が直面する深刻な問題である。

　ひきこもりと 8050 問題の関連に注目が集まるようになったのは，内閣府が行った調査によるところが大きい。2019 年 3 月 29 日に内閣府が行った生活状況に関する調査（以下，高年齢ひきこもり調査）では，40 歳から 64 歳のひきこもり者数が 61.3 万人であることが示された（内閣府政策統括官（共生社会政策担当），2019）。2016 年 9 月に内閣府政策統括官（共生社会政策担当）（2016）が実施した若者の生活に関する調査（以下，若年ひきこもり調査）で示された，15 歳から 39 歳のひきこもり者数 54.1 万人という推計値と合わせると，15 歳から 64 歳のひきこもり者数は 115.4 万人に上ることになる。40 歳以上の高年齢化したひきこもりの増加は，その数が 40 歳未満の若年者よりも多いというエビデンスが示されることによって，事態の深刻さが浮き彫りとなっている。

III　偏見が引き起こす深刻な事態

　ひきこもりは常に世間の関心を集める話題であったが，昨年，ある事件によってひきこもりがとりわけ大きな注目を集めた。2019 年 5 月 28 日に起こった川崎市登戸児童殺傷事件（以下，川崎事件）である。この事件では，スクールバスを待っていた小学生とその保護者らが，両手に刃物を持った 51 歳の男性に襲われ，児童とその保護者の男性が死亡し，犯人も襲撃後に自殺をした。この事件を起こした犯人がひきこもり状態にあったという報道がなされることで，2000 年頃と同じように，ひきこもり本人と家族は世間からの強い偏見に曝される危機に直面した。

　しかし，2000 年と違ったのは，事件とひきこもりが関連づけられて報道されていることに対して，即座に警鐘が鳴らされた点である。例えば，KHJ 全国ひきこもり家族会連合会は，2019 年 6 月 1 日に，ひきこもりへの偏見を助長するような報道を控えるよう声明文を出している（KHJ 全国ひきこもり家族会連合会，2019）。そして，6 月 4 日には，厚生労働大臣が安易に事件をひきこもりなどと結びつけるのは慎むべきだという発言をするに至っている。こうした警鐘によって，ひきこもりへの偏見の助長に歯止めをかけることができた。このことは，偏見に翻弄されるしかなかった 20 年前から大きく前進したところである。

　しかしこうしたなかで，2019 年 6 月 1 日に起きた事件は関係者に再び衝撃を与えた。それは，元農水省事務次官（77 歳）がひきこもっていた長男（44 歳）を殺害した事件（以下，長男殺害事件）である。この事件は，まさに川崎事件の報道によってひきこもりへの偏見が強まり，ひきこもりで苦しむ家族全体が追い詰められるなかで起きたのである。父親は，家庭内暴力を振るっていた長男が，事件当日，自宅近くの小学校で行われていた運動会の音に腹を立てていたのを見て，川崎事件と同じように周りの人に危害を加えるかもしれないという思いから，犯行に至ったと供述し

ている（NHK, 2019）。この事件は，ひきこもりの高年齢化に加えて，川崎事件への報道によって強まった偏見のなかで引き起こされたといえるものであった。

偏見に追い詰められた家族が遭遇する事態として，暴力的支援の問題も取り沙汰されている。暴力的支援とは，ひきこもり本人の意思を無視して，望んでいない支援を押しつける行為全般のことを指す（池上, 2019）。こうした暴力的支援が横行する背景には，追い詰められた家庭の状況が関連している。高年齢化の不安に加えて，川崎事件や長男殺害事件に対するような偏見を助長する世論が形成されると，家族へのプレッシャーは極限まで強くなる。こうした苦境から一刻も早く抜け出すために，藁をもつかむ思いで支援を探すなか，運悪くたどり着いてしまうのが暴力的支援である。

暴力的支援の問題は大きく2つに分れるとされている（加藤, 2020）。ひとつは，人権侵害の問題である。暴力的支援では，本人の同意を得ずに，本人を家庭外に連れ出すことが横行している。この行為は，明らかに本人への人権侵害である。2つ目は，契約の問題である。暴力的支援機関では，契約をした家族に話していたような支援を実際には行っていないことが問題となっている。また，解約をしたいと思っても，本人が施設に居たりすることで，スムーズな契約解除ができないという問題も生じている。こうした暴力的支援が深刻なトラブルになる要因として，法外な報酬の問題がある。暴力的支援機関が求める報酬として，3カ月で500万，半年で700〜800万という事例が報告されている（池上, 2019；加藤, 2020）。このような，ひきこもり支援を目的とした民間事業の利用を巡る消費者トラブルに関しては，消費者庁のウェブサイトでも注意喚起がなされるに至っている（消費者庁, 2019）。

IV　なぜ就職氷河期の日本にひきこもりが増えたのか？

この問いは，ひきこもり問題に関する中核的な問いである。この問いの答えとしては，2つの観点から考えられる。ひとつは，就職氷河期の日本において，安定した職に就けなかった若者がひきこもりはじめたことが発端となっているという点である。新卒一括採用が大勢であったその頃の日本においては，一度ひきこもり状態になった若者に働く場が提供されることはなく，ひきこもりが長期化してきた。日本政府は，ここ最近になって就職氷河期世代の支援を打ち出しているが，本来であれば20年前に着手すべき政策である。

もうひとつの観点は，働く場がなくなった日本の若者は，なぜひきこもったのかという点である。働く場がなくなることは海外でも度々起こる。しかし，海外では，働く場を得られない若者たちは，デモをしたり，路上生活者になったり，犯罪に手を染めたりするなど，良くも悪くも家庭外でさまざまな行動に打って出ている。ではなぜ，日本の若者は家のなかにひきこもるという選択をしたのであろうか。

日本の若者がひきこもるという選択をした背景には日本の文化がある。この点については，本特集でもAlethes氏らの論説で詳しく解説されている。この文化的要因には，個人レベルの要因だけではなく，家族の在り方，さらには日本の社会全体に関する要因も絡んでくる。家族の要因に関しては，本特集の野中氏の論説を参照していただきたい。

この中核的な問いから我々が理解しなければいけないのは，日本という国でバブル崩壊による就職氷河期が起こったが為に出現した，ひきこもりという課題は，我々日本人が日本の課題として取り組まなければいけない問題だということである。

V　コロナウイルスとひきこもり

　コロナウイルスとひきこもりとの関連について
も触れておきたい。コロナウイルスの影響に関し
ては，池上氏，中垣内氏の論説に詳しく書かれて
いるが，ここでは筆者の経験も踏まえて述べる。

　コロナウイルスの蔓延は，ひきこもり本人や家
族だけではなく，支援者にも大きな影響を与えて
いる。最も深刻なのが，コロナの影響によって社
会との繋がりが絶たれ，孤立する事例が多くなっ
ていることである。特に，細いながらも外部と繋
がれていた本人や家族は，コロナの影響によって
居場所や家族会が中止になることで，孤立させら
れてしまう事態に陥っている。

　また，家庭で過ごす時間が増え，家族との関わ
りの重要性も増している。ひきこもり支援におけ
る家族関係の重要性は周知の事実であるが，家庭
での時間が増えた現在，家族関係の善し悪しで経
過が二極化している。孤立が深まりやすい時期だ
からこそ，家族の在り方について真剣に考えなけ
ればならない。

　さらに懸念されるのが，コロナ禍に伴う経済悪
化により，社会全体にひきこもりを受け入れる余
力がなくなることである。このことに触れるのは，
2000 年頃の就職氷河期の二の舞になってはいけ
ないという警鐘を鳴らすためでもある。全世代に
ひきこもりが起こっている現状においては，若者
だけでなく，非正規雇用やブラック企業の従業員，
介護辞職といった就労弱者とでもいえる人がひき
こもりになる可能性がある。この 20 年でわかっ
てきたことを踏まえると，日本における就労弱者
は年代にかかわらず，ひきこもることを選択する
可能性が高いといえる。

　悲観的なことばかり書いてしまったが，コロナ
ウイルスの影響はネガティブなものばかりではな
かった。自粛やテレワークなどの新しい生活様式
は，ひきこもり本人にとってプラスに作用してい
る部分もある。緊急事態宣言下で日本全体が自粛
していたとき，ひきこもり本人や家族の多くは少
しほっとしていた。それは世の中の生産性が低下
することで，非生産性への負い目が弱くなったた
めである。また新しい生活様式は，社会的参加を
避け，自宅中心の生活をしているひきこもり本人
にとっては，みずからの生活に社会のほうが近づ
いたことを意味する。こうしたプラスの影響につ
いては池上氏の論説にも詳しく書いてある。

VI　偏見ではなくひきこもりをどう見るか？

　ひきこもりに対する偏見は，さまざまな問題を
引き起こす。そのため，ひきこもりに偏見をもた
ずに接することが，ひきこもり支援の根幹である。
では，ひきこもりをどのように捉えればよいのだ
ろうか？　本特集では，ひきこもり支援方法につ
いての各論を設けているが，すべての論説に共通
する視点は，「安心してひきこもれる環境づくり」
である。この視点は，ひきこもり支援の最重要ポ
イントであるが，最も理解が困難なポイントでも
ある。

　「安心してひきこもれる環境づくり」の重要性に
ついては，すべての著者に共通しているが，特に
芦沢氏の「『働かなくていい』から始まる就労支援」
は当を得た表現である。また，働いて収入を得る
ということについて，ファイナンシャルプラン
ナーである村井氏の指摘も理にかなっている。村
井氏は，年齢の高い場合，生涯年収への影響を考
えるとあまり就労に拘る必要はないとしている。
その理由として，50 代の人が月 5 万円の収入を 10
年間得たとしても，生涯年収は 600 万円の増加に
とどまり，この程度の生涯年収の増加は誤差であ
るため，日々の節約で十分賄えるというのである。
この考え方は，高年齢の事例の将来設計をどのよ
うに立てるかというときに非常に有益である。こ
うした考えがあれば，全世代の人に就労を目指さ
せるような支援をすることはないだろう。

　「安心してひきこもれる環境づくり」は，ひき
こもりを助長させるのではないか，という疑問が
ある方は，ぜひ，ひきこもり支援の論説をご一読
いただきたい。

VII　当事者目線でのひきこもり支援

　本特集では，第 1 部にひきこもり本人と家族の論説を掲載している。この論説もご一読いただくと，もちろん一例でしかないのだが，それでも当事者目線からみたひきこもりがどのような体験であるかをひしひしと感じることができる。この論説を読めば，ひきこもり本人とその家族が，悩み，傷つき，打ちひしがれそうになっても，それでもなお前を向き今にたどり着いたことをわかっていただけるだろう。そして，ひきこもりの経験から得られた新たな人生のありようも垣間見えるだろう。

　Toshi 氏の論説においては，「リカバリー」について触れられている。Toshi 氏のいうリカバリーとは，「傷を抱えたままでも，そのまま歩むと良い」という考えである。このリカバリーに到達するために，安心を基盤とした当事者目線の支援のヒントを本特集から得ていただきたい。

▶ 文献

池上正樹（2019）KHJ に「暴力的支援」対策プロジェクト を結成．たびだち 91；25-26.

伊藤順一郎 監修（2004）地域保健におけるひきこもりへの対応ガイドライン．じほう．

加藤順子（2020）暴力的支援ビジネスの最近の情勢①．たびだち 94；22-23.

KHJ 全国ひきこもり家族会連合会（2019）川崎市殺傷事件についての声明文（https://www.khj-h.com/news/statement/3058/ ［2020 年 10 月 15 日閲覧］）.

内閣府政策統括官（共生社会政策担当）（2016）若者の生活に関する調査報告書（https://www8.cao.go.jp/youth/kenkyu/hikikomori/h27/pdf-index.html ［2020 年 10 月 15 日閲覧］）.

内閣府政策統括官（共生社会政策担当）（2019）生活状況に関する調査（https://www8.cao.go.jp/youth/kenkyu/life/h30/pdf-index.html ［2020 年 10 月 15 日閲覧］）.

NHK（2019）ハートネット福祉情報総合サイト．「ひきこもり」は犯罪者予備軍なのか（https://www.nhk.or.jp/heart-net/article/259/ ［2020 年 10 月 15 日閲覧］）.

齊藤万比古（2010）ひきこもりの評価・支援に関するガイドライン．厚生労働省（https://www.mhlw.go.jp/file/06-Seisakujouhou-12000000-Shakaiengokyoku-Shakai/0000147789.pdf ［2020 年 10 月 15 日閲覧］）.

消費者庁（2019）ひきこもり支援を目的として掲げる民間事業の利用をめぐる消費者トラブルにご注意ください！（https://www.caa.go.jp/policies/policy/consumer_policy/caution/caution_009/ ［2020 年 10 月 19 日閲覧］）.

[特集] ひきこもり——就職氷河期からコロナウイルス時代を見据えた全世代型支援

ひきこもり本人

Toshi

ひきこもり当事者グループひき桜 in 横浜

　私は「ひきこもり当事者グループひき桜 in 横浜」という当事者団体などに関わっている Toshi と申します。そして 14 歳から 26 歳まで，ほぼ「ひきこもり」として過ごした当事者です。

　この原稿を執筆している現在（2020 年 8 月）は「新型コロナウイルス」の感染が再拡大している最中にあります。

　私のひきこもり経験は，1990 年代から 2000 年代にかけての「ひきこもり」という言葉が普及していなかった時代のものです。「コロナ」の現在とは状況が異なるかと思いますが，私の時代も，レールから外れた者には厳しい社会だったと感じています。ここでは「ひきこもり当事者活動」が支える杖になってくれたこと，そして現在をお伝えできればと思います。

Ⅰ　不登校からの「ひきこもり」

　私は中学 2 年生の 2 学期から，イジメをきっかけに学校に行けなくなりました。

　小学校の頃は，元気の良い子どもで，勉強にも困らず，仲の良いサラリーマン家庭に育ちました。しかし中学校に入ってから，担任の先生をバカにしている陰湿な同級生と仲が悪くなり，結果的には陰口を広められ，それを真に受けた友達に，い

きなりテニスのラケットで 10 発以上も頭を殴られるようになりました。

　家族に泣きながら訴えても，学校は何も対応してくれませんでした。自分が悪口を言われていたとは知らない担任の先生までも，陰湿な同級生を信じて，私に「君はナイフを振り回したんだよね？」と言ったのです。

　学校の全てが敵となり通えなくなっても，追い打ちとして同級生に家の中を覗かれました。そして昼はカーテンを閉めて隠れ，夜になってからゲームをする生活になり，何年経っても，同級生に見られて悪口の種にされたくないからと，買い物にも行けませんでした。

　もしかしたら早めに環境を変えられたら，それで済んだのかもしれません。しかし結果的には，休んだ私が「傷物」になりました。

　それまで成績は良い方で，塾に行かなくても偏差値は 62 〜 68 ほどありましたが，あっという間に普通の道は無くなってしまいました。

　それが，26 歳まで 10 年以上の「ひきこもり」の始まりでした。

　現在は「コロナ」のため，誰もが外に出られない状況ですが，当時の私にとっても，外の世界は「出てはいけない場所」になっていたのです。

20歳ぐらいのときには，中学の卒業アルバムを壁に思い切り叩きつけ，縦に真っ二つに割り，アルバムを破るように開けて，写真に写った同級生の目を針で刺し，破り捨てたこともありました。物音を聞いて駆けつけた母は，悲しそうに見ていました。

II　誰も私を知らない場所に行った

その後の私は，なぜか知らないけれど，あるコンサートに行こうと思いました。23歳のとき，いつものようにインターネットを使っていたら，東京の音楽大学の学園祭に「ドラゴンクエスト」の音楽をつくった憧れの作曲家「すぎやまこういち」が来ると書いてありました。そのときはなぜか「行きたい」と思ったのです。

学校も同級生も「悪魔」だった私にとって，唯一，傷つかずに残っていた「正しく，尊敬できる人」が，ゲームクリエイターだったのです。闇のなかで成長した私をギリギリのところで支えてくれていたのが，美しい物語と音楽の作り手でした。

そして交通費と食費を親にもらい，切符を買い，初めて一人で乗った電車で，片道3時間かけて目的地にたどり着きました。

オーケストラのホールに行くと，憧れの人が，現実の世界で指揮をしていて，最後には握手もしてもらえました。そして周りはファンばかり。初めて体験した，仲間だけがいる空間でした。それからもコンサートには，年に2回ほど行くようになりました。そこでは私は自由に息を吸えて，動けたのです。

これが大きなキッカケになり，この経験が，その後の「ひきこもり当事者活動」にも大きな影響を与えています。

III　26歳，何も持たないスタート

数年後，私は東京で一人暮らしを始めます。「あの人のいる場所に近付きたい」という思いだけで。中学の知識で止まっていて，書類ひとつ書けない状態でしたが，誰も自分を知らない場所なら，顔を上げて，人を見ることができました。

最初はハローワークの存在すら知らない状態でしたが，イベントで知り合った人に「いつもログインしてるけど，ニートなんですか？」と言われて，ボランティアに連れて行ってもらい，その業種で働こうとしました。その人には「やめな，絶対に潰れるよ！」と止められたのですが，ほかに仕事もないので申し込みました。

しかし職業訓練で資格を取った後，ハローワークを通したのに「あいつ，ぶっ殺してこいや！」という声が響く事務所に入ってしまい，1カ月で逃げ出しました。当時の私のような人が働こうとすると，一般常識では考えられないような職場に当たる可能性もあるのだと思います。

その後，家の近くの事務所でアルバイト募集があり，そのまま事務所に入ったところ，誰でも採用していたようで，来週から働いて下さいと言われました。

強い言葉も受けましたが，安定して給料がもらえるのが嬉しく，2年ぐらいは，連絡が来た仕事をどんどん受けて，週に6〜7日，夜勤明けも働いていました。「10年のひきこもりを覆して，不登校からでもやれると示すんだ！」という気持ちもあり，枕元に，たくさんの資格試験の教科書を買い集めました。

しかし言われたことはできて，パソコンの事務作業もこなせるけれど，電話の受け答えや書類仕事が全くダメでした。コミュニケーションがズレている私は，バランスが悪かったようで，正社員になれませんでした。

そして名の知れた企業にいた人が来たとき，能力を比較することもなく，事務作業を降ろされました。私みたいな人間を，ちゃんとした仲間と認める気はないんだと不満が強くなり，別のことで叱責を受けたとき，中学のイジメの記憶がよみがえって怒ってしまい，その夜に退職届を提出しました。

正社員になれば自立できて，過去を帳消しにできると思っていましたが，無駄でした。

その後，改めて就職支援施設で仕事を探しましたが，前のような働き方は嫌だという希望は伝わらず，さらに厳しい職場になりました。

サービス残業を毎日２時間行う職場で，繰り返される叱責。仕事を終わらせて寝る前に勉強して，業界の上位資格に合格しても，「デキない」私の状況は変わりませんでした。

そして心療内科で苦しみを語ると「不安障害」という診断を受けました。傷病手当金を受け取って休職できたときは，もう治らないでほしいと思いました。

写真　会場の９月の様子
（会場に参加者を呼ぶのが難しい状況が続く）

Ⅳ　ひきこもり当事者活動との出会い

部屋で寝て，通院するだけの生活のなかで，"始まりは，あの中学での出来事だったんじゃないか？"と，まるで「民族のルーツ」を探すように本を買い，そこで初めて，斎藤環さんの語る「社会的ひきこもり」という言葉を知りました。

私の記憶では，30代で私のような状況の人が，何の支援もなく生計を立てるのは極めて困難と書いてあり，また思春期でのいじめ被害は「いじめPTSDとでも言うべき，激しい攻撃性」を得るとあり，どちらも私のことのように感じて，初めて「努力不足じゃなかったんだ」と思いました。

それから「ひきこもり」という言葉に，"自分のルーツがあるのでは？"と感じ，さまざまなイベントを探しました。最初は「ひきこもりUXフェス」「ひきこもりフューチャーセッション庵」などに参加して，そして今も運営をしている横浜の「ひき桜」に行きました。

多くの「ひきこもり」イベントに共通することですが，当事者が主体で，そこにいるだけで良いという雰囲気がありました。例えば座って休むだけでも良いし，終わったら食事に行ったり，真剣に深い話をしたり，「支援」や「説得」ではなく，当事者一人ひとりが，自由に過ごせる雰囲気がありました。

そのうちに，ひき桜の「ひきこもりピアサポートゼミナール」という連続講座に参加するように

なりました。ピアサポートとは「当事者同士の助け合い」で，この場合は「ひきこもり当事者」同士で支え合うことになります。

Ⅴ　回復ではないリカバリー

ゼミでは「リカバリー」という言葉が登場しました。最初，"ひきこもりからの回復のこと？"と違和感を覚えました。"そもそも「ひきこもる」という決断が悪いことなのか？　そこから「回復」しなければいけないのか？"と。

そして「自分は，10年のひきこもりを経験して，５年働きましたが，回復なんてしませんでした」と話しました。でもゼミの人たちは，私の考えを正したり，解釈を教えるのではなく，同じ目線で「自分も回復したなんて言えないですよね」と話してくれました。

その後も，楽しく参加するうちに「リカバリー」という言葉は，過去を否定して「回復させる」ものではなく「傷を抱えたまま，そのまま歩めば良い」というものだと分かってきて，今ではすっかり，この言葉が好きになりました。

今まで，ひきこもり経験は隠すものでしたが，当事者の場所では「私もそうだったよ」と言ってくれる人がいて，心の重荷を分け合えました。

「ひき桜」は，私が運営側になる前から，ひきこもり当事者・経験者のみで運営して，当事者同士での対等な関わりと，相手を「上から変えようとしない」ことを大事にしてきましたが，これは

とても大切なことだと思います。

　そしていろいろなイベントを楽しく過ごしたり，経験を発表させていただけるようになりました。

VI　仕事は生計のため，当事者活動は生きるため

　結果的に，いつか手に入れたかった「自分のひきこもり経験を語り，認めてもらえる場所」が，手に入ってしまったのです。

　それなら，"仕事は「生活を維持するだけ」と割り切り，当事者活動を中心にすれば良いのでは？"と思い，横浜で低所得でも入れる部屋を探し，引っ越しました。職場は，週4日のアルバイトで生計を立てる場所と割り切り，心のなかでは，当事者活動を「本業」にしました。結果的には当事者仲間と別れることなく，2年以上，活動と両立できています。

　そして学費の安い放送大学に入りました。順調でも40代半ばになると思いますが，学位と資格を取れたらと思っています。

　これは誰のアドバイスでもなく「ひきこもり当事者活動」のなかで気持ちが和らぎ，自然に浮かんだ方法です。上手く行くかはわかりませんが，やれるだけやってみたいと思います。

VII　新型コロナウイルスのなかで

　その後も「ひきこもり当事者活動」は盛り上がっていたのですが，現在は「新型コロナウイルス」の影響を大きく受けています。

　2020年3月から，本格的に「ひき町」「ひき桜」の会場が使えなくなり，長期休止が続いています。最初は「緊急事態宣言が明ければ……」と思っていました。

　しかし6月からも「実名や連絡先の把握」「イスや机の配置固定」「電車移動のリスク」などの制約が大きく，参加人数も，今までのように部屋一杯とはいかないため，開催が難しい状況が続いています。

　オンラインに関しても，家族と同居していて，自由になるパソコン・スマホを持っていないことも多いのでは？　と思うので，なるべく多くの人が参加できる形はないかと悩んでいます。

　参加してくれていた当事者仲間との関わりが薄れるのは，心配であると同時に，力をもらっていた私自身の状態も悪化させています。「仕事のための外出」が終わったら，ほとんど起き上がれません。ネットを使っていても，ひきこもり時代に匿名掲示板で，どうしようもない書き込みに明け暮れていた状態に近くなってしまいます。

　たくさんの荷物を持って当事者会に行き，終わったら仲間と歩いていた時を懐かしく思っています。SNSや，他のオンライン当事者会があるだけでも，昔よりは楽ですが……

　そして社会状況は，より厳しくなるのではと心配していますが，「コロナ前の社会」が，当事者にとって良かったわけでもないと思います。

　「コロナ」をなかったことにするのではなく，傷を抱えながら，さまざまな立場の人たちと積極的に新しい世界を作る「リカバリー」に向かえたらと思い，私なりに悪戦苦闘しています。

［特集］ひきこもり──就職氷河期からコロナウイルス時代を見据えた全世代型支援

ひきこもり「当事者の知」
親の立場で

伊藤正俊 Masatoshi Ito
KHJ 全国ひきこもり家族会連合会 共同代表

　私は現在，KHJ 全国ひきこもり家族会連合会の共同代表をさせていただくとともに，山形県米沢市で NPO 法人から・ころ（体と心）センターの代表も務めております。私の活動は，平成 3（1991）年から「不登校やひきこもり」の方々（本人やご家族）からのお話をお聞きすること（相談活動）や，ご家族の方々の集いの場の提供（家族会），そして平成 15（2003）年から，当事者の方々が集まれる場（居場所）の提供などです。

　そもそも，私と不登校やひきこもりの方々との出会いがどのようなものだったか，ということからお話をいたします。

　私は 4 人の子どもに恵まれました。

　私は子どもが大好きで，子どもが生まれてから自営（妻と牛乳販売店の経営）の傍らよく遊んでいました。その遊びは今考えると，親の要求を満足するための遊びだったように思います。つまり，子どもが自分の要求を満たしたいがために遊んでいるのとは違い，親が自分の要求を満たすために遊ぶことで，子どもから見ればとっても身勝手な親だったのでしょう。

　そのような私に子どもを育てられないことは，今考えれば当然と言えば当然です。

　私の家は三世代同居で，当時自分の母親と一緒で住んでいたので，子どもから見ればおばあちゃんのお世話で育ったところが多分にあり，自営という自由さもあり適当に働いていれば何とか生活はできた環境にあり，無責任な親だったと振り返ります。

　妻にも大変な苦労を掛けましたが，そのような生活が続いている状況に，ある日，変化が起きました。

　自分の優柔不断な生活のため，借入金が増え，返済に影響が出るくらいになっていたのです。

　毎日がお金の算段で，考えるのは支払いのことだけで，家庭を顧みることができないくらい，日々何かに追われるように仕事をしていました。

　幸いに，両親から授かった体は丈夫で，少々のことにはめげない体に恵まれたことは両親に感謝しております。

I　私の子ども時代・12 歳頃 ──私が育った家族

　私の中学時代は振り返れば幸せな時代だったかもしれません。

　当時の私の身長は 168 センチあり，友達より身長が高く，運動神経も両親からもらったものがあり，ある意味目立つ存在でした。

　新しい世界が広がり，新しい友達にも恵まれ，そこそこ勉強もでき，スポーツもできたので友達の中心になることが多く，先生方からも認められ生徒会活動や対外活動も積極的にできたこともあり，私は家の中でも両親や兄弟から認められる存在でした。

　それは今考えると，家の中の問題に対してバランスを取るために自然に行った行為で，当時を後で振り返ると，期待に応えようと頑張った自分がいたのでした。

　それは別の角度で考えれば，つぶれそうな自分を自覚できることになり，そのことで自分の可能性が大きく広がったこともあり，とても有意義な時間だったと思います。

　思春期は，他の人たちとの関わりの中で自分を客観的に見ることができたという意味でも，幸せな時間を過ごさせていただいたと思います。

　それでも，中学3年生頃には進路を考え，家業を継ぐことは決まっていたので，希望を見出せず，仕方なく進学したことを思い出します。

　高校時代は，部活，早弁（お昼になる前にお弁当を食べてしまうこと），仕事と勉強はそっちのけで得意な分野に活路を見出し，バイクを友達と乗り回し，ちょっと突っ張りな高校生活を謳歌しました。

　親は，仕事を継いでくれるからと，あまり小言も言わず，やりたい放題で，今考えれば，本当に周りの方々に迷惑をかけ放題だったな，と思います。

　当時の私を知る人からは，とても怖い雰囲気を感じていた，と言われたこともあり，そんなことをしながら無意識に何かから解放されたい自分がいたことを思い出します。

　ただ，立場的に弱い人に対して優しい心を持っている自分を自認していたこともあり，当時から誰にでも言葉をかけられる，そしてそれに応えることを普通にしていました。

　とにかく，じっとしていることが苦手で，常に何かを求めて行動するのが常で，じっと物事を考えてから行動をするタイプの方とは正反対でした。

　高校を卒業し，そのまま家業を手伝うことになったのですが，やりたくてやった仕事ではなかったので，むしろ趣味や外で遊ぶこと中心の生活を送っていました。

　今までの延長のような生活を送っていたわけではなく，自分中心のやりたい放題の生活でした。

　そのころ，好きな人（妻・中学校の同級生）ができ（当時，遠距離でしたが），電話で話をするのが楽しみで，考えること（思い）が同じような価値観で，何を話しても話さなくても同じ時間を過ごすことに幸せを感じ，同化する人が居ることで支えられている実感を味わっていました。

　私が30代前半の時に父親は施設で亡くなりましたが，感傷的にならず涙が出なかったことを覚えています。

　少し，肩の荷が下りたような不思議な感覚に覆われた感じがしました。

　当時，体が思うように動かなくなった父親を家で看ていることができずに，老人介護施設にお世話になるようになったのですが，私は見舞いに行く足取りが重く，施設に訪れることはあまりなかったのです。

　それは，私は父親に対する親しみやその他の感情が湧かなかったからで，施設に見舞いで訪れても他人事のような感覚でいたことを思い出します。

　今でいう親孝行など全くしなかったし，その気持ちになれなかったのです。

　ただ，若くして家を新築した時は，父親の部屋を作り，少しでも家でのんびりしてもらいたいという気持ちがどこかにあり，無理をして家を建てた気持ちもあり，無意識には父親を慕う気持ちがあったのだろうと思います。

　家族で暮らすということは，その時々の関係性

や，年齢などが複雑に絡まって，親は生活を何とか安定させようと思い働きますし，子どもはその親の後姿を見てさまざまなメッセージをその子なりに受け取り，人格形成の根幹を作って行くものと思います。

そのような親子の在り方における親の役割は，真正面から子どもの心と向き合い，適度な距離感を取りながら関わって信頼関係を築くことでしょうが，私の場合は家族環境がそのような環境ではなく，目の前の出来事に一生懸命対応しないといけない環境でしたから，子どもと向き合うことの意味がわからず，その場限りの対応しかできませんでした。

II　私と子どもたち——自分の気づき

自分の子どもが小学校4年生の時に学校に行けなくなり，その訳を知りたいと思いたどり着いた先で，自分の問題と気づきました（自分の年齢が30歳代）。それから自分がどのように育ってきたのかをたどる作業をしてきて，自分の家族がどのようにその時代を一生懸命に生きてきたか，そしてその生き方がいかに世代を通して連鎖しているかに気づきました。

それでは我が子どもがどのように学校に行けなくなったか，そしてその現象がどのような意味を持っていたか，親の立場でどのような捉え方をしたかを説明します。

ただ，それは私の家族の場合であり，他のどの場合にも当てはまるわけではないことも付け加えておきます。

しかし，私個人の問題としての気づきとともに，その他の家庭にも共通する問題もたくさん含んでいることにも気づき，社会問題としての側面もあるとして，問題提起をしたく思います。

当時の我が家は（自営業）債務が膨らみ，その返済のために昼夜働き詰めで，今考えると，どのような生活をしていたか記憶があまりないのです。

そのような生活が何年か続き，娘は小学4年生の夏休みが明け，始業式に入ったのですが，その翌日から登校時間になるとトイレから出てこられなくなったのです。

その話を妻から聞いた時には，まじめで実直な性格だから緊張していると理解し，様子を見ることにしました。

そのような状態がなかなか改善せず，微熱も出るようになり，市内の小児科医，内科など，一通り回りましたが，どこでも異常はないとの診断結果でした。

当時，私は小学校のPTAの役員を担っており，育成部の部長という役職でしたから「なんで自分の子が？」という自分の内面への問いかけが心に重くのしかかり，今までそれなりにあった教育への情熱が一気に崩壊し，自分を恥じ何も考えられない状態になり，深く気分が落ち込んでいったのを思い出します。

当時はわからなかったのですが，後から考えると，おそらく軽い「鬱」状態だったろうと思います。その時の感覚は，色彩感覚がなくなり，世の中の風景がモノトーンの世界になり，美しいものや奇麗な自然なものを全く感覚的に感じることができず，違う世界を見ているような感覚になり，味覚が鈍磨し，何を食べても何を飲んでも味の感覚がなく，食べ物は砂を噛んでいる感覚だったり，飲み物はのどを通らずに直接胃に入っていくような感覚になり，何か仕事をしても，何かをしていなくてもだれか自分以外の感覚になり，起きていても寝ていても，いたたまれない状況でいわゆる「つらい！」という日常を過ごしていました。

おそらく，数日か，数週間ほどたったころ，妻がぽそりと「お父さん，何か変よ！」と言ってくれました。

その一言に自分が変だと初めて気づき，一瞬に現実に戻り覚醒したことを思い出します。

その一言がなかったら，恐らく本格的な「鬱」に落ち込んでいったことでしょう。さりげなく見守ってくれていた妻に感謝しています。

「鬱」はいつでも足元にあり，誰でも環境や状

況により，すぐに「鬱」状態になり，気が付かなければ，本格的な「鬱」になってしまうものだと体験上思います。想像していない環境にいつの間にかなってしまうと，誰でも鬱になり，気が付くことがなければそのまま深い闇の世界に吸い込まれてしまうのではないかと思います。

ひきこもりの初期段階では，本人やご家族はそのような体験をしている方が多くいらっしゃるのではないかと思いますし，そのような状態が続いてしまい，気分がすぐれないと感じている方は「鬱」を疑ってみることが必要だと思います。

当団体（KHJ全国ひきこもり家族会連合会）が毎年行っているご家族や当事者の方々へのアンケート調査でも，約4割のご家族に鬱状態の疑いがあるという結果が出ており，実際に相談の中で，気分の落ち込みや，やる気が出ないなどの相談があり，相当数の方々が心に大きな負担を抱えていることも，お話をお聞きする時に気を付けなくてはいけないことです。

そのようなこともありながら，最初の頃は娘を学校に戻すことだけを考え，教育相談室や講演会や研修会など，さまざまなところを訪ねて歩きました。

どこの方もおやりになりますが，神様にも相談に行きました。それだけ解決方法を求め，本人の気持ちを聞いてやることなど眼中にはなく，自分の考えだけで押し通していたと思います。

いかに身勝手だったか，自分中心だったかが，今でも恥ずかしく，娘や妻，家族に駄目な父親として後悔の念があります（今は解決しております）。

そのようなことをしながら，何カ月か過ぎたころ，何かのきっかけ（後でわかったのですが読書です）で我に返ることがあり，この問題は自分の内面の問題ではないかと思うようになりました。

大事なことは，本人が一番つらい思いで時間を過ごしていると理解することで，自分がつらく苦しさを感じることとは別の問題ではないかということです。子どもの問題と自分の問題を分けて考

えることが大事で，子どもの問題はそれとして，自分の問題を考えてみることにしたのでした。

自分をたどる作業に入ったのですが，前段で書いたように，自分の生い立ちやその時々の家族関係を，時間をかけてたどることにしたのです。

まず，自分の生い立ちで強く印象に残っているのは，アルコール依存症の父親と家族の出来事でした。

いつもは穏やかな父親がアルコールを手にしたとたん人格が変わったようになり，家族の少しのことでスイッチが入り，家族に暴言暴力を浴びせていたことの意味をたどりました。

依存症の家族はそれを止めさせることをせず，むしろもっと依存を強くすることを無意識にしていること。誰がその家族の中でイネイブラーの役割を果たしていたのかを理解できるようになりました。

父親は戦後何もない状態から苦労して生きて来たわけで，そのような社会環境でまともに生活を支えてきたことは感謝に尽きるのですが，その事情を理解できない子どもは一方的な被害者になってしまいます。そのような出来事は小さい体で全てをとらえることができず，感じなくなることで自分を守るのは当然の行為です。

このことは最近のACE研究で明らかになってきたように，幼児期逆境体験はその後の人生を変えてしまいます。まさにサバイバーの過酷な体験に触れることなく，自分を理解することができずにいましたが，この仕組みを理解することで私は私で良いという感覚が蘇り，家族を愛することができ，父親や母親を恨むことがなくなり，もう一度自分の家族を見直し，新たな自分を発見し穏やかな日々を過ごせるようになってきました。今までのいろいろなこと，全てが自分の人生に必要な出来事だったし，それがあったお陰で今の自分にたどりついたことを考えれば，人生には意味があると深く思います。

私は自分の体験が全ての人に通用することではないのは十分承知していますが，自分の経験が少

しでも他の方々の役に立てば，少しは迷惑をかけた家族や周りの人への恩返しになるのではないかと思い活動をしております。

　ひきこもりの方々の総数は，平成30（2018）年の内閣府の調査によると115万人という報告があります。その家族（両親）は団塊の世代が多いということは，私に似た事情の方々がたくさんいて，その解決方法に自分を知ることで問題が問題ではなくなる方々がいらっしゃるのではないかと思います。

　あくまでも「ひきこもり」の問題の基本は家族がどのように捉えるかであり，そしてどのように対処するかは家族の問題だと思います。

　しかし，家族も疲弊しますし，変化まで何年もかかる事柄ですから，途中で混乱したり，互いに変化することで，互いに煮詰まっていくこともあります。

　家族会は同じ思いで悩んでいる方々と出会い，ありのままの思いを共有することで，自分だけの問題ではないことや，人とのつながりを感じることで孤立感を深めることはなかったことがあり，仲間の存在が大きく人生を変えてきたこと，まさか大人になって新たなテーマの同志ができるとは思ってもいなかったので，人との出会いはとても大きな意義があることを当事者にも伝えたいと思います。

III　お伝えしたいこと
——自分の体験から皆様へ

　これまであった私の人生における出来事から皆様にお伝えしたいのは，子どもが育つ環境は家族連鎖の中で起こっていることであり，家族支援はそこの問題にどのようにアプローチし，なぜひきこもりということが問題なのか，誰がどのように困っているのかの整理を一緒にしていく中で信頼関係を築くということです。決して個人の問題だけではなく，人間は家族連鎖の影響を誰でも受けており，どこに影響したかが理解できれば，新しい自分に出会い前向きな人生を送ることができる自分になれます。

　一時流行した，「毒親」などということはなく，置かれた立場で一生懸命に親が子どもに関わった結果が不都合な結果であっただけです。家族連鎖の仕組みを理解し自分の心の痛みを知り，同じ心の傷をもった親と繋がり，同じ人としてその傷の痛みを受け止め繋がり，改めて自分の存在に気づき家族連鎖の仕組みから解放されることで，自分の子どもと新しい関係で繋がりはじめ，互いに新しい親子関係を築くことができれば，ひきこもりの問題が問題ではなくなってしまうのではないかと思います。

　私が考える「自立」とは，自分を理解することで，自分の言葉や行動がわかり，寛容な気持ちで生活し，伝えたいことがあれば言葉を紡ぎ，他の人の話を善く聴き，なおざりせず，誠実に対応できるようになることと思っています。

　人は育てられたように自分の子どもを育てます。そして個人のパーソナリティゾーンに介入されることを極端に拒絶します。

　これは世間体にも通じるところがあると思うのですが，あえてできるのは，同じ体験をした同志の波長を響かせあうことではないかと思っています。

　家族会に参加し，同じ思いを持った人が出合い，共感共鳴し苦労を分かち合うところから繋がり，互いに支え合い，励まし合いながら回復していくことができるのは，家族会（自助会）だと思いますから，仲間を増やしていきたいと思います。

　自分の人生を振り返りながら，ライフワークとしてやってきたことを書きましたが，皆様にうまく伝えることはできたでしょうか？

　文章を長く書くことはとても難しく，難儀な仕事でしたが，最後まで読んでいただいて本当にありがとうございました。

[特集] ひきこもり──就職氷河期からコロナウイルス時代を見据えた全世代型支援

コロナウイルスとひきこもり

池上正樹 Masaki Ikegami
ジャーナリスト

Ⅰ コロナ禍とひきこもりの二極化

コロナ禍以降，ひきこもる本人や家族の間に，二極化が起こっている。

筆者が話を聞く限り，ひきこもり状態にある人たちの生活は，本質的に変わったわけではない。そもそも，コロナ以前から，外の世界に危険や不安を感じ，ソーシャルディスタンスができていた人たちであることを考えると，ひきこもり状態にある人が本質的に外界のウイルスがもたらす社会変容の影響を受けないのは，至極必然のことであったといえる。

そんな状態にあるなか，コロナ禍になって，周囲が皆，同じように総ひきこもり化した。

家族や周囲から，ずっと働かないことを責められていた人たちが，一転して社会から「外出は自粛するように」と推奨される。ひきこもる生活への後ろめたさがなくなって，「外に出て働かなければいけない」という呪縛から解放され，気持ちが楽になったと感じた人も少なくない。人は誰でも，気持ちが楽になれば，元気になれる。

外出自粛要請が解除されて，家族会を約半年ぶりに再開したら，「比較的ひきこもり期間の短い子が，新たに出てくるようになった」「今まで家族会に本人が出てくることはなかったのに，ちょこちょこ参加してくるようになり，少し意識が変わったのかなと思った」などと，KHJ全国ひきこもり家族会連合会の季刊誌『たびだち』2020年秋季号の家族オンライン座談会でも，そんな報告があった。

「コロナで人と話す場がなくて，寂しかった」「行く場所がなくて，しんどい」──筆者が2012年から偶数月に開催している多様な人たちの集まる対話の場『ひきこもりフューチャーセッション「庵－IORI－」』では，そんな本人たちの声が相次いだ。

外に出やすいと感じられるようになった人たちがいる一方で，当事者たちの潜在化も進んでいる。

移動による感染リスクの懸念や，会場となる公的施設の都合上，家族会などのリアルな当事者交流イベントがなかなか開けなくなり，Zoomなどのオンラインツールを積極的に取り入れる会が増えた。しかし，インターネットに不慣れな高齢の家族も多く，オンライン会に参加できない母親からは「取り残された感がある」との声も聞かれる。

「基本的には参加者が減りました。電車とか，交通機関で来る人は，やっぱり密になるから」「従来からの会員である，長期にひきこもっている子

たちの親が来なくなった」などと，コロナ以降，連絡が取れなくなり，姿が見えなくなる家族への心配も，前出の『たびだち』座談会では報告された。

身動きが取れず，電話やLINEで会員に安否確認している家族会や，往復はがきで近況や困りごとを聞いているという社会福祉協議会の事例も聞いた。

父親は在宅ワークに切り替わり，母親も同じく仕事や趣味のために出かけることがなくなって，両親がずっと家にいるようになった。家族が一日中，同居生活を強いられることにより，家のなかで逃げ場がなくなる。家族間にストレスが高まり，親子や兄弟が取っ組み合いの喧嘩になったとか，自傷行為，うつ，パニックを発症した人もいた。

　〈周囲の目が多くなったような気がする。行動の自粛や出勤の自粛ということで，家にいる人が多くなったからだ。近所の人もそうだが，自分の家族もそうだ。「人酔い」している感じがする〉
　〈以前は，道の駅の駐車場で，車中でゆっくり休憩・休息する時間が取れていたのに，「なんでこの時期に，ここに車が停まっているんだ？」という感じに見られる感じがして，駐停車しづらくなった。自分の大事な息抜きの時間・空間・場所だったのに〉

そんな「周囲の目を気にするようになった」という30代女性当事者の話も，家族座談会で報告された。

メディアが描く「ひきこもり」像のイメージとは違い，ひきこもる人たちの多くは，ふだん公園や図書館，スーパー，駅などに日課として出かけている。しかし，そんな大事な場所にすら，外出しにくくなった様子がうかがえる。

もともと，ひきこもり状態に至る背景に，学校や職場でいじめやハラスメント，超過勤務などで傷つけられ，人間関係に恐怖を感じ，安心できる居場所である自宅などに退避しているという事例は多い。

内閣府の実態調査で115万人以上と推計されて

いる「ひきこもり」状態の人たちは，要因も状態も1人ひとり違う。しかし，ひきこもる傾向のある人たちには，真面目で優しく，相手に気遣いしすぎるあまり，嫌なことを断ることができず，自分が困っていても助けを求められないという，いわばお人好しで不器用な特性がベースにあるように感じられる。

こうして自分の命や尊厳を守るために，人との交わりを避けてきたタイプの人は，コロナ以降，自分が外に出ることで迷惑をかけてはいけないからと，ますます不安で動けなくなる自粛メカニズムをより強固にしている傾向がある。

『たびだち』の家族座談会では，お風呂場で9日間シャワーを浴び続ける子を抱える家族から，訪問して対応してくれる医療機関もなく，頭を抱えているという相談事例も紹介された。手や体をよく洗う行為は，ウイルス感染対策として保健衛生的には道理にかなっていたことが，コロナ禍になって立証された。しかし，暑いなか，親も自由にシャワーを浴びられないほどの過剰な家族への巻き込み型になると，本人の不安が少しずつ解消されて楽になれるよう，サポートしていくことも求められる。

II　「人間がウイルスだった」

筆者は最近，夜間にならないと外出できないという強迫神経症があって，長年ひきこもり続ける40代女性に会った。彼女は，コロナ時代になって気づいたことがあるという。

「私にとっては，人間がウイルスだったことがわかったんです」

基本的に，過剰な自粛生活を送ってきた人たちにとって，ウイルスには怖さを感じないものの，人間は怖い。

東日本大震災の直後，被災地を歩いたときにも，同じような感想をひきこもっていた人から聞いた。津波が自宅に迫っているとき，2階の部屋から出てこなかったのは，「津波よりも，避難所の人間関係のほうが怖いから」だと。その人は，家

ごと津波に飲まれたものの,たまたま生還できた。

　ひきこもる人たちが心に恐怖を覚えて動けなくなる本質的な原因は,自分を傷つける人間そのものだったことが,改めて確認できたように思える。

　「ひきこもっている本人に声をかけると嫌がられる」などと,家族から悩みを相談されることが多い。しかし,本人たちに聞けば,何かしなければいけないことは自分自身がいちばんわかっていることであり,親から言われると,焦るだけで追い詰められていく心境もわかる。やはり,家庭のなかに安心できる親子の信頼関係が築かれていなければ,「なんで働かないの?」「いつまでこんなことやってんの?」などと言われると,本人は責め立てられている感じにしか受け止められない。

　周囲が本人の「意識を変えよう」とか「外に出そう」などと考え,一方的に迫るのは逆効果で,ますます本人を怖がらせて奥に追いやり,ひきこもり状態を強化することは,家族や本人たちの数々の証言から明らかだ。

　本人の目線に立てば,いきなり見知らぬ人が侵入してきたら脅威を感じるだろう。家のなかは,今の状態において,自分がかろうじて生きていける,安心できる「居場所」だ。本人が大事にしているプライベートな領域だ。その領域に何者かが本人の意思を無視して侵入したり,あるいは嘘で騙してどこかに連れて行けば,トラブルや事件につながる。親に売られたことのショックや将来への絶望から,自ら命を絶つなどのリスクもある。

　実際,コロナ禍でも,「引き出し屋」と呼ばれる業者に,「放っておくと大変なことになりますよ」と不安を煽られ,部屋から連れ出して面倒を見る名目で高額の契約を迫られていると,家族から相談があった。別の家族は,ひきこもり状態にあった息子を働かせようと,「自立支援」をうたう業者に金銭を支払い,部屋で寝ていた息子を施設に連れて行ってもらった。ところが,1年後に脱走して戻ってきた息子は,「ずっと働かされていた」と言って,寝たきりになり部屋から出てこなくなった。父親が再び業者に依頼したところ,

連れ出す当日の朝,息子が行方不明になり,水死体で発見された。

　後者の事例では,もともと社会経験のある息子は,親子で会話ができていて,家事の手伝いもしていた。「ひきこもり」といっても,メディアのイメージにあるような,家庭のなかで何もしない「怠け者」ではない。ひきこもる人たちの多くは,親に迷惑をかけていることを十分に感じながら,居場所である家にいることに後ろめたさを感じている。家族の役に立とうとして,食事,洗濯,掃除,買い物,花に水をやるなど,大なり小なり,家事の一端を担っている。それぞれ,その人なりのペースがあり,その人なりに大切にしている生き方がある。どんなにひきこもっていても,本人たちは成長している。ひきこもりをしている本人にも矜持があり,積み重ねてきた年月がある。

　孤立した本人につらい言葉を投げれば,ますます追い詰められていく。自分を理解してくれる味方がいないのは,誰にとっても不安でしんどい。家族にできることは,まず「そーだね」と本人を受け止め,家庭や家族のなかで担っている役割を認めてあげることからすべてが始まる。

　前出の家族座談会でも,父親から,テイクアウトの食事メニューが増えて,楽しみといえば食べることなので,息子と「これが要る,あれが要る」と話が一緒にできるようになったという報告があった。母親からも,息子がネットで調べたコロナの話題を教えてくれるとか,「お母さんは高齢だから」と,スーパーに進んで買い物に行ってくれて助かる,という報告があった。会社人間だったある父親は,オンライン座談会に参加できるよう,息子が父親の代わりにカメラ付きのパソコンを買いに行って,操作ができるようセッティングしてくれたと語る。父親は,これまで働かないことを説教したことしかない息子の良さを初めて知り,「ありがとう」と感謝した。息子は,見たことのないような笑顔を浮かべて,「自分も嬉しくなった」と話す。

　ひきこもり続ける子が親から認められることに

よって，動き出すきっかけはつくれる。コロナ禍は，会話のなかった家族間のコミュニケーションのきっかけにもなっている。

III　家族と支援者が変わるとき

家族の意識の変化は，家族間の空気や役割を変える。家のなかが安心できる環境にならなければ，本人が自らの意思で判断できない。ひきこもり支援やアウトリーチは，ひきこもる本人よりも，まず家族支援が重要なカギを握る。その際，大事なのは，こうした家族の気持ちや愚痴を聞いてあげられて，本人の心情に寄り添った対応をアドバイスできる，人材の育成と配置だ。

従来の「自立支援」サービスは，本人がつくったフレームではなく，本人以外の何者かがつくったフレームで支援してきた。だが本来，枠組みの評価基準は，「就労」ではない。ひきこもる本人が1人ひとり違うことは，支援すればするほど実感されることであり，自分がパターン化した対応をしていないか，常に問われることになる。本来は，それぞれの「幸せ」のカタチに寄り添うこと

が，評価の基軸にならなければいけない。サポートする側も，意識の変化を求められている。

コロナ解雇や雇い止めは6万人を超え，今後，リーマンショックをはるかに超える規模の新たなひきこもり層が顕在化してくると思われる。コロナとは，これからも長く付き合っていくことを前提に，職場に通勤しなくても生活していけるような在宅ワークなどの働き方や，人が集まらなくても社会とつながれる多様な生き方を構築していくことが求められている。

ひきこもる傾向のある人は，社会で人に傷つけられて脅えてきたものの，家庭のなかで役割を見つけ出しているように，安心できる環境であれば，地域でも役に立ちたいという思いが人一倍強いと感じる。地域で何か困っていることがあれば情報を発信して，役に立ちたいと思っている人との出会いのマッチングの場ができれば，コロナ時代はチャンスにもなる。そうした新しい生き方の選択肢が増えていけば，ひきこもる人たちも，少しずつ生きやすくなるのではないか。

🐸 ［特集］ひきこもり──就職氷河期からコロナウイルス時代を見据えた全世代型支援

ひきこもりの生物学的基盤
ひきこもりにバイオマーカーは存在するのか？

早川宏平 Kohei Hayakawa
九州大学 大学院医学研究院 精神病態医学

加藤隆弘 Takahiro Kato
九州大学 大学院医学研究院 精神病態医学

I　はじめに

　いわゆる「社会的ひきこもり」（以下，ひきこもり）がわが国に特有の社会問題のひとつとして脚光を浴びるようになったのは，1990年代頃からである。この現象に対して，2010年に発行された厚生労働省のガイドラインでは「さまざまな要因の結果として社会的参加（義務教育を含む就学，非常勤職を含む就労，家庭外での交友など）を回避し，原則的には6カ月以上にわたっておおむね家庭にとどまり続けている状態（他者と交わらない形での外出をしていてもよい）を指す現象概念である」（齊藤万比古・研究代表）と定義されている。そこには「原則として統合失調症の陽性あるいは陰性症状に基づくひきこもり状態とは一線を画した非精神病性の現象とするが，実際には確定診断がなされる前の統合失調症が含まれている可能性は低くないことに留意すべきである」と併記されており，「ひきこもり」が従来の精神病理学的な意味でのsocial withdrawalとは異なる概念であることが明記されつつも，「ひきこもり」とされている者の一部に，統合失調症などの精神疾患が併存している可能性について指摘されたことは画期的なことであった（厚生労働省，

2010）。

　2000年代はじめに日本の成人を対象に行なわれた疫学調査によると「ひきこもり」の生涯有病率は1.2%で，そのうち生涯の間に気分障害，不安障害，衝動性御障害，物質関連障害などの精神障害を経験していたのは54.5%だったと報じられている（Koyama et al., 2010）。その後，国際的な疫学調査によって，「ひきこもり」は日本社会・文化に固有のものではなく，香港，中国都市部，インド，韓国，スペイン，米国などさまざまな人種や地域に存在することが判明している（Teo & Kato, 2015 ; Kato et al., 2012, 2018 ; Wong et al., 2015, 2017 ; Malagon-Amor et al., 2015 ; Wu et al., 2019）。しかしながら，「ひきこもり」には国際的にコンセンサスを得た診断基準が未だ存在せず，筆者らはこれまで「ひきこもり」の定義を独自に開発してきた（Teo et al., 2015a）。筆者らの提唱する最新の定義では，「病的な社会的回避または社会的孤立の状態であり，大前提として自宅に留まり物理的に孤立している状況にあること」を前提に，①家庭内への著しい社会的孤立，②社会的孤立が最低6カ月間持続している，③社会的孤立に関連した著しい機能的障害または苦悩が存在する，という3つの基準を満たすものとしてい

る（Kato, Kanba et al., 2020）。

　また，筆者らは「ひきこもり」の精神医学的理解を深めるために，「生物−心理−社会−文化モデル」を提唱してきた（Kato et al., 2019）。これは未だ不明な点の多い「ひきこもり」の病態の全体像を多面的に理解するためのモデルであり，統合失調症や自閉スペクトラム症，社会不安障害，外傷後ストレス障害，パーソナリティ障害，うつ病といった精神疾患としての側面だけでなく，孤独感や不信感といった心理的ファクターや，社会のIT化やグローバル化といった社会文化的ファクター，そして炎症・免疫，酸化ストレスといった生物学的ファクターにも注目しながら病態を解明していく必要があると考えている。

　これまでの研究では，「ひきこもり」の心理・社会・文化的側面ばかりが注目され，生物学的側面は全く省みられてこなかった。精神疾患の生物学的側面に関する研究は近年非常に盛んであり，徐々にその生物学的病態基盤が明らかにされつつある。また，精神疾患だけでなく，一見すると心理的・社会的な要因が大半を占めると思われるような行動にも生物学的な背景があることが知られてきている。例えば，自殺は精神的苦痛や重度の疼痛のような身体的苦痛によって生じる心理・社会文化的ファクターの影響が強い行動のように思われるが，自殺にも生物学的ファクターの関与が示唆されている（Suzuki et al., 2019）。自殺完遂者を対象とした死後脳研究によれば，自殺完遂者の脳内ではミクログリアの活性化（Steiner et al., 2008），グリア細胞密度の増加（Hercher et al., 2009），interleukin（IL）-4やIL-13といったサイトカインのmRNA発現の増加が確認されており（Tonelli et al., 2008），その行動の背景には生物学的な基盤の存在が想定されている。ひきこもり者の自殺は皆無ではなく，筆者らは自殺（念慮）とひきこもりに共通基盤がある可能性も検討している（Kato et al., 2019）。これらの知見に鑑みると，「ひきこもり」の病態基盤における生物学的ファクターの存在も十分に想定され得る。本稿で

は，筆者らが萌芽的に発見した「ひきこもり」のバイオマーカーを中心に，「ひきこもり」の生物学的基盤について考えてみたい。

Ⅱ　社会的孤立の生物学的知見

　「ひきこもり」の生物学的病態基盤を考える上で参考になるのが，社会的孤立（social isolation）の生物学的側面である。社会的孤立は世界的にも大きな社会問題になっており，2018年に「孤独は現代の公衆衛生上，最も大きな課題のひとつ」として，英国で世界初の孤独問題担当大臣が新設されたのは記憶に新しい。そして，現在のコロナ禍においては，外出自粛・外出規制などで世界中の人々が社会的孤立を強いられやすい状況（forced social isolation）にある（Kato, Sartorius et al., 2020）。

　社会的孤立は，うつ病（Cacioppo et al., 2010）やアルツハイマー型認知症（Wilson et al., 2007）といった精神神経疾患だけでなく，自殺念慮や自傷行為といった問題（Stravynski & Boyer, 2001）との関連が指摘されている。社会的孤立はこれまで多面的に研究されてきた問題であり，生物学的知見も徐々に積み重ねられている。The National Longitudinal Study of Adolescent to Adult Health（Add Health），the National Survey of Midlife Development in the United States（MIDUS），the Health and Retirement Study（HRS），the National Social Life, Health, and Aging Project（NSHAP）といった複数のコホートのデータを用いた前向き研究では，特定のライフステージにおいて社会的なつながりが希薄であるほど炎症の指標であるC反応性蛋白（CRP）の血中濃度が高く，健康状態の指標である血圧やBMIが高い傾向があるなど，社会的孤立と種々の生物学的指標が関連していることが見出され，健康維持のために社会的つながりを維持することの重要性が指摘されている（Yang et al., 2016）。社会的孤立がこれらの生物学的指標とどのように関連しているのかは明らかでないが，社会的孤

立に伴う孤独感（loneliness）がストレス刺激に対する血中フィブリノゲン濃度やNatural Killer（NK）細胞数，起床後の唾液中コルチゾール値の上昇幅と関連していることなどからは，免疫系やhypothalamic-pituitary-adrenal（HPA）軸を中心とした内分泌系との関連が想定される（Steptoe et al., 2004；Grant et al., 2009）。

　動物モデルにも「ひきこもり」の生物学的病態基盤を考える上で参考になるものがある。そのようなモデルとしては，社会的孤立モデルと社会的敗北モデルがある。ウサギを用いた社会的孤立モデル実験で興味深い報告がなされている。ウサギを1匹だけでケージに入れることによって社会的に孤立させると，ウサギは運動をせずじっと座っている時間が長くなるとともに，尿中のカテコラミン濃度の上昇と大動脈のNADPHオキシダーゼ活性の上昇が認められ，酸化ストレスの増大が示唆された。また，見慣れないウサギと一緒に1つのケージに入れられたウサギに比べると，社会的孤立モデルのウサギでは血漿CRP濃度が低下しており，炎症が軽減していた（Nation et al., 2008）。

　社会的敗北モデルは，マウスのいるケージ内に攻撃性の強い別のマウスを入れて長時間一緒に過ごさせることで精神的ストレスを与えるモデルである。「ひきこもり」の契機としての学校や職場でのいじめや敗北体験の影響の大きさを考えると，本モデルも「ひきこもり」を考える上で重要なモデルになると筆者らは考えている。このモデルでは，社会的敗北を喫したマウスは，その後長期にわたって社会的回避行動を示すようになるとともに，海馬（特に尾部）における炎症性サイトカイン遺伝子の発現増加やミクログリアの活性化が認められている（McKim et al., 2016）。広島大学の相澤らは，社会的敗北モデルにおけるミクログリア活性化とその活性化制御に関するモデルマウス研究を推進している。筆者らもこの研究に参画しており，ひきこもり関連行動に関する興味深い結果が得られたので紹介する（Nozaki et

al., 2020）。10分間・連続10日間の社会的敗北モデルマウスにおいて，情動・恐怖・記憶などに重要な役割を果たすといわれる海馬・手綱核・扁桃体基底外側核におけるミクログリアの活性化および同部位での炎症性サイトカイン産生亢進とそれに伴う回避行動（ひきこもり様行動）の亢進を見出した。さらに興味深いことに，ミクログリア細胞のミトコンドリア外膜に存在するtranslocator protein（TSPO）に働きかけてミクログリア活性化抑制作用を発揮するONO-2952という薬剤（過敏性大腸炎の候補薬）の投与によって，ミクログリア活性化が抑制され，回避行動が改善することも発見した。また，この機序においてはフリーラジカルの制御が関わっていた。こうした知見は，少なくとも一部のひきこもり者（特にトラウマを引き金としてひきこもるようになった者）では，ミクログリア活性化制御がひきこもり脱出の鍵になる可能性を示唆する画期的な発見であると筆者らは考えている。これらの動物モデルからは，社会的孤立・敗北における酸化ストレスや炎症の関与が予想される。

III　ひきこもりのバイオマーカー

　前述のように，筆者らは「ひきこもり」の背景には心理・社会文化的ファクターだけではなく，生物学的ファクターの存在も想定している。筆者らは以前，日本と米国において国際調査を行ない，「ひきこもり」に最も多い併存症が回避性パーソナリティ障害である可能性を報告した（Teo et al., 2015b）。この調査結果に基づき，筆者らは「回避性パーソナリティ特性が「ひきこもり」と関連したパーソナリティ特性である」という仮説を立てた。そして「ひきこもり」の生物学的ファクターがどのようなものであるかを調査するために，筆者らは若年健常者および実際の「ひきこもり」者を対象として，この仮説を用いて2つの予備的研究を行なったので紹介する（Study 1 および Study 2）（Hayakawa et al., 2018）。

1　Study 1

1．目的

「ひきこもり」の生物学的病態基盤に関連が予想される血液バイオマーカー候補を探索するために，「回避性パーソナリティ特性が「ひきこもり」と関連したパーソナリティ特性である」という仮説に基づき，被験者の回避性パーソナリティ特性，血液バイオマーカー，心理学的特性，行動特性の間にみられる関係性を調査すること。

2．方法

被験者は九州大学内にポスター・フライヤーを貼り出して募集した。対象は18歳以上で学生相当の年齢の非臨床群ボランティア101名とした。101名の被験者のうち99名が学生で，男性は46名，女性は55名であった。被験者に対し，回避性パーソナリティ特性および心理学的特性の評価のために自記式質問紙を配布し回答を得た。配布した自記式質問紙は以下の8つである。

- パーソナリティ障害のための精神科診断面接マニュアルの人格質問表（SCID-II/PQ）：回避性パーソナリティ特性を評価する
- PSS（the Preference for Solitude Scale）：孤独を好む性向の指標
- R-UCLA（the Revised University of California, Los Angeles Loneliness Scale）：孤独感の程度の指標
- LSNS-6（the Lubben Social Network Scale-6）：つながりのある社会的ネットワークにどのくらいの数の人が含まれるかを調べることによって社会的孤立状況を評価する
- MSPSS（the Multidimensional Scale of Perceived Social Support）：家族や友達，重要とみなす人物から十分なサポートを受けていると感じているかどうか評価する
- YYS（the Yamagishi and Yamagishi's trust scale）：他者に対する信頼を評価する
- IAT（the Internet Addiction Test）：インターネットの利用がどの程度日課や社会生活，生産性，睡眠状況や感情に影響を与えているか評価する
- MINI-SPIN（the Mini Social Phobia Inventory）：健康管理上，全般性不安障害を鑑別するのに有用な，社会恐怖評価票

次に，対人関係における行動特性を評価するため，パソコンを用いた信頼ゲームを施行した。現実世界における実際の社会的関係性は人間の無意識下の行動や感情に影響を受けていると考えられ，社交性に対する自己評価との間には隔たりがある。そのため，自記式質問紙や面接だけでは，実際の社会的関係性を評価することは困難である。社会心理学や経済学の領域で発展した経済ゲームは，現実世界における実際の行動やパーソナリティを評価するために有用であり（Watabe et al., 2015），精神障害者が現実世界で抱える対人関係の諸問題を評価するためにも，経済ゲームは画期的な方法になるのではないかと期待されている（King-Casas et al., 2008）。そのような経済ゲームの1つが信頼ゲームであり，他者に対する信頼を評価するために用いられてきた。信頼は社会的交流において重要な協調性の基盤となるものであり，社会的にサポーティブで調和のとれた対人関係につながっていく（Joyce et al., 1995）。筆者らが独自に開発したパソコンを用いた信頼ゲームは，2人のプレイヤー間で行われる（Watabe et al., 2013, 2015）。被験者には，対戦相手となるプレイヤーの顔写真だけがパソコン画面上に表示される。そして，ルール説明の後に両プレイヤーに1,300円が配布される。被験者は対戦相手の顔写真だけを参考に，手元の1,300円のうち相手にいくら与えるかを決定しなくてはならない（Monetary Score）。すると，相手に与えると決めた金額の3倍が，対戦相手に与えられる。そして，対戦相手は手持ちのお金を被験者と山分けするか，全て持ち逃げするかの選択を行なう。この決定は被験者には知らされない。このゲームでは，被験者が相手に与えると決めた金額（Monetary Score）が，相手に対する信頼を反映

すると考えられている。次に，対戦相手に対して主観的に感じた信頼度（trustworthiness）と魅力度（attractiveness）をそれぞれ0〜9点の範囲で点数化する。対戦相手は全部で40名おり，それぞれの相手に対して同じルールで決定を繰り返していく。全てのやり取りが終わった後に，被験者は40名の対戦相手のなかから好きな1名を選択し，その対戦相手とのゲームで得た金額を，実験参加の報酬として与えられる。

　最後に，非空腹時の静脈血を採取し，各種バイオマーカーを測定した。測定項目はいずれも通常の臨床場面で容易に測定できるものとし，統合失調症などさまざまな精神疾患の研究領域で注目を集めており，日本の中高年者を対象に行なわれている健康調査 Midlife in Japan（MIDJA）でも測定されている項目を参考にして，血清 HDL コレステロール値（high density lipoprotein cholesterol：HDL-C），血清 LDL コレステロール（low density lipoprotein cholesterol：LDL-C）値，血清総ビリルビン（total bilirubin：T-bil）値，血清尿酸（uric acid：UA）値，血清高感度 CRP（high-sensitivity C-reactive protein：hsCRP）値，血漿フィブリン分解産物（fibrin degeneration products：FDP）値の合計6項目を選択した。

　得られたデータの解析は全て男女別に行なった。回避性パーソナリティスコア，血液バイオマーカー，心理学的特性，行動特性の間に想定される因果関係モデルを作成するため，構造方程式モデリング（Structural Equation Modeling：SEM）を用いてさまざまなモデルを作成・評価し，最適なモデルを探索した。

3．結果

　SEM による男女別の最適モデルを図1に示す。男女どちらとも回避性パーソナリティスコアが高いほど孤独感が増強し，社会的サポート・ネットワークが減少していた。また，男性では HDL-C および UA が低いほど回避性パーソナリティスコアが高く，協調性が低かった。一方，女性では

FDP と hsCRP が高いほど回避性パーソナリティスコアが高く，対人不信になる傾向が認められた。

2　Study 2

1．目的

　「ひきこもり」群と，年齢および性別をマッチさせた健常対照群との間で，回避性パーソナリティ特性および Study 1 で「ひきこもり」の病態生理との関連が予想された血液バイオマーカーを比較すること。

2．方法

　精神科病院・クリニック6施設，精神保健福祉センター2施設で被験者となる「ひきこもり」者を募集し，被験者とした。本研究用にデザインされた構造化面接で，次の3つの基準を満たす者を「ひきこもり」者とした。

- 最低でも6カ月の間，1日の大半を家で過ごしている
- 社会的ひきこもりのために，著しい苦痛あるいは障害がある
- 社会的ひきこもりの主な理由が，身体疾患や医学的要因ではない

　健常対照群は，Study 1 と同じ方法で募集した。選択基準は，現在の「ひきこもり」あるいは過去に物理的に孤立状態になったことがないこと，構造化面接によって現在いかなる精神障害の基準も満たさないこと，とした。両対象群の除外基準としては，15歳未満あるいは51歳以上であること，自己申告による統合失調症や外傷性脳損傷などの精神疾患・重度の心疾患／肝疾患／腎疾患があること，とした。

　回避性パーソナリティ特性および心理学的特性を評価するため，全ての被験者に対して，Study 1 と同一の自記式質問紙を配布し，回答を得た。次に，非空腹時の静脈血を採取し，Study 1 と同一の血液バイオマーカーを測定した。得られた

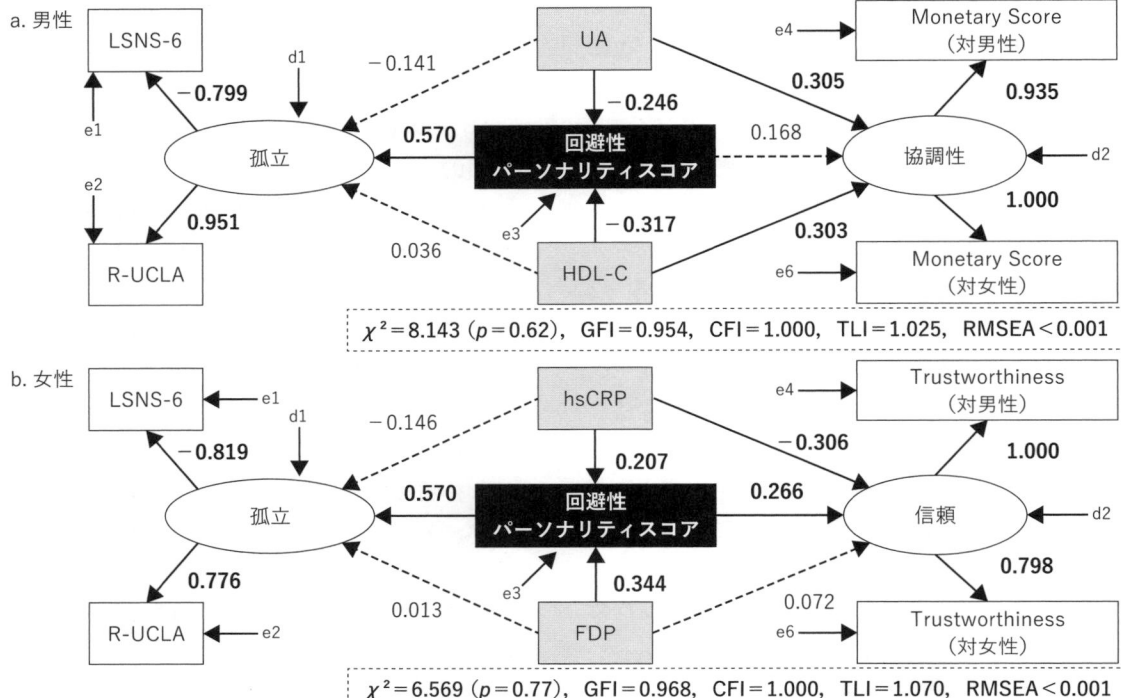

※実線：$p<0.05$ or $p<0.1$，破線：$p≧0.1$

図1　SEM による回避性パーソナリティスコアと血液バイオマーカー，心理検査，信頼ゲーム間の最適な因果関係モデル

データの解析は全て男女別に行なった。回避性パーソナリティスコアと血液バイオマーカーはStudent's/Welch's t 検定，Mann-Whitney U 検定により比較した。

3．結果

「ひきこもり」群は 55 名（男性 29 名，女性 26 名）で，健常対照群は 78 名であった。「ひきこもり」群は健常対照群に比べて回避性パーソナリティスコアが有意に高かった。また，男性の「ひきこもり」群では UA が有意に低く，女性の「ひきこもり」群では HDL-C が有意に低かった（図2）。

IV　今後の展望

この研究は，「ひきこもり」にバイオマーカーが存在する可能性を示す初の報告となった。近年，さまざまな精神疾患の生物学的病態基盤において酸化ストレスや炎症の果たす役割が注目されている。酸化ストレスは脳内のセロトニンを減少させることが知られており（Arora & Chopra, 2013），セロトニン神経系の調節異常と回避性パーソナリティ障害の関連性も指摘されている（Blom et al., 2011）。この研究で「ひきこもり」の血液バイオマーカー候補として挙がった UA，HDL-C はいずれも内因性の抗酸化物質であり（Ames et al., 1981；Camont et al., 2011），「ひきこもり」の生物学的病態に酸化ストレスの関与が示唆される。また，非臨床群女性において炎症の指標である hsCRP や FDP が回避性パーソナリティ特性に関与していると考えられたことや，社会的敗北モデルを用いた研究でミクログリアの活性化が「ひきこもり」様の回避行動に関連していたことからは，「ひきこもり」の生物学的病態への炎症の関与も示唆される。

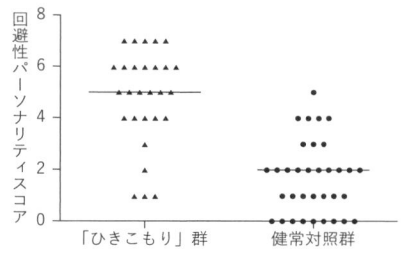

a. 男性

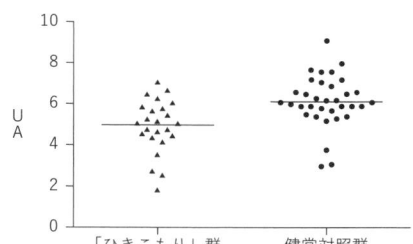

b. 女性

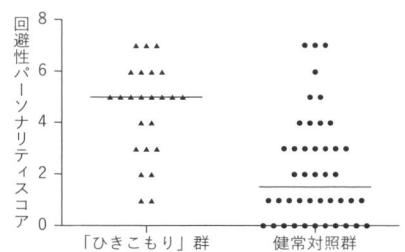

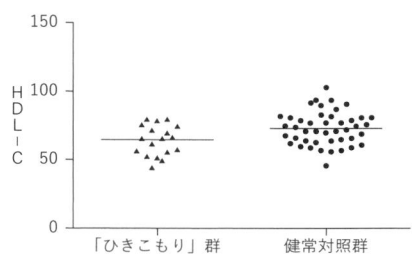

図2　「ひきこもり」群と健常対照群間の回避性パーソナリティスコアおよび血液バイオマーカーの比較

これらの知見からは，酸化ストレスや炎症の制御をターゲットとした将来的な「ひきこもり」治療薬の開発につながることも期待される。なお，この研究結果には一貫して性差が認められており，ひきこもり臨床では性別によって治療的アプローチを変えていくことの有用性が想定される。例えば男性にはUAやHDL-Cに影響し得るような運動療法や食事療法を選択し，女性にはパーソナリティの病理や対人関係における信頼の問題に焦点付けた心理療法的アプローチを選択することなどが有用かもしれない。今回得られた知見はあくまでも予備的な研究に基づくものであり，今後も引き続き，酸化ストレスや炎症といった側面から「ひきこもり」の背景に想定される生物学的病態基盤を明らかにしていくとともに，「ひきこもり」に対する有効な生物学的な予防法・治療法の開発につなげていくことが期待される。

▶謝辞

本稿では，九州大学病院気分障害ひきこもり外来での臨床と研究成果の一部を紹介しました。神庭重信先生（九州大学名誉教授），齊藤万比古先生（愛育相談所所長），近藤直司先生（大正大学教授），Alan R Teo先生（オレゴン健康科学大学 Associate Professor）はじめ，これまでひきこもり研究にご支援ご助言くださった先生方，当研究外来での臨床や研究に従事しているスタッフ，エントリーしてくださった方々に感謝いたします。今回紹介した研究の一部は，AMED国立研究開発法人日本医療研究開発機構（障害者対策総合研究開発事業（精神障害分野）19dk0307047 & 19dk0307075），および，日本学術振興会（新学術領域研究「意志動力学」16H06403）の助成金を元に実施しました。

▶文献

Ames BN, Cathcart R, Schwiers E et al. (1981) Uric acid provides an antioxidant defense in humans against oxidant- and radical-caused aging and cancer : A hypothesis. Proceedings of the National Academy of Sciences of the United States of America 78 ; 6858-6862. doi:10.1073/pnas.78.11.6858

Arora V & Chopra K (2013) Possible involvement of oxido-nitrosative stress induced neuro-inflammatory cascade and monoaminergic pathway : Underpinning the correlation between nociceptive and depressive behaviour in a rodent model. Journal of Affective Disorders 151 ; 1041-1052. doi:10.1016/j.jad.2013.08.032

Blom RM et al.（2011）Association between a serotonin transporter promoter polymorphism（5HTTLPR）and personality disorder traits in a community sample. Journal of Psychiatric Research 45 ; 1153-1159. doi:10.1016/j.jpsychires.2011.03.003

Cacioppo JT, Hawkley LC & Thisted RA（2010）Perceived social isolation makes me sad : 5-year cross-lagged analyses of loneliness and depressive symptomatology in the Chicago Health, Aging, and Social Relations Study. Psychology and Aging 25 ; 453-463. doi:10.1037/a0017216

Camont L, Chapman MJ & Kontush A（2011）Biological activities of HDL subpopulations and their relevance to cardiovascular disease. Trends in Molecular Medicine 17 ; 594-603. doi:10.1016/j.molmed.2011.05.013

Grant N, Hamer M & Steptoe A（2009）Social isolation and stress-related cardiovascular, lipid, and cortisol responses. Annals of Behavioral Medicine 37 ; 29-37. doi:10.1007/s12160-009-9081-z

Hayakawa K et al.（2018）Blood biomarkers of Hikikomori, a severe social withdrawal syndrome. Scientific Reports 8 ; 2884. doi:10.1038/s41598-018-21260-w

Hercher C et al.（2009）Alcohol dependence-related increase of glial cell density in the anterior cingulate cortex of suicide completers. Journal of Psychiatry & Neuroscience 34 ; 281-288.

Joyce B, Dickhaut J & McCabe K（1995）Trust, reciprocity, and social history. Games and Economic Behavior 10 ; 122-142.

Kato TA et al.（2012）Does the "hikikomori" syndrome of social withdrawal exist outside Japan? : A preliminary international investigation. Social Psychiatry and Psychiatric Epidemiology 47 ; 1061-1075. doi:10.1007/s00127-011-0411-7

Kato TA, Kanba S & Teo AR（2018）Hikikomori : Experience in Japan and international relevance. World Psychiatry 17 ; 105-106. doi:10.1002/wps.20497

Kato TA, Kanba S & Teo AR（2019）Hikikomori : Multidimensional understanding, assessment, and future international perspectives. Psychiatry and Clinical Neurosciences 73 ; 427-440. doi:10.1111/pcn.12895

Kato TA, Kanba S & Teo AR（2020）Defining pathological social withdrawal : Proposed diagnostic criteria for hikikomori. World Psychiatry 19 ; 116-117. doi:10.1002/wps.20705

Kato TA, Sartorius N & Shinfuku N（2020）Forced social isolation due to COVID-19 and consequent mental health problems : Lessons from hikikomori. Psychiatry and Clinical Neurosciences. doi:10.1111/pcn.13112

King-Casas B et al.（2008）The rupture and repair of cooperation in borderline personality disorder. Science 321 ; 806-810. doi:10.1126/science.1156902

厚生労働省（2010）ひきこもりの評価・支援に関するガイドライン.

Koyama A et al.（2010）Lifetime prevalence, psychiatric comorbidity and demographic correlates of "hikikomori" in a community population in Japan. Psychiatry Research 176 ; 69-74. doi:10.1016/j. psychres.2008.10.019

Malagon-Amor A, Corcoles-Martinez D, Martin-Lopez LM et al.（2015）Hikikomori in Spain : A descriptive study. International Journal of Social Psychiatry 61 ; 475-483. doi:10.1177/0020764014553003

McKim DB et al.（2016）Neuroinflammatory Dynamics Underlie Memory Impairments after Repeated Social Defeat. Journal of Neuroscience 36 ; 2590-2604. doi:10.1523/JNEUROSCI.2394-15.2016

Nation DA et al.（2008）The effect of social environment on markers of vascular oxidative stress and inflammation in the Watanabe heritable hyperlipidemic rabbit. Psychosomatic Medicine 70 ; 269-275. doi:10.1097/PSY.0b013e3181646753

Nozaki K et al.（2020）Antidepressant effect of the translocator protein antagonist ONO-2952 on mouse behaviors under chronic social defeat stress. Neuropharmacology 162 ; 107835. doi:10.1016/j.neuropharm.2019.107835

Steiner J et al.（2008）Immunological aspects in the neurobiology of suicide : Elevated microglial density in schizophrenia and depression is associated with suicide. Journal of Psychiatric Research 42 ; 151-157. doi:S0022-3956（06）00218-4[pii]10.1016/j.jpsychires.2006.10.013

Steptoe A, Owen N, Kunz-Ebrecht SR et al.（2004）Loneliness and neuroendocrine, cardiovascular, and inflammatory stress responses in middle-aged men and women. Psychoneuroendocrinology 29 ; 593-611. doi:10.1016/S0306-4530(03)00086-6

Stravynski A & Boyer R（2001）Loneliness in relation to suicide ideation and parasuicide : A population-wide study. Suicide and Life-Threatening Behavior 31 ; 32-40. doi:10.1521/suli.31.1.32.21312

Suzuki H et al.（2019）Suicide and microglia : Recent findings and future perspectives based on human studies. Frontiers in Cellular Neuroscience 13 ; 31. doi:10.3389/fncel.2019.00031

Teo AR et al.（2015a）Identification of the hikikomori syndrome of social withdrawal : Psychosocial features and treatment preferences in four countries. International Journal of Social Psychiatry 61 ; 64-72. doi:10.1177/0020764014535758

Teo AR et al.（2015b）Psychopathology associated with social withdrawal : Idiopathic and comorbid presentations. Psychiatry Research 228 ; 182-183. doi:10.1016/j.psychres.2015.04.033

Teo AR & Kato TA（2015）The prevalence and correlates of severe social withdrawal in Hong Kong. International Journal of Social Psychiatry 61 ; 102. doi:10.1177/0020764014554923

Tonelli LH et al.（2008）Elevated cytokine expression in the orbitofrontal cortex of victims of suicide. Acta Psychiatrica Scandinavica 117 ; 198-206. doi:10.1111/j.1600-0447.2007.01128.x

Watabe M et al.（2013）Minocycline, a microglial inhibitor, reduces "honey trap" risk in human economic exchange. Scientific Reports 3 ; 1685. doi:10.1038/srep01685

Watabe M et al.（2015）Relationship between trusting behaviors and psychometrics associated with social network and depression among young generation : A pilot study. PLoS One 10 ; e0120183. doi:10.1371/journal.pone.0120183

Wilson RS et al.（2007）Loneliness and risk of Alzheimer disease. Archives of General Psychiatry 64 ; 234-240. doi:10.1001/archpsyc.64.2.234

Wong PW et al.（2015）The prevalence and correlates of severe social withdrawal（hikikomori）in Hong Kong : A cross-sectional telephone-based survey study. International Journal of Social Psychiatry 61 ; 330-342. doi:10.1177/0020764014543711

Wong PWC, Liu LL, Li TMH et al.（2017）Does hikikomori（severe social withdrawal）exist among young people in urban areas of China?. Asian Journal of Psychiatry 30 ; 175-176. doi:10.1016/j. ajp.2017.10.026

Wu AFW, Ooi J, Wong PWC et al.（2019）Evidence of pathological social withdrawal in non-Asian countries : A global health problem?. Lancet Psychiatry 6 ; 195-196. doi:10.1016/S2215-0366(18)30428-0

Yang YC et al.（2016）Social relationships and physiological determinants of longevity across the human life span. Proceedings of the National Academy of Sciences of the United States of America 113 ; 578-583. doi:10.1073/pnas.1511085112

［特集］ひきこもり――就職氷河期からコロナウイルス時代を見据えた全世代型支援

発達的要因・個人要因

齊藤万比古 Kazuhiko Saito

恩賜財団母子愛育会愛育相談所

Ⅰ　はじめに

ひきこもりという現象については，筆者が研究代表を担った厚生労働科学研究で作成し，2010年に公表した「ひきこもりの評価・支援に関するガイドライン」（齊藤，2010）では，次のように定義している――「さまざまな要因の結果として社会的参加（義務教育を含む就学，非常勤職を含む就労，家庭外での交遊など）を回避し，原則的には6カ月以上にわたっておおむね家庭にとどまり続けている状態（他者と交わらない形での外出をしていてもよい）を指す現象概念である。なお，ひきこもりは原則として統合失調症の陽性あるいは陰性症状に基づくひきこもり状態とは一線を画した非精神病性の現象とするが，実際には確定診断がなされる前の統合失調症が含まれている可能性は低くないことに留意すべきである」。この定義で「非精神病性の現象」と明記されていることから，ひきこもりは統合失調症とは無縁の現象であり，ひきこもり支援の対象ではないと解釈されることがある。加えて，ひきこもりを「現象」と定義したことで，ひきこもりを引き起こす精神疾患などというものはなく，ひきこもりを精神疾患ととらえてはならないという誤解が独り歩

きしている傾向も見てとれる。しかし，2010年版のガイドラインが強調しようとしたのは「非精神病性」の現象であるという点ではなく，統合失調症のケースをひきこもりと定義してしまうことで，統合失調症に特化した治療体系に導入するまでの時間を空費することがないよう注意喚起をしたという点である。ひきこもりという現象は，高校生年代までの子どもの不登校も含めて人間が示す非社会的回避行動のひとつであり，その背景要因とりわけ個人的要因として多様な精神疾患が見出されることは珍しいことではない。いずれにしても，ひきこもりの治療・支援にあたっては精神医学的な診断・評価の実施を前提に，精神医学的な治療法や支援法を必要に応じて柔軟かつ有効に組み込んでいくべきであるという姿勢は，ガイドラインをまとめた者として，ガイドライン公表から10年を経た現在でも強調しておくべきと考えている。

ここでは，ひきこもりの個人的要因の典型的な領域として，精神疾患がひきこもりの当事者にどのくらいのボリュームで見出されているのかをまず示しておきたい。そのうえで，精神疾患のなかでも特有なひきこもり親和性の高さが注目される自閉スペクトラム症（Autistic Spectrum

表1　ひきこもり者（16〜35歳）の精神医学的診断
（Kondo et al.（2013）の結果の数字から独自に作表）

障害名（DSM-IV-TR）	人数	対象147名に占める割合（%）
通常，幼児期，小児期，または青年期に初めて診断される障害	52	35
不安障害	43	29
パーソナリティ障害	32	22
気分障害	26	18
統合失調症および他の精神病性障害	18	12
適応障害	11	7
その他の精神障害	10	7

（注：対象となったひきこもり者の実数は147名だが，重複診断可としたため各障害と診断された
人数の総計は192名となる）

Disorder：ASD）において，その親和性とは何か
について論じたい。

II　ひきこもりの背景要因としての精神疾患

　わが国で注目されていた「ひきこもり」という
現象の背景にさまざまな精神疾患が存在している
ケースが多いことについては，すでにいくつかの
報告がある（Koyama et al., 2010；Kondo et al.,
2013；齊藤，2016）。Koyama et al.（2010）の報
告は，2002年から2006年にかけて実施された
WHOによる世界精神保健調査（World Mental
Health：WMH）の一環としてわが国で実施した
研究（WMH-J）である，川上（2007）が主任研
究者となった厚生労働科学研究の研究成果をまと
めた論文である。Koyama et al.（2010）によれば，
20歳から49歳までの年代のこれまでにひきこも
りを経験したことのある人は，無作為に選んだ調
査対象のうちの1.2%であり，そのうちの54.5%は
気分障害，不安障害，衝動制御障害，物質関連障
害のうちいずれかをひきこもりと併せて示してい
たと報告している。

　次にKondo et al.（2013）の報告は，2007年度
から2009年度にかけての3年間の厚生労働科学
研究の成果（近藤，2010）を基盤に論文化したも
のである。この調査研究は，2007年から2009年
にかけての2年半ほどの期間に，5カ所の精神保
健福祉センターを訪れた新規のひきこもり相談

ケースのうち，初回面談時に16歳以上35歳まで
の年齢であった当事者で，本人が来談して精神医
学的診断・評価を受けた147名を対象に実施した
ものである。なお各機関とも診断・評価にあたっ
ては1，2名の精神科医と3，4名からなる精神保
健福祉専門職で診断会議を組織して実施してお
り，その診断の信頼性はある程度保証されてい
る。Kondo et al.（2013）の研究対象のうち，ひ
きこもりの本人来談ケース群147名の精神医学的
診断に関する数字を筆者が集計したものが表1で
ある。重複診断も併存精神疾患として認めている
診断であるので，表1の各精神障害に診断された
人数を合計すると192名となるが，いずれの疾患
も147名の母集団に占める割合として示すと，「通
常，幼児期，小児期，あるいは青年期に初めて診
断される障害」が35%と最も多く診断されてお
り，続いて多いほうから「不安障害」29%，「パー
ソナリティ障害」22%，「気分障害」18%，「統合
失調症および他の精神病性障害」12%となってい
る。ひきこもり相談として来談しているにもかか
わらず，12%に及ぶ統合失調症者を中心とする精
神病性障害の当事者がいることは注目に値する。
表1のなかで最も多い52名（147名中35%）の
診断名である「通常，幼児期，小児期，あるいは
青年期に初めて診断される障害」の下位診断は
Kondo et al.（2013）には見当たらないが，基礎
資料にあたる研究報告書（近藤，2010）には下位

表2　外来初診患児「不登校あり」群の背景精神障害
（対象は初診 756 名中の「不登校あり」群 227 名）

障害名（DSM-IV-TR）	人数	割合（%）
不安障害	53	23
気分障害	43	19
広汎性発達障害	43	19
適応障害	26	11
身体表現性障害	18	8
注意欠如・多動性障害	11	8
その他の精神障害	33	15

（国立国際医療センター国府台病院児童精神科 2009 年新
患統計から）

診断の集計が示されており，52 名中の 62%（147
名中 22%）が広汎性発達障害であり，31%（147
名中 11%）が精神遅滞と続き，この 2 疾患が大
半を占めている。

　齊藤（2016）は不登校の精神医学的側面に関す
る総説のなかで，2009 年の 1 年間に子どものひ
きこもりである不登校を主訴として，国立国際医
療研究センター国府台病院児童精神科を初めて受
診した小中学生 227 名の，初診時における精神医
学的主診断（DSM-IV-TR）の集計結果を紹介し
ている。その結果は，不安障害 23%，気分障害
19%，広汎性発達障害 19%，適応障害 11%，身体
表現性障害 8%，注意欠如・多動性障害 5% など
となっている。この数字を導いた原資料をもとに，
表1と同様に障害名，診断された人数，その調査
対象中に占める割合の各々を集計したものが表2
である。

　両者には大人（表1）と子ども（表2）の違い
はあるにしろ，不安障害と気分障害が目立つ背景
精神疾患であることは共通している。一方，大人
と子どものひきこもりにおける背景精神疾患を対
照して見えてくる最も顕著な違いは，大人では
パーソナリティ障害が 22% ほどを，そして統合失
調症を中心とする精神病性障害が 12% を占めて
いる点で，いずれも子どもではほとんど診断され
ていない。注目すべきは，表2の子どもの背景疾
患として 19% を占める広汎性発達障害と，8% を

占める注意欠如・多動性障害で，これらを併せた
27% がいわゆる発達障害ということになる。大人
の診断結果である表1では「通常，幼児期，小児
期，または青年期に初めて診断される障害」のお
およそ 3 分の 2 にあたる 22% が広汎性発達障害
であることから，子どもか大人かを問わず，ひき
こもりの背景には，広汎性発達障害（DSM-5 の
ASD）を中心とする発達障害（DSM-5 でいう神
経発達症群）が少なくとも 4 分の 1 ほどは存在し
ていることになる。

　以上述べてきたように，ひきこもりと精神疾
患の関連がけっして無視することのできないイ
ンパクトを持っていることは明らかである。川
上（2007）はその疫学調査（WMH-J）の結果か
ら，気分障害，不安障害，衝動制御障害，物質関
連障害の 4 精神疾患は，ひきこもり状態下で続発
的に生じたものが多いと指摘しているが，これを
もって精神疾患はひきこもりの発現要因ではない
と言い切るべきではないと筆者は考える。なぜな
ら WMH-J において調査対象として挙げた精神疾
患のリストには，いわゆる発達障害，DSM-5 で
いう神経発達症群をはじめ多くの精神疾患が含ま
れていないからで，これらの精神疾患とりわけ神
経発達症群が背景に存在することでひきこもり状
態発現のリスクが上昇しているというケースは相
応のボリュームで存在するはずである。

　なお，この節では DSM-IV-TR 時代の資料や論
文を参考に，ひきこもりの背景にある精神疾患に
ついて述べてきたため，精神疾患の診断名は基本
的に DSM-IV-TR のそれを用いてきたことを特記
しておきたい。

III　神経発達症群のひきこもりへの
親和性とは何か

　子どもでも大人でも，ひきこもりという非社会
的な回避行動であるひきこもりに結びつくリスク
を若干でも上昇させる要因として，神経発達症群
に含まれる疾患，とりわけ ASD に注目すべきで
あることは前節で述べた通りである。本節では，

なぜASDのひきこもりへの親和性が高いのか検討してみたい。

　ASDのひきこもり親和性については，「ASD者は他者の心をとらえられず，それに関心がないからひきこもりやすい」といった趣旨の説明を聞くことが多く，専門家の間でもしばしば同様の表現でASDとひきこもりとの関係が語られていると筆者は感じている。しかし，それはあまりに乱暴な理解であり，ASD者が存在している心理的世界をいわゆる標準発達者のそれから無神経に切り離す多数者の論理と言わざるをえない。もう少し想像力を働かせてASD者の心性，とりわけ社会性の重要な要件である自己と他者の心に関する認知の様態という観点を持てば，ASD者が何を感じ，何に困難を抱えているかをある程度とらえることが可能になるのではないだろうか。そのための鍵概念としてメンタライジングの概念を導入し当てはめてみると，この辺りのASD者の心性を具体的に想像しやすくなると筆者は考えている。

　メンタライジングの概念をとらえる際に前提となるのは，Allen（2006）やAllen et al.（2008）が示した「行動を，内的な精神状態と結びついているものとして，想像力を働かせてとらえること，あるいは解釈すること」という定義である。ここからは，他者の行動や振る舞いや発言を理解する際に，それらが他者の独自の内的世界に生じている感情や動機や思考から発するものとしてとらえ，その内容を自己の感情や動機とは異なる独自の世界として想像し，理解しようとする心理的機能をメンタライジングと呼んでいることがわかる。さらに言えば，Allen et al.（2008）が「簡便な定義」と呼んで列記した，①心を心で思うこと，②自己と他者の精神状態に注目すること，③誤解を理解すること，④自分をその外側から見てみること，他者をその内側から見てみること，⑤精神的なものとしてとらえること，あるいは精神的に深め洗練させること，という5点から見えてくるように，メンタライジング機能とは他者が自分と同じように内的世界を持っており，しかもその内容は自分のそれとは異なる独自の世界であるということを知っており，それゆえ想像力を駆使して他者を理解しようと励む能力ととらえてよいだろう。さらに，こうした他者理解と同時進行で，自分自身の感情や動機や思考を主観の盲目性から解き放ち，対象として客観的にとらえようとする機能（メタ認知と呼んでもよい）もまたメンタライジング機能のひとつの側面なのである。すなわちメンタライジング機能の発達とは他者理解と自己理解の両者の発展でなければならず，まさに「よく他者を理解することはよく自己を知ること」なのである。

　メンタライジング機能の発達は乳幼児期の最早期からスタートしており，その後も連続的に発展し続けていくものである。しかし，この他者と自己の心をとらえ理解するというメンタライジング機能のASD児における発達は，スタートも進行の速度も遅れることから，結果的に母親へのアタッチメントも乳幼児期の早期にはしばしば不明確で，発展も制限されているのが普通である。しかし，母親に当初アタッチメントを示さないことを，ASD児が冷淡であるがゆえに母親に関心を示さないためであると誤解してはならない。彼らは良き養育環境のひとつとして母親が提供する養育を享受している一方で，対象としての母親像形成が遅れるため，母親に顕在性の関心を示すことができないだけなのである。これも幼児期の後半になれば，母親に世話され保護されることの意味を遅まきながら理解するようになり，母親への素朴なアタッチメントを示すようにもなるのである。しかし，母親に対してすら対象として認めるのにこれだけ時間がかかるASD児は，母親以外の人物とりわけ幼稚園や学校といった社会的な場で出会う子どもや大人のそれぞれの心の独自性・自律性を理解し，その心の内容をとらえることが可能になるには，もっと長い期間を必要とすると思われる。

　小学校低学年のASD児は，学校で自分がから

かいの対象になっていたり，孤立していたりしても，案外それを気にかけていないことが多い。しかし小学校年代の半ばを過ぎ思春期の足音が聞こえはじめる頃になると，ASD児も他者の態度や言葉から自分に対して他者が持っている感情や動機をある程度まで推理できるようになり，他者と自己の関係性の質をとらえることも少しずつ可能になる。そうなるとASD児は他者が自分に向ける感情，とりわけ悪意に敏感となり，自分に友人がいないことや少ないことにこだわったり，他者の悪意を過大評価して被害的になったりする傾向が高まるようである。さらに，そう感じた際のASD児の対処行動がしばしば唐突であり，他者の意見を認めない一方的な主張となりやすいため，クラスのなかでますます孤立し，攻撃対象となりやすくなる。このように，ASD児の多くは思春期年代以降もメンタライジング機能の標準的な成熟水準に達することは難しく，多くはなんらかのメンタライジング不全を抱えて生きていくことになる。

　ASD児の学校における孤立や，自ら回避的になっていくなどの状況は，ひきこもり親和性を増大させることになり，小学校半ば過ぎにあたる思春期開始段階の前後から思春期の終盤である高校年代にかけて，彼らのひきこもり親和性は高い水準に維持されている。それだけではなく，思春期年代からそれ以降になってもASD児・者は社会的な関係性に対する執着が概して乏しく，いわんやひきこもり状態に陥っている場合には特にそれが顕著となって，自己の主観的な世界への没頭が自由にできるひきこもり状態から抜け出そうとする動機は相当に持ちにくいだろうと推測される。そのため，ASDを持たないひきこもり児・者がひきこもっている現状をめぐって非常に葛藤的となり，接近してくる支援者に対し，期待と恐れの相半ばする両価的な姿勢を顕在化させる場合が多いのに対し，ASD児・者の場合には支援に対する両価性ではなく，ひきこもっている状況を変化させられることに対して恐れかつ怒り，抵抗する

という反応が中心となるという特徴的な違いがある。こうした思春期の開始期以降のひきこもり親和性の亢進と，そこからの回復の難しさこそ，ASD児・者のひきこもりに特に注目すべき理由であり，その特性を理解した治療・支援策の必要性に言及する理由でもある。

IV　おわりに

　最後に，「ひきこもっているASD児・者は自分のしたいように時間を過ごすことのできる生活に自足し，ひきこもり状態から抜け出そうとする動機を持たないのだろうか？」という問いに答えることで本論のまとめとしたい。この問いに対して筆者は，これまでの臨床経験からそのようなことはないと考えている。大学の途中から10数年にわたってひきこもりを続けたあるASD者は，それまで医療や障害福祉の観点からどのような支援の申し出があってもけっして心を動かさなかったのに，障害者年金認定の決定書が届いた際にそれを筆者に見せながら，「これが届いて社会が僕を生きていてよいと認めてくれたと思いました。以前に先生が教えてくれた障害者就労のことを考えてみようと思います」と，涙ぐんで口にしたのである。これを聞いた筆者は彼が示した愚直なまでの生真面目さと生きにくさの両方から，相互性の実感を持って他者と，そして社会とつながることが難しいASD者のひきこもりの本質を目の当たりにしたと感じていた。しかも筆者は，複数のASD者からまるで申し合わせたかのように同じ趣旨の言葉を聞いたという臨床経験を持っている。こうしたASD者の心を理解することなく，彼らの頑固さや一方的な主張の激しさに圧倒されたり腹を立てたりしている限り，ひきこもった彼らの孤独感や絶望，そして深い罪悪感に支援の手を伸ばすことは難しいのではないだろうか。

▶文献
Allen JG (2006) Mentalizing in practice. In : JG Allen & P Fonagy (Eds) Handbook of Mentalization-based

Treatment. Chichester : John Wiley & Sons, pp.3-30. （狩野力八郎 監修（2011）メンタライゼーション・ハンドブック—MBT の基礎と臨床．岩崎学術出版社，pp.3-41）

Allen JG, Fonagy P & Bateman AW（2008）Mentalizing in Clinical Practice. Washington DC : American Psychiatric Publishing.（狩野力八郎 監修（2014）メンタライジングの理論と臨床—精神分析・愛着理論・発達精神病理学の統合．北大路書房）

川上憲人 主任研究者（2007）こころの健康についての疫学調査に関する研究．平成16 〜 18 年度厚生労働科学研究費補助金（こころの健康科学研究事業）こころの健康についての疫学調査に関する研究総合研究報告書.

近藤直司 分担研究者（2010）思春期ひきこもりにおける精神医学的障害の実態把握に関する研究．In：齊藤万比古 主任研究者：厚生労働科学研究費こころの健康科学研究事業．思春期のひきこもりをもたらす精神科疾患の実態把握と精神医学的治療・援助システムの構築に関する研究．平成21 年度総括・分担研究報告書，pp.67-86.

Kondo N, Sakai M, Kuroda Y et al.（2013）General condition of hikikomori（prolonged social withdrawal）in Japan : Psychiatric diagnosis and outcome in mental health welfare centres. International Journal of Social Psychiatry 59；79-86.

Koyama A, Miyake Y, Kawakami N et al.（2010）Lifetime prevalence, psychiatric comorbidity and demographic correlates of "hikikomori" in a community population in Japan. Psychiatry Research 176；69-74.

齊藤万比古 主任研究者（2010）引きこもりの評価・支援に関するガイドライン．思春期のひきこもりをもたらす精神疾患の実態把握と精神医学的治療・援助システムの構築に関する研究．平成19 〜 21 年度総合研究報告書，pp.89-155（https://www.mhlw.go.jp/file/06-Seisakujouhou-12000000-Shakaiengokyoku-Shakai/0000147789.pdf［2020 年9 月25 日閲覧］）.

齊藤万比古（2016）思春期の不登校の精神医学．思春期青年期精神医学 25；159-173.

［特集］ひきこもり——就職氷河期からコロナウイルス時代を見据えた全世代型支援

ひきこもりの理解

家族関係

野中俊介 Shunsuke Nonaka

東京未来大学

Ⅰ　家族自身の心身の健康

「本当にわたしの責任だというのがすごい強かった。親がこれだからいろんなこと，いじめにあったときにきちんと対応してくれなかったと言われました。そのとおりだと思って。どう言われても自分が情けないんですけどそういう親だったんです」（斎藤ほか，2013［p.15］）

この言葉のように，ひきこもる人の家族は，ひきこもりという現象によってさまざまな生活上の影響を受ける場合が多いことが知られている。たとえば，General Health Questionnaire（GHQ-12）（新納・森，2001）を用いて，ひきこもる人の家族の精神的健康度を検討した，小林ほか（2003）においては，一般人口と比較すると，ひきこもる人の家族の精神的健康度は有意に低いことが報告されている。さらに，ひきこもる人の親の多くは，ひきこもりでない人の親よりも心理的ストレス反応が高い（植田ほか，2004）が，ひきこもる人が精神疾患の診断を受けていることで親の無気力が高まること（境・坂野，2009），親の否定的評価が高いほどストレス反応が高まること，および問題行動への対処に関する親のセルフ・エフィカシーが高いほどストレス反応が

下がることが示されている（境・坂野，2009；境ほか，2009）。日本以外においては家族を対象とした研究は非常に限られるが，スペインで行なわれた研究（Malagón-Amor et al., 2020）は，家族の生活上の全体的な機能（Global Assessment of Functioning : GAF）が低下していることを報告している。

経済的な側面においても，ひきこもりケースに必ずしも余裕があるわけではないことが知られている。図1の通り，ひきこもりケースの家庭（境・中村，2006；KHJ 全国ひきこもり家族会連合会，2015）は日本の全世帯（厚生労働省，2015）よりも平均年収が低い傾向にあり，2004 年（約 538 万円）から 2013 年（約 444 万円）の間に 90 万円程度減少している。さらに，ひきこもる人にかかる費用（1 カ月あたり）は，2004 年（約 4.5 万円）から 2013 年（約 5.8 万円）の間に増加しており，ひきこもりの高年齢化をふまえれば，今後ますます経済的負担が大きくなることが予想される。

このような家族への影響が知られている一方で，子どものひきこもり経験に対する親のとらえかたが変化することによって，親自身が生きる上での価値観などを変化させるという知見も報告されている。たとえば，Rubinstein（2016）は，日

本の自助グループ（家族会）参加者を対象とした
インタビュー調査を通して，親が子どものひきこ
もり経験を単なる失敗体験としてではなく，自分
自身に意味があるものとしてとらえることによっ
て，親が将来に向けた希望をもてることを報告し
ている。

　ひきこもりによって生活上の影響を受けること
が知られているのは親だけではない。一般に，ひ
きこもる人の「きょうだい」も，きょうだい自身
の結婚や，親の老後などの生活上の節目において
影響を受けることが知られている。きょうだいは，
ひきこもり者や親に気遣ったり不満を感じたりし
ながら，「自己コントロール感」を得るまでの過
程において，さまざまな葛藤に苦しむことが多い
（和田，2016）が，このようなひきこもりがきょ
うだいに及ぼす影響はほとんど明らかにされてい
ない。「8050問題」といわれる現象に代表される
ような親の高齢化が進む場合，きょうだいに生じ
る影響はますます高まる可能性がある。

II　家族の受療・来談

　親の心理的ストレスは，ひきこもる人が相談機
関を利用することによって減少する場合が多いが
（境・坂野，2009），実際にはひきこもる人からの
相談は少なく，ひきこもりに関する相談の多くは
家族からである（伊藤，2003）。親の会参加者を
対象とした中村ほか（2006）においては，家族の
85.6％がひきこもり状態を改善するために相談機
関を必要としていることや，家族は保健所や精神
保健福祉センター，電子メールによる相談を利用
しにくく，親の会のほかには電話相談を利用しや
すい可能性が示されている。また，父親よりも母
親のほうがひきこもりに関する支援に参加するこ
とが多く，母親よりも父親のほうがサポート資源
の利用に対する困難感が高いという父母間の差異
も存在する（Funakoshi & Miyamoto, 2015）。

III　ひきこもりと家族関係

　家族からの相談が多いなどの理由によって，ひ

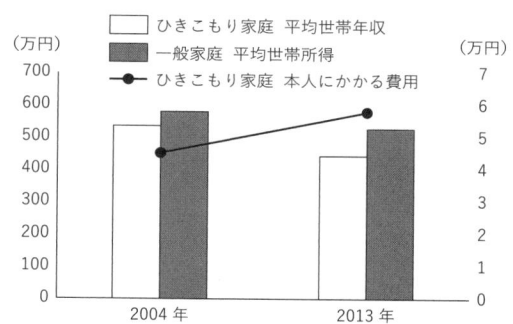

図1　世帯年収と本人にかかる費用の変化
※「ひきこもり家族」データは2004年を境・中村（2006），
2013年をKHJ全国ひきこもり家族会連合会（2015）から
引用。「一般家庭」のデータは厚生労働省（2015）から引用。

きこもりと家族関係の関連が従来から注目されて
きた。幼少期の子育てスタイルという側面から
は，一般に，親の愛情不足や過保護といった子育
てスタイルがひきこもりの背景にあるのではない
かと指摘されることもある。しかしながら，ひき
こもる人とひきこもり非経験者を比較した調査に
おいては，幼少期の子育てスタイルはひきこもり
経験の有無と必ずしも関連しないという知見も得
られている（Umeda et al., 2012）。その一方で，
ひきこもりとの因果関係は明らかにされていない
ものの，父親の教育歴の高さや母親の精神疾患と
ひきこもり経験の有無には関連がみられることが
示されており（Umeda et al., 2012），スペインに
おいても，ひきこもる人の家族は精神疾患の既往
歴をもつ場合が多いと指摘されている（Malagón-
Amor et al., 2020）。

　家族機能という側面からは，ひきこもりケース
はそうでないケースよりも家族関係に非機能的な
側面があるという知見（小林ほか，2003；野中ほか，
2012）と非機能的でないという知見（Nonaka et
al., 2019）があり，必ずしも一貫していない。た
とえば，小林ほか（2003）は家族システム理論の
観点から，ひきこもりケースの家族は問題解決や
意思疎通，行動統制などの家族機能が非ひきこも
りケースよりも非機能的であることを報告してい
る。その一方で，認知行動療法的観点からは，ひ

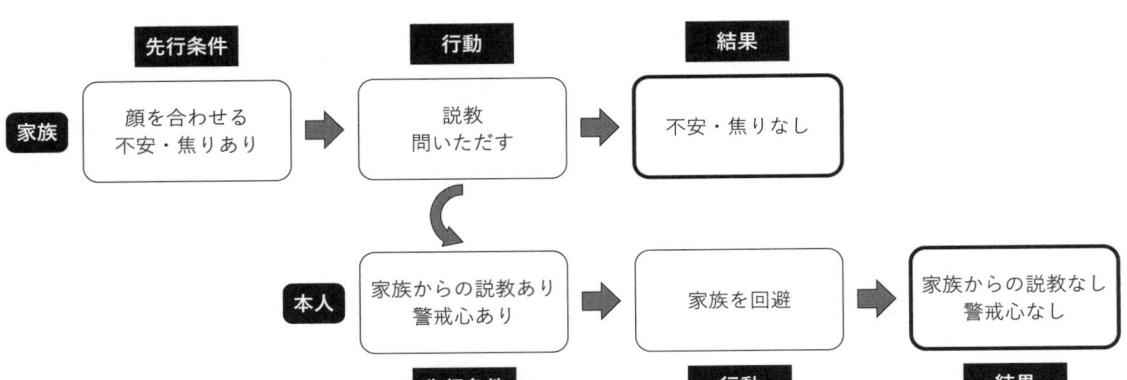

図2　ひきこもる人（本人）が家族を回避する相互作用の例

きこもりケースの家族内相互作用は非ひきこもり
ケースよりもむしろ機能的であること（Nonaka
et al., 2019）や，家族が多くの対応レパートリー
をもつこと（Nonaka et al., in press）が示されて
いる。この違いは，理論的背景の差異ばかりでな
く，家族がサポートを受けるなかで家族関係が変
化しているという側面や，個人差が大きいという
側面などを反映している可能性がある。

　認知行動療法的観点からは，家族内相互作用
や親の対応レパートリーが変化することによっ
て，ひきこもる人の社会的交流が増加すること
が示されており（Nonaka et al., 2020），この関係
性はいくつかの介入研究においても支持されてい
る（平生ほか，2018；Kubo et al., 2020；境ほか，
2015；山本・室橋，2014）。これらの知見を整理
すると，家族関係要因はひきこもりかどうかを弁
別する要因としてはそれほどの説明力をもたない
一方で，ひきこもり状態の変化に影響を与える要
因としては一定の説明力をもつと理解できる可能
性がある。

　認知行動療法の基盤となる理論のひとつにオ
ペラント条件づけ理論がある。この理論によれ
ば，ある行動は行動の前（先行条件：Antecedent
events）と後（結果：Consequences）の環境の変
化によってその行動（Behavior）が獲得されたり，
維持されたりする（千葉，2005）。たとえば，「家
族がひきこもる人から避けられてしまう」という

現象は，この観点から図2のように整理できる。
すなわち，家族視点でとらえれば，家族が不安や
焦りから（先行条件），将来のことを問いただし
てひきこもる人（本人）に説教をすると（行動），
家族は伝えたい想いを伝えることができて一時的
には不安や焦りという不快事象がなくなる（結果）
ことによって，説教行動が維持される。その一方
で，家族の「行動」は，本人にとっては「先行条件」
に当てはめて理解することができる。すなわち，
本人視点でとらえれば，家族から説教をされたと
き（先行条件），家族を回避すると（行動），家族
から説教を受けるという不快事象がなくなる（結
果），すなわち本人にとってのメリット（不快の消
失）を得ることができ，結果的に家族を回避する
行動が増えてしまう，と理解することができる。

　また，家族内で交流が生じる現象の例は図3の
ように整理できると考えられる。図3の例は，家
族の「行動」と本人の「先行条件」が図2とは異
なる。そして家族も本人も結果として生じるメ
リットが，図2の場合の「不快の消失」というよ
りは，「快の出現」（うれしい，たのしい）である。
すなわち，図2のような家族からの回避を変容し
たい場合，たとえば家族が行動（本人にとっての
先行条件）を変えることで（本人にとって不快な
話をするのではなく快が伴うような楽しい話をす
る），本人の行動の生起頻度を変えることができ
る。

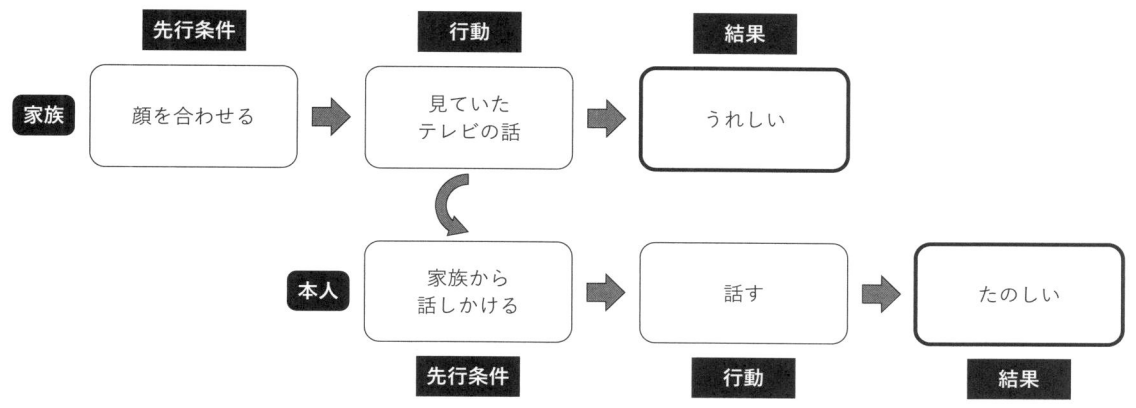

図3　ひきこもる人（本人）が家族と交流する相互作用の例

　家族内相互作用において認知行動療法的観点から理解できる重要なことのひとつは、本人視点からだけでなく家族視点からも、相互作用が生起したり、維持できるようにすることである。すなわち、家族の関わり（行動）を変容することによって相互作用を変容させ、維持させようとする場合は、本人にとっての「メリット」だけでなく、家族にとっても相応の「メリット」が得られる相互作用に発展させる必要がある。もうひとつの重要な点は、ひきこもる人が家族を警戒しているかどうかによって、家族の回避される度合いが変わるということである。したがって、家族内の交流を増やしたい場合、基本的には家族がひきこもる人から警戒されずに安心感を与えるような関わりを繰り返すことが有効である。

　その一方で、目指すべき目的によっては、「良い相互作用」とは、必ずしも本人と家族が互いにとって強化子になることを意味しないかもしれない。たとえば、家にいると親からの無言の圧力を感じるため、外に出ようとしたことが結果的に生活の質向上のきっかけとなったケースがあげられる。この場合、「お互いに好意を持ち合う家族関係」を目的とするのであれば、たしかに良い相互作用とは言えなかったであろう。しかし、本人が「社会とつながること」を求めていたのであれば、少なくとも本人が目的を達成するきっかけとなったことをふまえれば、良い相互作用であったとみ

なせるかもしれない。すなわち、「良い相互作用」とは、誰が何を目的にするかによって変わりうるものである。これらのことを考慮すると、特に高年齢化が背景にある現状において家族関係を理解する際には、ひきこもる人や家族がどのように生きていきたいかという、生き方そのものに対する「主体価値」にも焦点を当てる必要があるだろう。

▶文献

千葉浩彦（2005）行動理論. In：坂野雄二 編：臨床心理学キーワード（補訂版）. 有斐閣, pp.6-7.

Funakoshi A & Miyamoto Y（2015）Significant factors in family difficulties for fathers and mothers who use support services for children with hikikomori. Psychiatry and Clinical Neurosciences 69 ; 210-219. doi:10.1111/pcn.12230

平生尚之, 稲葉綾乃, 井澤信三（2018）自閉症スペクトラム障害特性を背景とするひきこもり状態にある人の家族支援─発達障害者支援センターにおける CRAFT 適用の検討. 認知行動療法研究 44 ; 147-158.

伊藤順一郎（2003）10代・20代を中心とした「ひきこもり」をめぐる地域精神保健活動のガイドライン─精神保健福祉センター・保健所・市町村でどのように対応するか・援助するか／地域精神保健活動における介入のあり方に関する研究（https://www.mhlw.go.jp/topics/2003/07/tp0728-1.html［2020年8月11日閲覧］）.

KHJ全国ひきこもり家族会連合会（2015）ひきこもりの実態およびピアサポーター養成・派遣に関するアンケート調査報告書. Retrieved from https://www.khjh.com/wp/wp-content/uploads/2018/05/14houkokusho.pdf（2020年8月11日閲覧）

小林清香, 吉田光爾, 野口博文ほか（2003）「社会的ひき

こもり」を抱える家族に関する実態調査. 精神医学 45；749-756.

厚生労働省（2015）平成 26 年国民生活基礎調査の概況. Retrieved from https://www.mhlw.go.jp/toukei/saikin/hw/k-tyosa/k-tyosa14/（2020 年 8 月 11 日閲覧）.

Kubo H, Urata H, Sakai M et al.（2020）Development of 5-day hikikomori intervention program for family members : A single-arm pilot trial. Heliyon 6；e03011. doi:10.1016/j.heliyon.2019.e03011

Malagón-Amor A, Martín-López LM, Córcoles D et al.（2020）Family features of social withdrawal syndrome（hikikomori）. Frontiers in Psychiatry 11；138.

中村光, 岩永可奈子, 境泉洋ほか（2006）ひきこもり状態にある人を持つ家族の受療行動の実態. こころの健康 21；26-34.

新納美美, 森俊夫（2001）企業労働者への調査に基づいた日本版 GHQ 精神健康調査票 12 項目版（GHQ-12）の信頼性と妥当性の検討. 精神医学 43；431-436.

野中俊介, 大野あき子, 境泉洋（2012）行動論的観点からみたひきこもり状態と家族機能の関連. 行動療法研究 38；1-10.

Nonaka S, Shimada H & Sakai M（2019）Characteristics of family interaction of individuals with hikikomori（prolonged social withdrawal）from the viewpoint of behavior theory. Japanese Psychological Research 61；153-165. doi:10.1111/jpr.12219

Nonaka S, Shimada H & Sakai M（2020）Family behavioral repertoires and family interaction influence the adaptive behaviors of individuals with hikikomori. Frontiers in Psychiatry 10；977. doi:10.3389/fpsyt.2019.00977

Nonaka S, Shimada H & Sakai M（in press）Behavioral repertoire of families for coping with individuals with hikikomori（prolonged social withdrawal）in Japan. Japanese Psychological Research.

Rubinstein E（2016）Emplotting hikikomori : Japanese parents' narratives of social withdrawal. Culture, Medicine and Psychiatry 40；641-663. doi:10.1007/s11013-016-9495-6

斎藤まさ子, 真壁あさみ, 本間恵美子ほか（2013）ひきこもり親の会で母親が子どもとの新たな関わり方を見出していくプロセス. 家族看護学研究 19；12-22.

境泉洋, 平川沙織, 野中俊介ほか（2015）ひきこもり状態にある人の親に対する CRAFT プログラムの効果. 行動療法研究 41；167-178.

境泉洋, 中村光（2006）ひきこもりの実態に関する調査報告書. Retrieved from https://www.khj-h.com/wp/wp-content/uploads/2018/05/hiki_tyosa3.pdf（2020 年 8 月 11 日閲覧）

境泉洋, 坂野雄二（2009）ひきこもり状態にある人の親のストレス反応に影響を与える認知的要因. 行動療法研究 35；133-143.

境泉洋, 滝沢瑞枝, 中村光ほか（2009）子どものひきこもり状態に対する親の否定的評価とストレス反応の関連. カウンセリング研究 42；207-217.

植田健太, 境泉洋, 佐藤寛ほか（2004）ひきこもり状態にある人を持つ親のストレス反応. 早稲田大学臨床心理学研究 3；93-100.

Umeda M, Kawakami N & the World Mental Health Japan Survey Group 2002-2006（2012）Association of childhood family environments with the risk of social withdrawal（'hikikomori'）in the community population in Japan. Psychiatry and Clinical Neurosciences 66；121-129. doi:10.1111/j.1440-1819.2011.02292.x

和田美香（2016）ひきこもり青年のきょうだいが家族から自律していく過程─自律を援助するおよび妨げる社会文化的影響. 発達心理学研究 27；47-58.

山本彩, 室橋春光（2014）自閉症スペクトラム障害特性が背景にある（または疑われる）社会的ひきこもりへの CRAFT を応用した介入プログラム─プログラムの紹介と実施後 30 例の後方視的調査. 児童青年精神医学とその近接領域 55；280-294.

[特集] ひきこもり──就職氷河期からコロナウイルス時代を見据えた全世代型支援

ひきこもりの文化・社会的要因

文化心理学からの検討

Koh, Alethea H.Q.
京都大学大学院人間・環境学研究科

Liew Kongmeng
京都大学大学院人間・環境学研究科

内田由紀子 Yukiko Uchida
京都大学こころの未来研究センター

I　日本におけるひきこもり

　ひきこもりという現象を理解するためには，個人や家族の要因を知ることもさることながら，文化的価値観や社会構造を理解することが極めて重要である。当初ひきこもりは日本を中心とした特定の文化集団で多く見出されていたことからも，ひきこもり現象の理解における文化・社会環境の検討の重要性が示唆されている。本論文においては，ひきこもりを文化心理学の観点から再考してみる。

　日本においては1950年代には，小説のなかで，ひきこもりともとらえられるような行動が描かれていたとも言われている（Furlong, 2008）。1970年代から1980年代にかけては，ひきこもりに関する精神科受診件数が増加し，教育学者や心理学者の注目を集めるようになっていった。そして90年代後半からは本格的に社会現象として認識されるようになった（斎藤, 1998）。

　ひきこもりにはいくつかの特徴が認められている。日本におけるひきこもりは，社会からの期待や規範に基づいて自分自身の「理想像」が内在化されていることに起因していることが指摘されている（諏訪, 2006；Suwa & Suzuki, 2013）。この理想像は，例えば，成績が良い，社会的に認められている，将来のキャリアパスが明確であることなどであり，主に家族や親からの期待として直接的に伝達され，内在化されることが多い。学校や社会生活において，他者からの期待によって構築された理想と現状との間にギャップが認識される場合に，問題が生じやすいと考えられる（園田ほか, 2004）。この理想像は親によって強化されるが，期待を裏切ることで親を失望させたくない場合に，子どもは心理的負担を増加させることなども知られている（Suwa & Suzuki, 2013）。負荷が高まり，出口がなくなったと主観的に認識される場合に，理想の社会生活を追い求めることをやめるだけではなく，社会生活そのものから撤退することが選択されてしまう。自分自身の理想的な自己イメージと客観的な自己像との衝突を避け，あるいは競争にさらされる状況を避けることで，自分自身を守ろうとしているともとらえることができるだろう。

II　文化的疎外と「周辺化」

　上記のような理想と現実の自己のギャップから来る不適応は，どのような文化でも見られると考えられる。それではなぜ，日本においてひきこ

もりが顕著にみられるようになったのであろうか。この疑問に答えるためには，ひきこもり行動を文化心理学的な視点からとらえてみる必要がある。文化的疎外理論（Cultural Marginalization）（Stonequist, 1937）によれば，複数の文化の影響を受けている個人は，いずれかの文化に溶け込めないことにより，ネガティブな心理的な帰結を招く危険性があることが指摘されている。この点について Norasakkunkit と内田らは，個人が異なる文化的価値や規範の間での板挟みを経験した場合，その結果として文化的疎外が経験され，社会の「周辺」に行ってしまうと説明している（Norasakkunkit et al., 2012）。また，河合・内田（2013）は，現代の日本社会においては，他の社会に比べてひきこもり傾向を助長するような独自の文化的圧力があることも指摘している。さらに，それはビジネスにおける効率化やイノベーションを促してきた「グローバリゼーション」の圧力と，文化のグローバル化に抵抗感を持ち，伝統的な社会階層への立ち戻りを促進しようとする集団主義的な日本の伝統文化との対立であると述べている。この 2 つの相反する文化的圧力のなかでうまく対応ができず，かつ，そこに生じた経済的停滞によって，ひきこもり傾向に陥るリスクがある個人が日本に増加してしまったと考えられる。

III　集団主義的価値とグローバル化

　日本の社会システムにおいては，同じ会社で何年働いたかによって職位や給与が決まる，伝統的な年功序列の社会階層が存在する。社会規範として，大学もしくは高校を卒業後すぐに「新卒」で就職することが制度化されている。早い時期から正社員として企業に入社し，社風および会社から求められていることを覚えることにより，社会への貢献が実現されるという社員教育制度があり，それに準じて人事評価が行われる。年功序列と新卒入社のプロセスは，働く個人の勤勉さやモティベーションの高さを示すものとして，長らく社会的に承認されてきた。こうしたプロセスは過去の

日本においてはうまく機能してきたといえる。しかし現在のグローバル化された経済状況においては，競争力を維持するために改革と創造性あるいはユニークさが求められ，既存の社会的通念とはコンフリクトを起こしている。つまり，スキルや能力均衡モデルではない年功序列の労働システムは，グローバル経済下においては全体の生産性を低下させ，景気はスパイラルダウンしてますます不況に陥ってしまう。その結果，人件費が削減されることになるのだが，年功序列あるいは終身雇用を守ろうとすると，必然的に新規採用者である若者にしわ寄せが行く（Toivonen et al., 2011）。かくして日本の若者は主に 1990 年中盤以降のバブル経済崩壊後，就職市場の縮小に巻き込まれ，就職できない状態に陥ってしまった。一方で終身雇用を重視する社会規範は根強い（内田，2014）。このような社会経済状況のなかで，求職という日本における「規範的な行動」をとるモティベーションを持たない個人も出現している（Liu et al., 2019）。

　加えて日本社会においてはその集団主義的価値観により，社会や家族の期待が個人に内在化されやすい。特に日本の家族構造がひきこもりを誘発してきたという指摘がなされることがあるが（Suwa et al., 2003），それは個人の果たすべき役割についての期待や価値観が，特に家族によって規定されるケースが多いためである。家族間の感情的な交流があれば，期待に応えられないことを許容しあえる空気が生まれるが，逆にそれが不足している場合には，互いが置かれた状況に共感することが難しくなり，就職や結婚などの重要場面において規範的行動を促進する強いプレッシャー装置となってしまうことがある。このようにして情緒的関係性の欠如は，ひきこもりへの不安として表出される（Yong & Nomura, 2019）。

　ひきこもりのトリガーとして失業や就職活動の失敗，不登校が指摘されているが，社会的基準を満たせなかったという失敗経験は，自尊心の低下あるいは主観的幸福感の低下などの負の心理的結

果をもたらす（Uchida & Norasakkunkit, 2015）。自分自身に社会からの脱落者というレッテルを貼る一方で、就活をしない、仕事を持たないという社会的に承認されない状態から逃れるために、社会的な交流からの回避にも及んでしまう。つまりは、期待される労働文化のなかでの社会的規範に沿えないことにより、結果的に社会から完全に遠ざかってしまっているのかもしれない。

Ⅳ　日本におけるひきこもり高リスク者の文化的価値観

　ひきこもりは文化的疎外と関連するという論点については、ひきこもりリスクの高い個人が文化の主流とは異なる、あるいは矛盾するような文化的価値観を持っていること、そしてそれらがひきこもりを促進していることが示されている。たとえば、他者との関係性を重視することが文化的主流となっているような、「相互協調的価値観」からの逸脱が挙げられる。実際ひきこもりリスクの高い学生は、リスクの低い学生に比べて、同調性や社会的規範との同一化の程度が低いことが示されている（Norasakkunkit & Uchida, 2014）。このことは、高リスク者が日本社会の主流から離れて周辺化されていることを示しており、その原因のひとつが相互協調的価値観からの逸脱であるといえる。また、彼らは他者の行動に従うことへのモティベーションが低く、これは調和志向性の低さによって媒介されていた。ひきこもりリスク傾向を測定するニート・ひきこもりリスク尺度の高得点者において相互協調性と社会的動機づけが低いことは、そのほかの研究でも示されている（Norasakkunkit & Uchida, 2011 ; Ishii & Uchida, 2016）。

　上述のような相互協調性の低さは、日本社会で一般的なもうひとつの文化的価値観と対立する可能性がある。それは、状況（コンテクスト）に注意を払い、部分ではなく全体をとらえようとする傾向（包括的思考＝holistic thinking style）（Nisbett, 2003）である。包括的思考の程度を検

討する課題に「線と枠課題」がある（Kitayama et al., 2003）。包括的な思考を持っていると、線の長さを認識する際に、線を取り囲んでいる「枠」（文脈）を考慮に入れる傾向がある。文脈を重視する規範を持つ文化、特に日本のような集団主義的な文化においては、包括的思考が優勢であることが示されているが、こうした日本における包括的志向性は、周囲に目が向いてしまうことにより、他者からのより強い評価懸念を持ってしまう可能性がある。実際、日本では他者に迷惑をかけることへの不安など、他者に焦点を当てた社会不安が、包括的思考様式と関連していることが、線と枠課題を用いて示されている（Norasakkunkit & Uchida, 2011）。これらの知見を踏まえると、ひきこもり傾向の高リスク者は、相互協調的自己観が低い一方、社会的不安が高い人に見られるように、包括的思考様式を持っている可能性がある。包括的思考様式がひきこもりリスクと関連していることは、別の集団主義文化であるシンガポールで収集されたデータによっても裏付けられている（Liew et al., in review）。このように、リスクのある個人は社会の期待に適合していない一方で、包括的思考が高く、社会における自らの逸脱を意識しやすい場合に、ひきこもりへの誘因が高まってしまうのではないかと考えられる。

　まだ検証されていないが、ひきこもりの高リスクの人たちが直面する文化的価値観の対立をもたらしているものには、別の文化的価値の次元もあるだろう。そのひとつが、文化的堅さと緩さ（Tightness-looseness）の次元である（Gelfand et al., 2011）。文化がタイトな状態になるのは、より自然生態的環境が厳しく、したがって生き残り戦略のために人々が緊密に協力関係や規範を構築し、逸脱する者に対する寛容性が低い場合であるとされている。これに対してルーズな状態になるのは、自然生態的環境における厳しさの程度が低く、それほど緊密なルールや規範に基づかず、逸脱に対して多少寛容であっても社会が維持できる状態であった場合であるとされている。このよう

な価値観は，職場や家庭にも浸透している。タイトな文化においては，文化的な規範から逸脱し，周辺的な行動をとる人に対する許容度が低く，そのためにいったん逸脱した際にスティグマ化されてしまい，社会的に再統合される可能性が低くなってしまいやすい。日本はよりタイトな文化であるとされており，このためにひきこもりが長期的なリスクを抱えてしまう可能性があるといえる。

　また別の文化的次元の説明軸は，関係流動性（relational mobility）の高低である。関係流動性は，個人がおかれたマクロな環境において，新しい関係を形成したり，古い関係を終わらせたりする機会が存在する程度として測定される（Schug et al., 2010）。関係流動性が低い社会，つまり自分が関係する相手や所属できる場所が固定されているような社会的文脈においては，所属する集団からの期待や判断から離れるのは難しく，また，自分の価値観に合った集団へと移動することも難しい。こうした低流動性社会においては対人不安が生じやすく（Sato et al., 2014），逸脱した個人はほかの社会への移動ではなく，ひきこもりという選択をしてしまうのかもしれない。

Ⅴ　海外におけるひきこもりの状況

　これまで述べてきた通り，文化的葛藤や価値観が引きこもり傾向の一因となっているならば，日本と似たような文化を持つ他国においても同様の現象が見られるかもしれない。実際，シンガポールのような集団主義的な社会においては，ひきこもりに関連するような事例が認められている。

　シンガポールは，開放的な市場経済とグローバル化に伴い，欧米の価値観を広く受け入れていることで知られている。地理的には東南アジアに属するが，東アジアの中国文化圏に由来する儒教的な集団主義的が広がっており（Cheng & Hong, 2017），日本と同様，東アジア的な集団主義と相互協調性に根ざした社会でもある。さらには，近年は経済活動の停滞も認められている。シンガ

ポールは天然資源が不足しており，人的資源（労働人口による生産性）を重視してきた（Wan et al., 1989）。従ってシンガポールの学生は，実力主義による競争が体系的に強調され，教育システムにおいて高いレベルのストレスに直面している（Tan & Dimmock, 2015）。競争は激化しているうえに，海外からのトップエリート労働者の移民が増加しており，学生は成功に向けた大きなプレッシャーに直面しているのである。このようにプレッシャーの強い環境においては，学業や仕事の成果は単に個人的なものではなく，家族全体の成功や失敗としてとらえられるようになってしまう。つまり集団主義的な規範により，家族などの集団においては成功や失敗というフィードバックが常に与えられるという緊張感をもたらす。そして家族や集団との協調性が高いほど，学業の失敗は，親の期待に応えられていないという自己評価を生み出し，家族からの拒絶感につながる可能性がある。こうしたことが，ひきこもりやそれに近い心理・行動減少を誘発していると考えられる。

　シンガポールにおけるひきこもり研究によると，ひきこもり行動の発生（6カ月以上のひきこもり）は，アメリカの大学生よりもシンガポールの大学生の方が有意に高いことが示されている（Bowker et al., 2019）。さらに，ひきこもり行動履歴のあるシンガポールの男子学生は，アメリカ人の学生やシンガポール人の同様の行動履歴のある女性と比較して，より高いレベルの社会的無気力感を示していた。Uchida & Norasakkunkit（2015）によるニート・ひきこもりリスク傾向尺度をシンガポールで実施したところ，日本の傾向と同じく，ニート・ひきこもりリスクの高い人たちにおいては，自尊心の低下，主観的幸福度の低下が見られたが，日本と異なり（日本においては相互協調性にも相互独立性に対しても否定的な傾向が見られた），シンガポールでは相互協調性の高さも認められた（Liew et al., in review）。さらに，シンガポールの若者においては，関係性への満足度が低く，抑うつ傾向に関連する心理状態が

認められた。シンガポールにおける結果は，ひきこもり傾向が日本特有の現象ではなく，共通する文化・社会的要素により引き起こされていることを示している。

　特定の文化的価値観がひきこもりのリスクを高める一方で，そのような傾向が実際のひきこもり行動をどの程度引き起こしているのかは，社会的状況や制度的な部分により異なる可能性がある。たとえば，「甘え」という概念が説明しているように，日本においては親が子どもに無条件の受容と愛情を示すことを期待されている程度が高く，親が子どものひきこもりを受け入れ，また，家族としての「恥」を感じて周囲の助けを求めないことで，ひきこもりを長期化させ，家族全体を孤立化させる可能性がある（Teo & Gaw, 2010）。一方シンガポールでは，学生の間ではひきこもりに近い心理傾向が増加しているようにみえるが，家庭では親がこうした行動に加担することがないという現状がある。ただしそのことは別の心理的な帰結をもたらす必要もあり，今後も研究の蓄積が必要であろう。

　価値観の衝突は他の多くの文化でも生じると思われるが，それでもひきこもりに結びつかない社会もある。たとえば集団主義的な文化ではネガティブな感情や状態を内在化する傾向があるが，個人主義的な文化ではむしろそれを外在化させ，非行や反社会的攻撃性として表出される可能性があることも指摘されている（Uchida & Norasakkunkit, 2015）。あるいは，社会における資源の乏しさも関連しているかもしれない。資源の乏しい社会の若者は，社会的圧力に直面したときに外在化行動を行う可能性があるが，裕福な社会では家に閉じこもる余裕があるという解釈も存在する（Varnum & Kwon, 2016）。

　ひきこもりにみられる周辺化は，日本やシンガポールなどの文化における状態（＝他者との集団や調和を重視する）から見て相対的に位置づけられる周辺性（＝他者からの孤立）である。フィンランドや北米におけるひきこもりは自律性の欠如と関連しているとされているが，これは相互独立的な（あるいは個人主義的な）文化規範からの逸脱と解釈できるであろう（Bowker et al., 2019 ; Husu & Välimäki, 2017）。フィンランドやアメリカの若者は，自立を強く求められ，それが社会的な期待を形成している。そのため，この期待に応えられない場合に自尊心が低下し，結果としてひきこもりが起こるというのである。このことは，ひきこもりの行動やその関連行動が文化的文脈に依存して解釈されるべきものであることを示唆している。とはいえ，相互協調性が高く集団主義的な社会においては，社会的プレッシャーがより高いことに鑑みると，東アジアにおいてはよりひきこもりが誘発されやすい状態にあるともいえる。

VI　結論

　ひきこもりに関する研究の多くは，精神医学，臨床心理学や疫学的な研究であり，家族問題や孤立などの共通の要因を明らかにするものが多い。一方で文化という方向からの研究は数多いとは言えない。文化は，個人の行動，感情，認知を決定する文脈を形成しており，ひきこもりの傾向あるいは行動を理解するうえで，文化について考慮することは重要である。文化的周辺化の議論においては，個人の価値観と社会規範との間のさまざまなコンフリクトの結果のひとつとしてひきこもりをとらえることができることを示している。そうすることにより，ひきこもりの支援において個人に対するアプローチだけではなく，社会や文化の背景を理解し，どのような社会システムで支援を行っていくべきかというマクロな視点を持つこともできるだろう。

▶文献

Bowker JC, Bowker MH, Santo JB et al. (2019) Severe social withdrawal : Cultural variation in past hikikomori experiences of university students in Nigeria, Singapore, and the United States. Journal of Genetic Psychology 180-4, 5 ; 217-230. doi.org/10.1080/00221325. 2019.1633618

Cheng C-Y & Hong Y-Y (2017) Kiasu and creativity in Singapore : An empirical test of the situated dynamics framework. Management and Organization Review 13-4 ; 871-894. doi.org/10.1017/mor.2017.41

Furlong A (2008) The Japanese hikikomori phenomenon: Acute social withdrawal among young people. The Sociological Review 56-2 ; 309-325.

Gelfand MJ, Raver JL, Nishii L et al. (2011) Differences between tight and loose cultures : A 33-nation study. Science 332:6033 ; 1100–1104. doi.org/10.1126/science.1197754

Husu HM & Välimäki V (2017) Staying inside : Social withdrawal of the young, Finnish 'Hikikomori'. Journal of Youth Studies 20-5 ; 605-621. doi.org/10.1080/13676261.2016.1254167

Ishii K & Uchida Y (2016) Japanese youth marginalization decreases interdependent orientation. Journal of Cross-Cultural Psychology 47-3 ; 376-384. doi.org/10.1177/0022022115621969

河合俊雄, 内田由紀子 (2013)「ひきこもり」考. 創元社.

Kitayama S, Duffy S, Kawamura T et al. (2003) Perceiving an object and its context in different cultures : A cultural look at new look. Psychological Science 14-3 ; 201-206. doi.org/10.1111/1467-9280.02432

Liew K, Uchida Y, dela Cruz C et al. (in review) Examining the cultural marginalisation theory of NEET/Hikikomori risk tendencies in Singaporean youth. Kyoto University.

Liu I-T H-C, Uchida Y & Norasakkunkit V (2019) Socio-economic marginalization and compliance motivation among students and freeters in Japan. Frontiers in Psychology 10 ; 312. doi.org/10.3389/fpsyg.2019.00312

Nisbett RE (2003) The Geography of Thought : How Asians and Westerners Think Differently...and Why. Free Press.

Norasakkunkit V, Kitayama S & Uchida Y (2012) Social anxiety and holistic cognition : Self-focused social anxiety in the United States and other-focused social anxiety in Japan. Journal of Cross-Cultural Psychology 43-5 ; 742-757.

Norasakkunkit V & Uchida Y (2011) Psychological consequences of postindustrial anomie of self and motivation among Japanese youth. Journal of Social Issues 67-4 ; 774-786.

Norasakkunkit V & Uchida Y (2014) To conform or to maintain self-consistency? : Hikikomori risk in Japan and the deviation from seeking harmony. Journal of Social and Clinical Psychology 33-10 ; 918-935. doi.org/10.1521/jscp.2014.33.10.918

Norasakkunkit V, Uchida Y & Toivonen T (2012) Caught between culture, society and globaliztion : Youth marginlization in post-industrial Japan. Social and Personality Psychology Compass 6-5 ; 361-378. doi.org/10.1111/j.1751-9004.2012.00436.x

斎藤環 (1998) 社会的ひきこもり—終わらない思春期. PHP研究所.

Sato K, Yuki M & Norasakkunkit V (2014) A socio-ecological approach to cross-cultural differences in the sensitivity to social rejection : The partially mediating role of relational mobility. Journal of Cross-Cultural Psychology 45-10 ; 1549-1560. doi.org/10.1177/0022022114544320

Schug J, Yuki M & Maddux W (2010) Relational mobility explains between- and within-culture differences in self disclosure to close friends. Psychological Science 21-10 ; 1471-1478.

園田順一ほか (2004) 不登校と社会的引きこもり—発達過程を探り, 対応と予防を考える. 九州保健福祉大学研究紀要 5 ; 77-84.

Stonequist EV (1937) The Marginal Man : A Study in Personality and Culture Conflict. Scribner/Simon & Schuster.

諏訪真美 (2006) 今日の日本社会と「ひきこもり」現象. 医療福祉研究 2 ; 23-29.

Suwa M & Suzuki K (2013) The phenomenon of "hikikomori"(social withdrawal) and the socio-cultural situation in Japan today. Journal of Psychopathology 19 ; 191-198.

Suwa M, Suzuki K, Hara K et al. (2003) Family features in primary social withdrawal among young adults. Psychiatry and Clinical Neurosciences 57 ; 586-594.

Tan CY & Dimmock C (2015) Tensions between meritocracy and equity in Singapore : Educational issues in preparing a workforce for the knowledge-based economy. Head Foundation Working Paper 2 ; 1-16.

Teo AR & Gaw AC (2010) Hikikomori, a Japanese culture-bound syndrome of social withdrawal? : A proposal for DSM-5. The Journal of Nervous and Mental Disease 198-6 ; 444–449. doi.org/10.1097/NMD.0b013e3181e086b1

Toivonen T, Norasakkunkit V & Uchida Y (2011) Unable to conform, unwilling to rebel? : Youth, culture, and motivation in globalizing Japan. Frontiers in Psychology 2 ; 207. doi.org/10.3389/fpsyg.2011.00207

内田由紀子 (2014) 文化の変容と心の適応. In：山岸俊男編著：社会行動の文化・制度的基盤. 勁草書房, pp.63-90.

Uchida Y & Norasakkunkit V (2015) The NEET and Hikikomori spectrum : Assessing the risks and consequences of becoming culturally marginalized. Frontiers in Psychology 6 ; 1117. doi.org/10.3389/fpsyg.2015.01117

Varnum ME & Kwon JY（2016）The ecology of withdrawal. Commentary : The NEET and Hikikomori spectrum : Assessing the risks and consequences of becoming culturally marginalized. Frontiers in Psychology 7 ; 764. doi.org/10.3389/fpsyg.2016.00764

Wan DTW, Wyatt TA, Tseng AT-P et al.（1989）Human resource management in Singapore : An overview. Asia Pacific Journal of Human Resources 27-2 ; 71-86.

Yong R & Nomura K（2019）Hikikomori is most associated with interpersonal relationships, followed by suicide risks : A secondary analysis of a national cross-sectional study. Frontiers in Psychiatry 10 ; 247. doi.org/10.3389/fpsyt.2019.00247

[特集] ひきこもり——就職氷河期からコロナウイルス時代を見据えた全世代型支援

家族支援

平生尚之　Naoyuki Hirao

ひょうご発達障害者支援センター クローバー 加西ブランチ

I　はじめに

　筆者は発達障害臨床を専門としている。そのため，臨床経験上，執筆内容にある種の偏りが生じる可能性があることを先にご了承願いたい。ただ，以下で紹介する家族支援の方向性については，同意いただける箇所も多いのではないかと期待し，述べていくこととする。

II　ひきこもり家族支援

　ひきこもり支援では，本人が初回から相談に登場することは少なく，多くが家族からの相談である。また，支援においては，本人ニーズの見えにくさや，本人への適切な介入時機の見極めの難しさ，本人が支援を望まない場合など支援上の課題は多い。さらに，ひきこもり自体は状態像を表しているものの，長期化するなかで本人や家族にもメンタルヘルス上の問題が加わる可能性も示唆されており，面談時に「何を優先して扱うか」という迷いを支援者は抱えやすい。

　家族支援について執筆する際に，まず想起したのが，KHJ 全国ひきこもり家族会連合会 (2018) の調査研究である。この調査研究によると，回答した家族のなかで，過去に支援・医療機関の利用

を中断したことがある方は 45.4% であった。また，支援・医療機関から家族にとっては苦痛を伴う言葉を浴びるなどの嫌な経験をした方が 34.6% 存在することも明らかとなった。支援者から放たれた言葉としては，「本人を連れてこないと何もできない」「親が甘やかさないように」「自立するまで待ちましょう」「育て方の問題」など多岐にわたる。家族相談の難しさのひとつに家族のみで問題を抱え込むという傾向があるが，家族は，相談機関に問題を話すということ自体に恥ずかしさを感じることや，支援者に子育てを否定されるのではないかという恐怖心，地域での風評の心配，変化に対する諦観など，さまざま心的葛藤を抱えていることが多い。そのため，支援者としては，そもそも家族の相談行動は生起しにくく，また継続しづらいものと捉え，初回相談では，これまでの家族のかかわりを労うことから始める。そのうえで，いかに家族の相談行動に対する動機づけを高めていくのかを考える。

　また，なぜ先述の調査結果のような対応が行われてきたのかを考えると，これからの家族支援の方向性が明確になる。つまり，支援者側に「具体的な手立てがないこと」「長期的な支援が求められるなかで，変化のしにくさに対する耐性が低い

こと」という専門性の課題や,「担当者の交代」「その都度その都度の相談」「専門的な支援者や支援機関の不足」など継続的な相談支援体制が整っていないという地域課題もあり,全国で推定115万人というひきこもり実態把握に対し,施策が追い付いていないのが現状である。このような支援状況を打破できない限り,自立支援を語り,高額な請求や時には本人の生命の危険にもかかわる強制的で非人権的なアプローチをとる機関の存在が後を絶たないのではないかと危惧する。ひきこもり支援に携わる支援者にとっては,あらためて侵襲的なアプローチを否定し,科学的根拠に基づいた支援の提供が求められているのではないか。

　そのため本稿では,ひきこもり支援の第一歩にあたる家族支援において,筆者がどのような視点で介入を試みているのかを紹介させていただく。

III　認知行動療法に基づく家族支援

1　CRAFT の紹介

　齊藤(2010)による,「ひきこもりの評価・支援に関するガイドライン」では家族支援の手法として,コミュニティ強化と家族訓練(Community Reinforcement and Family Training : CRAFT)が紹介されている。また,2010年以降,本邦においてCRAFT関連の書籍が相次いで刊行されており(境・野中,2013),実践研究によるエビデンスの蓄積も進められている(山本,2014;境ほか,2015;平生ほか,2018)。CRAFTは,オペラント条件付けに基づく行動療法(広義の認知・行動療法)であり,もともとは米国において,アルコール依存や物質使用障害などの問題に対し,本人支援プログラムとして開発されたコミュニティ強化アプローチ(Community Reinforcement Approach : CRA)がベースとなっている。CRAFTは,このCRAを家族支援の手法として派生させたものであるが,ほかにも,本邦では導入されていないが,10代からの介入を対象とした思春期コミュニティアプローチ(Adolescent Community Reinforcement Approach : A-CRA)

もあり,この3つを総称し"A/CRA/FT"と呼ぶ。"A/CRA/FT"は,現在世界の13カ国で公認ワークショップが開催されており,セラピストを養成するシステムがある。日本でも2019年より,このセラピスト養成システムが導入されている。"A/CRA/FT"の支援対象は,アルコール依存や物質使用障害のほかにも,ホームレスなどの貧困支援や復員兵への支援などいくつかの展開があるが,CRAFTをひきこもり支援分野に適用させたのは日本固有の動きである(境,2014)。CRAFTの大きな特徴は,本人を取り巻くコミュニティへの積極的な働きかけである。ゆえに,支援においても本人に何かしらの認知変容を促すというよりも,現在の生活環境に介入することで,生きづらさを低減し,QOLを高めていくことを目指す。これは,本人への直面化を防ぐことにもつながる。

2　兵庫県でのCRAFTの取り組み

　ひょうご発達障害者支援センターでは,2015年より「兵庫モデル」を提唱し,CRAFTの実践を全県規模で展開している。これにより,県内のどの地域に居住していても公的サービスとしてCRAFTによる介入が可能である。また,兵庫県でのCRAFTの特徴は,個別セッションと集団セッションを併用している点にある。インテーク面接による成育歴の聴取以降,アセスメントでは,発達特性に関する内容やひきこもり状態に至る経緯の理解,行動アセスメントによる家庭内外の生活状況や生活地図,家族関係の把握,家庭内暴力が生起している場合は機能分析を行う。来談される家族には,労いの言葉をかけ,どのような些細な情報でも役に立ち,支援者として助かっていることを繰り返しフィードバックする。なぜ,このような対応を心掛けているかというと,ひきこもり支援においては,家族も本人の不安定な言動に巻き込まれている場合が少なくなく,数時間家を離れること自体に怖さを訴える家族もいるからである。まず,相談によって,本人のいる自宅から

物理的な距離が取れることは，密着化した家族間の心的距離を再度適正化することにもつながる。相談初期の家族心理としては，改善への期待と不変への諦観とが入り混じった状態であることが多い。そのため，支援の方向性を共に探り，見通しを共有する作業を通して協働関係を形成していく。このように相談初期では，ラポール形成を進めながら家族が本人との適切な心的距離が取れるように援助し，心理教育を始める土台を形成する。

3　CRAFT の適用上の工夫

　兵庫モデルの CRAFT では，家族の生活の質の向上，ひきこもり行動の改善，本人が相談や受診につながること，という３つを介入目標としている。集団セッションでは，CRAFT の枠組みや方向性を学ぶことや，ピア関係という集団随伴性を活用し，家庭内で取り組むための動機づけを高めることを目指す。集団セッション内で，家庭内で取り組んだ内容を報告し，参加するメンバー同士で喜び合い，一緒に励まし合うことは，CRAFT を継続していくうえでも動機づけの維持として機能している。個別セッションでは，より個別化した介入手続きを検討し，家庭内を想定したロールプレイを行う。

　ただし，集団セッションでは適用外となる３条件を設定している。１つ目は，フラッシュバックなど家庭内暴力の強度が著しく高く，随伴性操作によるリスクが懸念される場合，２つ目は，家族自身に重度の精神疾患などの問題がある場合，３つ目が，家族自身に発達障害特性が顕著にある場合である。

　CRAFT では，まず家族の生活の質の向上を重視しているが，臨床場面で起こりうる家族心理として，「本人が生きづらい状態なのに，親が楽しむなんて……」と罪悪感を強く抱く場合もある。そのような傾向が強い場合には，〈家族自身の生活を豊かにする〉というセッションを早めに導入する。家族自身の生活を回復していくための具体的な目標を設定し，毎回ホームワークで取り組む。

たとえば，家族がカフェに行くことや小旅行などレベル分けしたメニューを作成し，そのなかで目標を選択する。ほかにも家族相談では，「一日中，常にどこかで本人のことを考え続けていて疲れる」という声も聞く。自分の時間を持つことは適切な距離感のために有用であることや，結果として現状を変えていくことにもつながることを説明する。

　次に，家族が抱える問題として影響力が強いのが家庭内暴力の問題である。その場合は，〈問題行動の対応〉〈家庭内暴力への対処〉のセッションを行う。CRAFT では，機能分析による家庭内暴力のトリガーや予兆を特定し，リスクの回避方法を具体的に設定する。そのため，CRAFT 介入前に比べ家庭内暴力のリスクは下がる。ただし，もともと問題が深刻化しているケースでは，精神保健福祉法の適用や司法対応も含め，リスクマネジメントの観点から関係機関との連携が必要になる。家族には，本人との物理的な距離の取り方や，もしもの時を想定し，行政・医療・司法との連携方法について事前に十分な説明と協議を行う。

　さらに〈ポジティブなコミュニケーション〉では，「"私は" という主語を使う」「簡潔に」「具体的に」「肯定的に」「自分の感情に名前をつける」「部分的に責任を受け入れる」「思いやりのある発言」「援助を申し出る」という８つのスキルについて学ぶ。家族相談のなかでは，「いざ本人を目の前にするとうまく言えなくなってしまう」という声も多い。そのため，繰り返し家庭内をイメージし，話す内容や話の展開をロールプレイで練習をする。また，家族から「小言」「将来の話」「先読み」「叱責」などの効果的でない言動がみられる場合は止めてもらう。家族関係の再構築のためには，まずは本人にとり自宅が安心安全な場所であることが条件になる。そして，家族との会話が本人にとり安心感につながることを目指していく。

　ほかにも，家族によっては，本人の言動に気を使い過ぎ，巻き込まれた状態にあることも少なくない。そのような場合は，〈上手にほめて望まし

い行動を増やす〉や〈イネーブリングを止め，望ましい行動を増やす〉のセッションを行う。例えば，ネットでの購入代金を家族が黙って払い続けることはイネーブリングになり，このような状態が続くと家族関係に歪みが生じ，また本人の誤学習にもつながる。本人を理解し支えていくこととイネーブリングを続けることは別問題であることを家族に伝え，まずは，今のかかわりがイネーブリングであるかどうかを客観的に振り返る力を養ってもらう。そして，家庭内での手伝いなど望ましい行動を設定していき，そのための環境調整や強化の方法を検討していく。

　CRAFT の山場となるのが，〈本人を相談や受診に促す〉セッションである。それまで順調に取り組みを進めてきた家族でも足がぴたりと止まるような明らかな躊躇がみられる。これまでの取り組みで自信をつけてきた家族でも「本人の反応がどうなるかが怖い」と話されることも少なくない。そのため，この不安の再上昇は恥ずべき状態でなく，自然な反応であることを事前に伝えておく。ここで大事なのが，支援者が最適と思うタイミングであっても，最後は「家族が意を決する」その時を待つ姿勢である。また家庭内で実践ができた場合でも，当然期待する結果がすぐに伴うとは限らない。結果が伴わない場合，家族は自らの不甲斐なさを感じ，自責しやすい。支援者は，怖さを覚えながら取り組んだことを労い，その勇気を称賛する。筆者は CRAFT を説明する際，端的に「勇気のプログラム」と答えることがある。親であることの自信を失った家族が，一歩ずつ取り組みを進め，また親であることの自信を回復していく。支援当初に「わが子だけど，かかわるのが怖い」と話された家族だが，介入を進めていくなかで徐々に家庭内で進展があり，表情や言動が変わっていく姿を目にすると，家族の勇気に敬意の念を抱く。ある CRAFT 参加者は「子どものことが前よりも理解できた。親のかかわりを変えると子どもが変わることもわかった。でも一番良かったのは，自分がお母さんでいられたこと」とコメントされていた。

Ⅳ　おわりに

　基本的に支援者に求められる資質としては，家族心理に寄り添い，適切なアセスメントのもとで介入を試みるという心理職の専門性に加え，地域の支援機関とも連携し，時には地域資源を積極的に活用するソーシャルワーク力が求められる。多職種連携や地域連携は公認心理師時代の今こそ問われているようにも感じる。

　最後に，CRAFT を開発した Meyers が来日した際のメッセージとして「家族を支援する時には，どうか希望と尊厳をもって接してください」と強調していた姿が強く印象に残っている。ひきこもり支援に限らないが，支援者として日々心掛け，実践できているか自らに問い続けたい。

▶文献

平生尚之，稲葉綾乃，井澤信三（2018）自閉症スペクトラム障害を背景とするひきこもり状態にある人の家族支援―発達障害者支援センターにおける CRAFT の適用．認知行動療法研究 44-3；147-158.

齊藤万比古（2010）思春期のひきこもりをもたらす精神科疾患の実態把握と精神医学的治療・援助システムの構築に関する研究．平成 19 年度～21 年度総合研究報告書厚生労働科学研究費補助金こころの健康科学研究事業．

境泉洋（2014）ひきこもり状態を伴う広汎性発達障害者の家族に対する認知行動療法の効果―CRAFT プログラムの適用．厚生労働科学研究費補助金．障害者対策総合研究事業．

境泉洋，平川沙織，野中俊介ほか（2015）ひきこもり状態にある人の親に対する CRAFT プログラムの効果．行動療法研究 41-3；167-178.

境泉洋，野中俊介（2013）CRAFT ひきこもりの家族支援ワークブック―若者がやる気になるために家族ができること．金剛出版．

特定非営利活動法人 KHJ 全国ひきこもり家族会連合会（2018）ひきこもりの実態に関するアンケート調査報告書．

山本彩（2014）自閉症スペクトラム障害特性を背景にもつ社会的ひきこもりへ―CRAFT（Community Reinforcement and Family Training）を参考に介入した 2 事例．行動療法研究 40-2；115-125.

[特集] ひきこもり——就職氷河期からコロナウイルス時代を見据えた全世代型支援

居場所支援

田中 敦 Atsushi Tanaka

NPO 法人レター・ポスト・フレンド相談ネットワーク

I　広がりゆく居場所支援再考

　似たようなひきこもり経験を有する仲間との交流を通して，それぞれの当事者が「現状を肯定的に受け止め，主体的に動けるようになる」（斎藤，2020）緩やかな居場所支援の重要性が語られて久しい。これら居場所に明確な定説はなく，そのとらえ方はさまざまであり，そのため諸課題も多く内包している。昨今見られる居場所づくりへの注目が高まる一方，当事者の考える意図とは異なる場が急速に各地域において現れ，改めて居場所の性格や機能について大いに再考されるべき時期を迎えているといえるのではなかろうか。

　たとえば，よく見聞きする居場所のあり方として「強い結びつきを求める居場所」「継続して参加を求められる居場所」「強い当事者が仕切る居場所」「移行（就労，学校復帰等）を目的とした居場所」（長谷川，2019）などが挙げられる。本来当事者から求められる居場所は意味や目的，価値あるいは成果を全面に出さないものであろう。居場所とは「自分のやりたいことをしても，しなくてもよい」ことが特徴である。お茶を飲みながらそこに集う仲間と何気ない世間話をすることや，一人で読書などを楽しむだけでも構わない。

押し寄せる社会の価値観からの重圧から解き放たれ，ありのままに人と交流できる居場所支援の役割は大きい。

　しかし，もし「こうした居場所と称する場が自分の居場所と感じられなかったとき，それを求めて訪れた当事者はどれだけ傷つくだろうか」（野中，2018）という指摘は，支援にあたる者がより真摯に一人ひとりと接し，その暮らしにかかわっていかなければならないことを伝えている。

　またその一方で居場所支援があまりにも強調されすぎると，決して悪いことではないにしても人生をあまりにも狭くとらえすぎてしまうことも起こりうる。当事者の可能性という積極的な側面に着目するとすれば，一つの場のなかだけで閉じて完結するのではなく，多様な経路をもって新たな人々との出会いやつながりがもてること，いわば居場所の内側と外側がつながる開かれた多機能を備えた場であることも，これからの居場所支援では大切ではないかと考える。

　本稿では，ひきこもり当事者にとって求められる居場所の意義や近年広がる居場所支援の動向について，とりわけ全国的にはまだ数少ない当事者団体 NPO が行政や支援団体と協働して運営する公設民営の居場所支援の実践例を参考に，今後の

居場所支援の方向性や課題について考察を試みたいと思う。

II　国の後押しによる居場所支援動向

ひきこもり当事者にとっての居場所を考えるとき，そこが自宅であり自室であることは当事者であれば多かれ少なかれ明らかである。「まずは自宅が居場所になるよう家族の視線や言動を肯定的なものに変えていく」（丸山，2017）ことが求められる。そのような対応を心掛けることで，当事者の心は次第に安定し，明るさを取り戻してエネルギーは内から外へ向くようになっていくだろう。

当事者の気持ちが外へ向くようになると，本人が関心をもつさまざまなコミュニティに参加するようになる。これらには身近な図書館や美術館，カフェなどであったりする。そこは通常の支援とは無関係な場であるため，明確な居場所として存在しているものではない。つまり「居場所とは上から人為的につくるものであるよりも，各参加者が主観的にそこを居場所であると感じることによって，自然と居場所としてできあがっていく場」である。「居場所とは，ただ場を設け，戸を開けて，居るばかりなるを本と知るべし」（ぽそっと池井多，2020）とする意義はそこにある。

したがって，ひとことで居場所といっても「必ずしも支援機関が開設している居場所だけを探すのではなく，本人が何を求めているのか，どの程度エネルギーが回復しているか，といった点を考慮に入れて居場所として感じられる場所を見つけるお手伝いをすること」（丸山，2017）が支援上，重要となる。

また近年はいったん就労しても何らかの事情で離職後ひきこもる中高年層が増え，居場所支援への期待がさらに高まっている。ひきこもりの場合，過去の就労経験そのものが逆にトラウマとなり，意欲を阻む障壁となってしまうことも少なくない（池上，2019）。だからこそ就労によって心に痛手を負ってきたひきこもり当事者を再び過酷な就労現場へ向かわせることは，その悩みの渦中にある人たちの不安や恐怖を駆り立てる以外の何ものでもない。

幾重にも及ぶ生きづらさのなかで「どうしたらよいのか」「いったい何ができるのか」と方向感覚を見失っているとき，「正論というナイフ」（芦沢，2018）を振りかざされ，いきなり就労へと推し進める支援が当事者の心をさらに追い詰め，支援に欠かせない本人と真摯に対話し続ける機会そのものを断絶する結果を生んできたことは，これまでの教訓からも理解できるところであろう。

また，大半の世帯は定年後の生活設計において，当事者が扶養家族でいることを想定してこなかった。そのため，家族にとってのひきこもり問題は経済的問題としての色彩が強くなり，ひきこもりの支援ゴールが結果的に「就労」に収斂されてしまう（長谷川，2019）という課題も残されている。

居場所支援は長らく制度的な根拠をもたない支援として，当事者団体や家族会などの有志たちの手弁当によって運営がなされてきた。そのつど開催する場所の確保やピアスタッフ体制などをめぐり，厳しい資金繰りに立たされている場合が多かった。志半ばで継続を断念せざるを得ない団体も多く存在し，居場所を制度的に整えていくことが求められてきた。

2018年度になって厚生労働省は，ひきこもり対策推進事業の強化策として新たに「ひきこもりサポート事業」を導入した。この事業は中高年の者が参加しやすくなるよう，年齢や性別，ひきこもり状態にある期間などに配慮した居場所づくりをはじめ，ボランティア活動などの多様な社会参加の場の確保など中高年ひきこもりに適した支援を盛り込んでいる。2020年度には国の予算額も拡充され，ひきこもり当事者にとって「居場所」への参加は，社会参加への第一歩であり，特に重要なものと位置づけられ，ひきこもりサポート事業を行う場合には，「居場所づくり」を必ず実施することが明記された。

また加えて2019年度に発足した内閣官房就職

氷河期世代支援推進室「就職氷河期世代支援の推進に向けた全国プラットフォーム」でも，断らない相談支援など，複合課題に対応できるひきこもり経験者の参画やNPOの活用を通じた当事者に寄り添った支援を掲げ，包括支援や多様な地域活動の促進に居場所を含むことが述べられている。これまで待ち望んでいた，国の後押しによる居場所支援がはじまったといえよう。

III　公設民営による新たな居場所運営

このような国の新たな動きにより，社会資源が乏しい地方都市でも行政が居場所運営をサポートする活動が少しずつ広がりはじめている。総人口約197万人に及ぶ政令指定都市，札幌市の試みもそのひとつである。

1　ひきこもりに関する集団支援拠点の開設

札幌市ひきこもり地域支援センターは，全国の政令指定都市と比較すると立ち遅れて2015年度に設置された。2018年6月にはひきこもり当事者と家族向けの「ひきこもりに関する集団型支援拠点設置運営業務（以下，「よりどころ」)」を開設し，都市型ひきこもり支援モデルとして全国の地方自治体から視察を受けるほど注目されるようになっている。

札幌市まちづくり戦略アクションプラン2019に基づき，現在開催数を拡充して実施している。2018年度札幌市が実施した15～64歳までの無作為抽出による「市民の生活等に関する調査」で約2万人のひきこもりがいることが明らかとなり，並行して行われた当事者向けアンケート調査で「同じ悩みを持つ人が集まる居場所」がひきこもりに関する相談窓口に次いで多く，40歳以上の当事者になるほどそのニーズが高くなったことも，居場所支援推進に大きく影響した。

2　行政のバックアップによる支援団体との協働

当事者が行きたいと思ったときに行くことができる開かれた居場所支援のためには，安定した継続開催が可能な運営が必要不可欠である。安心して参加しやすい場所の選定やピアスタッフの実働を財政的に行政がバックアップし，支援団体と協働する実践が求められるようになり，「よりどころ」では行政－当事者団体－支援団体の三者が連携して実践するパラダイムを形成している。

当事者会では幅広い年代層が参加することを考慮して，30代から50代までのひきこもり経験者ピアスタッフ常時4名で運営にあたり，家族会では経験者ピアスタッフ2名と家族ピアスタッフ2名が協働する体制をとっている。本来のピアな関係性は，経験者ピアスタッフと当事者，家族ピアスタッフと親・家族の水平的な関係性であるが，家族会では経験者ピアスタッフが加わることで「斜めの関係性」をつくっている。家族会に参加する多くの親・家族は本人との対話に苦慮しており，似たような経験をもつピアスタッフがいることで，実親子関係を見つめ直す貴重な機会となっている。

また，親子関係に悩む本人によっては，当事者会よりも家族会のほうがしっくりくると家族会に足を向ける人たちもおり，それぞれの当事者がもつ多様性をおさえておくことも肝要である。さらに経験者ピアスタッフが国家資格を取得後，ピア精神保健福祉士やピア公認心理師として参画を希望する人たちも見られるようになった。こうしたピアスタッフのさらなる道筋を応援していくことも必要ではないかと考える。

支援団体のひきこもり地域支援センター精神保健福祉士は，当事者会では，ひきこもりピアスタッフと同様にグループ活動の世話人として協働しつつ，当事者の困りごとには個別相談に応じ，必要な制度サービスを調整する役割を担っている。一方，家族会では専門知識を活かした家族間の相互学習会，CRAFT講座や家族心理教育セッションを行っている。また「よりどころ」には運営業務全体責任者であるピア・スーパーバイザー（支援員）を必ず置くことになっており，この役割は筆者が担っている。

3　自己を客観視できるピアな関係づくり

　「よりどころ」では，参加する当事者が他の当事者と支え合う互恵性の営みがいくつも生まれている。たとえば中学時代から15年間ひきこもり，「よりどころ」に参加するようになった30代男性当事者は次のように語っている——「もともと失敗があって自己肯定ができない状態が続き，それが原因でひきこもりとなり，ひきこもることでさらに自己否定を繰り返すという悪循環となった。居場所にはじめて参加したときはほとんど話すことができずゲームばかりしていたが，半年ほど経つと多くの当事者と自分から話せるようになった。それまではひきこもりというと自分自身の感覚でしかなく，自分の問題という意識がすごく強かったが，似たような状態に陥っている人を見るなかで，客観視できるようになったというか，そのなかで自分自身のひきこもりイメージがだいぶ変化してそれがまた一つ気楽になった。ひきこもり体験があってもよいかなと気持ちに余裕が生まれ，何か新しいことをはじめたいと思えるようになった」。

　居場所に通うようになったこの当事者は，他の当事者と出会うなかで，さまざまなひきこもり体験があることを知り，自分のひきこもり体験を受け入れられるようになって「いろんな生き方がある」と感じていく。やがて居場所を活用しながら自分でもできるアルバイトをはじめ，今度は高卒資格認定試験にチャレンジしようとしている。

　また，これまでのひきこもりの体験を今後の歩みに活かそうとピア・サポートにも関心を抱くようになった。自己否定から解き放たれる時間が増え，自分のニーズは何かを知るようになった。それは自らの課題を把握し，その解決に向けて多くの仲間たちの手を借りながら，現実的な一歩を踏み出す基礎となっていくだろう。

　支援においては就労をするか否か以前に，まずはひとりの人間として受け止められることが重要である。「自分はどういう人間で，何がしたいのか」ということは，その表明を受け止めてくれる他者

がいてはじめて言葉になる。この自己のニーズという土壌があってはじめて，就労支援という水がじっくりと浸透していく。居場所はその土壌（貴戸，2015）といえるだろう。

IV　with コロナ
——不可能性への配慮の可能性を探る

　最後に，広がりゆく居場所支援の残された課題を紹介する。支援活動そのものが「動けなさ」の経験に向き合わないもの，もしくは否認するものであったり，当事者による当事者のための活動から遠ざかるものであってはならない。「動けなさ」の経験を尊重する「不可能性への配慮」に基づいた当事者活動こそが，多様な当事者にとって当事者による当事者のための場のひとつになりうる（関水，2018）ことを忘れてはならない。

　2020年度を迎え新型コロナウイルス感染が拡大するなか，緊急事態宣言が発令され公共施設使用ができなくなり，居場所支援の開催が困難な状況に陥った。活動ができず在宅生活が求められるなかzoom（オンライン）による居場所に切り替え，ネット環境のない当事者には絵葉書によるピア・アウトリーチ活動（田中，2017）を併用するなど創意工夫を凝らし，中止することなく運営を継続した。生活様式の変化のなかで新たな居場所支援スタイルの模索がなされている。今後も現場で奮闘するなかで悩み課題に直面するであろう。しかし，こうしたゆらぎを通して新たな居場所の可能性を探る実践でありつづけていきたい。

▶ 文献

芦沢茂喜（2018）ひきこもりでいいみたい—私と彼らのものがたり．生活書院．

ぼそっと池井多（2020）ひ老会から見た居場所づくり．令和元年度厚労省社会福祉推進事業—地域共生を目指すひきこもりの居場所づくりの調査研究事業（未来の居場所づくりシンポジウム（2020年2月21日））．特定非営利活動法人KHJ全国ひきこもり家族会連合会．

長谷川俊雄（2019）特集 ひきこもり支援と当事者理解 ひきこもり支援の難しさ—当事者理解と支援のゴールとは．月刊自治研 61；16-21.

池上正樹（2019）ルポ 8050 問題—高齢親子"ひきこもり死"の現場から．河出書房新社．

貴戸理恵（2015）居場所の可能性．東京新聞（2015 年 10 月 28 日）．

丸山康彦（2017）居場所．In：境泉洋 編著：地域におけるひきこもり支援ガイドブック—長期高年齢化による生活困窮を防ぐ．金剛出版．

野中芙美（2018）精神科デイケアという場で「居場所」と向き合う．統合失調症のひろば 11 ; 75-78.

斎藤環（2020）中高年ひきこもり．幻冬舎．

関水徹平（2018）ひきこもり経験者による当事者活動の課題と可能性．福祉社会学研究 15 ; 69-91.

田中敦（2017）手紙を活用したひきこもり地域拠点型アウトリーチ実践—広域な北海道におけるひきこもりピア・サポート活動を通して．社会福祉研究 129 ; 78-84.

[特集] ひきこもり——就職氷河期からコロナウイルス時代を見据えた全世代型支援

本人支援
主として相談室などでの対面的支援

竹中哲夫 Tetsuo Takenaka

日本福祉大学心理臨床相談室

I　はじめに

　現在，ひきこもり支援が対象として想定する当事者（ひきこもり本人）は，思春期世代から中高年世代までの多年齢層におよんでいる。自宅・自室中心の暮らしをしている人もいるが，かなり自由に地域に出て一定範囲の人々と交流している人もいる。筆者の場合は，20歳代後半から30歳代，40歳代の人が支援の中心となっている。特に40歳代の人が約半数を占めている。筆者の実感では，30歳代後半以後の人たち（ひきこもり期間も数年から10数年以上におよぶ長期・年長のひきこもる人が多い）とは，まずどのようにして出会うのかが大きな課題になる。通常は，親・家族との関係が先行し，年月をかけて本人との出会いが実現することを根気強く待つことになる。その際，筆者が念頭に置く基本的な姿勢は「人それぞれの多様な生き方を尊重する立場に立つならば，長年ひきこもる人の生き方も人生を送る一つのあり方として尊重されなければならない」ということである。

II　「自由生活の制約論」からの ひきこもりの定義と支援

　ひきこもりの定義についてはさまざまな立場があるが，筆者は「自由生活の制約論からの定義」を試みている。この定義では，ひきこもりとは「ある人がさまざまな事情による『制約』のため，人との自由な関わり，自由な社会生活・社会活動などの道が，その人の諸事情を反映して，狭くなっている状況（この状況がひきこもりのさまざまな状態像に反映される）である」と理解される。この視点に立つならば，ひきこもり支援の基本的考え方は「本人の同意と選択を前提に，ひきこもる人がさまざまな制約をくぐり抜けて，いろいろな場面で『今より少し（少しずつ）自由になるための支援』をする幅広いゆるやかな活動である」とまとめられる。この場合，具体的に「何をする自由か」はあらかじめ決まっておらず，本人の同意・選択・客観的諸条件によって幅広く変化する。また，このような考え方に立つ場合の支援目標は「今より少しずつ自由になるためのゆるやかな支援目標」と言うことができる。

　ゆるやかな支援目標の内容は多様であるが，以下に一部を例示する。

当分の間，現在の生活を維持し，できれば争いを避け穏やかに暮らす／家族と自由に日常会話をしたり，一緒に外出したりする／行きたいところに自由に出かける／会いたい人と自由に会ったり対話をしたりする／関心のあるさまざまな社会的場面に自由に出入りする／地域の居場所を活用する／困ったときに公・民の個人や団体（精神保健医療機関を含む）に相談し援助を求める／その人の興味や関心を活かす方向で就労準備や就労体験をしたり就職したりする／その人の客観的諸条件（経済的条件を含む）が許す範囲で就学したり，多様な学ぶ機会を利用する

III　本人との支援関係をどう形成するか

長期・年長のひきこもる人は，①ひきこもることによる苦しみや不安，社会から疎外される恐怖などを経験しているが，②その反面，ひきこもることによって，過去に傷ついたり挫折したりした体験とつながる「人や社会との接触」を避けることができるため，それなりに我が身を守ることができ安心感も得ている。

これらの事情により支援に対する葛藤は深いと予想される。そうではあるが，ひきこもる人を直接支援するためには「支援関係（対話関係）」（本人からの「この支援者の支援を受けてもよい」という同意のある関係）の形成が大切である。しかし支援の働きかけはさまざまな事情で拒否（敬遠・無視）される。今は人と会う気はないのでそっとしておいてほしい，何か無理強いされないか心配，今の自分の状態を見られたくない，干渉されたくない，など多様な思いが背景にある。ところが，ある時期に「多様な支援拒否の事情」が何らかの事情で「支援の受け入れ」に転じることがある。その日まで支援者は，親（あるいは家族）を間に入れて，間接的ではあるが，本人と対話する努力を続ける必要がある。これを筆者は「間接的対話手法」と称している。その概要は次の通りである。

①支援者の何らかの意図・希望（「相談室で会いたい」「文通をしたい」「訪問したい」）を，親を介して本人に伝える／②本人の回答・本人の思いは，親を介して支援者に伝わる／③この循環する回路により，間接的対話が成立する／④親には，（特に親子の間がしっくりいっていない場合）支援者の意図の解説（支援者に代わって代理回答）や説明のしすぎ（「とてもよい先生だよ」など）をせず，仲介者に徹してもらうのがよい

この間接的対話手法は，かなりの時間（年月）がかかり確実な方法ではないが，本人が支援者の存在を意識するきっかけになり，1年後から数年後に本人が面接に訪れたり訪問を受け入れたりすることもある。

IV　相談室での対面支援などについて

通常，まず親（家族）との支援が開始・継続され，運が良ければある時期（2年，3年，あるいはそれ以上後）に，ひきこもる人が「相談支援の場」に参加する。こうして本人が支援者と面談できるようになれば，本人と支援者の「支援関係」（来所相談支援関係・対話関係）が形成される。この「支援関係」を基盤に，別の1人の支援者の協力を得て3人の談話の機会をつくったり，小グループの「会話・談話」の機会をつくったりする。そして，さらに広い「社会参加」や「就労」に向かう支援を始めることができる。

しかし，支援に不信感や警戒心を抱いている人も少なくないため，「相談支援の場」を受け入れることはかなり重い課題になることも多い。そこで，「訪問支援」や「居場所支援」が試みられることになる。しかし，長期・年長のひきこもる人の場合，「訪問」や「居場所」を受け入れることも重い課題となることが多い。幸いにして「訪問」や「居場所」参加を受け入れる場合，「訪問」を受け入れることや「居場所」に参加すること自体が貴重な社会体験であり社会参加を意味する。なお居場所への参加が実現した場合も，相談室での個別面談を継続し，居場所での出来事やそこで生じる可能性のある葛藤などを語ってもらうことも

大切な取り組みである。

　とはいえ，長期・年長のひきこもる人は，これ
まで長年，支援に抵抗感が強く，支援活動や支援
の場を拒否し警戒してきた人である。「支援関係
の形成」が難しい人であるとも言える。このよう
な場合に必要な支援者の姿勢の一つとして「無
知（not-knowing）」の姿勢があげられる（野村
（2018）ほか参照）。筆者の理解では，無知の姿勢
とは，支援者がひきこもる人の思いと言葉に関心
を持ち，ひきこもる人と同一平面あるいは「あな
たのことを教えていただきたい」という位置に立
ち，対話関係を形成し，それを深めていくことで
ある。たやすいことではないが支援者が極力この
姿勢を維持することにより，ひきこもる人との意
思疎通が可能となり，支援関係形成の一歩を進め
る可能性が生まれるかもしれない。

Ⅴ　求められる「生き方支援」

　従来，ひきこもる人の支援において「就労支援・
就労自立」ということが大きな位置を占めてきた。
しかし近年「就労支援・就労自立」は大切な課題
ではあるが，長年ひきこもってきた人の支援にお
いて支援のゴールを「就労支援・就労自立」に置
くことは必ずしも適切とは言えないという意見が
少なくない。現実に中高年のひきこもり支援に関
わっている支援者であれば，長期間支援を試みて
も「就労支援・就労自立」には到達しない当事者
を多く経験しているであろう。特にひきこもり期
間が長年におよぶ人の場合，長い間社会生活と距
離を置いてきたこともあり，就労支援を受け入れ
ることには大きな抵抗感・不安感がある場合が多
い。そこで近年注目されている考え方が，ひきこ
もる人への「生き方支援」あるいは「自分らしく
あることの支援」である。では「生き方支援」に
おいて支援者はどのように取り組んだらよいので
あろうか。筆者は次のようなアウトラインを描い
ている。

1　本人の理解と同意のもとで，ゆるやかな支援の方向づけをする

　本人との支援関係がある程度形成された後に，
本人の希望や思いをできるだけ深く適切に汲み取
り，本人の理解と同意のもとで当面の支援の方向
づけをする。その際，現実的で身近でゆるやかな
いくつかの選択肢を示し，さしあたり取り組める
内容（たとえば，当面家庭で穏やかに過ごす，地
域の居場所を訪ねてみる，趣味の会に参加してみ
るなど）を話し合い，可能な範囲で実施する。そ
の後も本人と話し合い，本人の希望と同意を踏ま
え可能な支援を行う。

2　本人と親の思いのズレの緩和に配慮する

　本人と親の思いはズレることが多い。このズレ
の多くは，「親が青年期を過ごし空気のように吸
収してきた時代の社会・文化・共有した価値観」
と「子ども世代が生きて日々空気のように吸収
している社会・文化・子ども世代が共有する価値
観」の大きな違い（世代間格差）を考えれば，あ
る程度理解できる。支援者は，親子の価値観のズ
レを解明し，そのズレあるいは葛藤を緩和する働
きかけを試みる。特に「異なる世代には異なる生
き方があるだろう」「親として十分納得できない
が，本人が納得し幸せならそれもよいのではない
か」「働くこと以外にも幸せな人生はあるかもし
れない」という親側の理解・譲歩がズレの緩和に
有益である。

3　家族からの支援と地域資源の活用

　「就労支援・就労自立」が困難な場合，本人の
現在と将来の暮らしを支える経済的基盤の検討が
必要となる。親にゆとりがある場合は，経済生活
計画（ライフプラン）の対応が可能になる。公的
支援に関して，生活保護制度や障害年金制度など
の活用が課題となることもある。また本人の生活
を有意義なものにするため地域社会で利用可能な
多様な支援資源を把握し，ていねいに情報提供を
すること，たとえば各種相談窓口，居場所，就労

体験の場，家族会や当事者会などの情報提供が有益である。

4　支援者間の連携とソーシャルアクション

　個々の支援者には，それぞれが所属する支援施設や窓口の事情に応じて活用できる支援資源は限られている。そのため，地域の他の支援施設や窓口の支援者と連携し，取り組める支援内容を広げる必要がある。ただし，必要は認められるもののその地域社会に存在しない（存在しても少ない）支援資源の確保・増設に向けては，各支援者および支援者仲間，地域の家族会などと連携し，できる範囲で取り組む必要がある。さらに，いわゆるソーシャルアクションも必要となり，機会があれば地域の市民団体や行政への働きかけを行う。このような場合の行政の積極的な対応を切望したい。

VI　おわりに

　長期・年長のひきこもる人の支援においては，本人との支援関係が容易に形成されず，長い間変化が見えないことが少なくない。このように先の見えない暗中模索の状況において指針になる考え方として「ネガティブ・ケイパビリティ（負の能力，陰性能力）」（帚木，2017）が有益である。帚木（2017）によれば，ネガティブ・ケイパビリティとは「どうにも答えの出ない，どうにも対処しようのない事態に耐える能力」「性急に証明や理由を求めずに，不確実さや不思議さ，懐疑の中にいることができる能力」（p.3）である。また，「不確かさの中で事態や情況を持ちこたえ，不思議さや疑いの中にいる能力」「しかもこれが，対象の本質に深く迫る方法であり，相手が人間なら，相手を本当に思いやる共感に至る手立てだ」（p.7）という考え方も紹介されている。この考え方は，長い年月を要し，不確かで暗中模索の不安な期間が少なく

ないひきこもり支援において，家族と支援者（あるいはひきこもり本人）に貴重なヒントを与えているように思う。

　今一つ触れておきたいことは「幸運な偶然」である。ひきこもる人の支援や家族によるケアの先が見えにくい時期においても，多様な取り組みを根気よく続けるならば，これらの試みのなかの何かがきっかけになり，大小にかかわらず，予期せぬ前向きの転機を迎えることがある。これが「幸運な偶然」である。これは支援・ケアを継続していなければ訪れない好機であるとも言える。「幸運な偶然」とは，ひきこもる人から見るならば，「いくつかの望ましい条件が重なって，閉ざされていた視界が開けた状態」とでも言えようか。こうして，本人が「今なら動けそうだ」と内心に意欲を感じ，一歩を踏み出すときであろう。私たちには，そのときがいつどのように訪れるのかを予想することが難しい。そのためにも「気長に，急がず，あきらめず，支援を継続する必要がある」ということになる。

　最後に新型コロナウイルス感染拡大状況における相談などのあり方について触れる。この間，やむを得ず相談や居場所開催の中止が広がった反面，オンライン面談やオンライン居場所の工夫もなされはじめている。この時期に対応した相談室の模様替えも取り組まれている。また今後，仮に長期不況が訪れても，ひきこもる人が希望を維持できる支援のあり方の模索も重要課題であろう。これらの現状把握，動向把握が大切である。

▶文献

帚木蓬生（2017）ネガティブ・ケイパビリティ—答えの出ない事態に耐える力．朝日新聞出版．

野村直樹（2018）「無知の姿勢」と「二人称の時間」—臨床における対話とは何か．精神科治療学 33-3；269-274.

[特集] ひきこもり──就職氷河期からコロナウイルス時代を見据えた全世代型支援

「働かなくても良い」から始まる就労支援

芦沢茂喜 Shigeki Ashizawa
山梨県中北保健福祉事務所

I　はじめに

　就労は,「ひきこもり」のゴールとして挙げられる。就労だけがゴールではないとの指摘が関係者などからなされても,一般に,社会や家族などが求める「ひきこもり」のゴールとして,就労が位置づけられている（石川,2007）。大人になれば就労するのが普通であり,それをしない「ひきこもり」は,「怠けている」「甘えている」と,社会や家族など世間の評価を受けつづけている。一方,「ひきこもり」の多くは,就労を目指しており,就労できない自分自身を責めている。その認識のギャップが埋まらない現状がある。そのため,「ひきこもり」の就労支援については,秋田県藤里町などの取り組みが報告されているものの,各地の取り組みが進んでいるとはいえない（菊地,2015）。

　本稿では「ひきこもり」が置かれた状況を確認した上で,就労支援をどのように進めたら良いか,筆者が支援をした事例をもとに,以下考えていきたい。なお,事例については個人が特定されないように,加筆修正をしている。

II　問題の背景

　事例に入る前に,「ひきこもり」が置かれた状況について確認したい。

　「ひきこもり」は社会が豊かになったことで生じた社会問題との見方もあるが,「ひきこもり」本人は同居の家族などからの援助で生計を立てているため,働かないことで生活ができなくなることはない。そのため,「ひきこもり」本人にとって就労とは他者から認められる手段であり,自己実現のための手段だといえる。斎藤（2020a）は,Maslow の欲求5段階説（生理的欲求,安全欲求,関係欲求,承認欲求,自己実現欲求）を挙げ,人は承認されるために働くことから,「生理的欲求」「安全欲求」「関係欲求」が確保されなければ,「承認欲求」「自己実現欲求」は自発的には生じないと指摘している（図1参照）。

　「ひきこもり」の家族のなかには,昔は生きていくために働いていたのだから,就労を促すために,援助を止め,「ひきこもり」本人を困らせようとの考え方を取る人もいるが,Maslow の欲求5段階説に従えば,「生理的欲求」などが確保されないなかで,就労に向かうことはない。「ひきこもり」本人が就労に向かうためには,本人が置

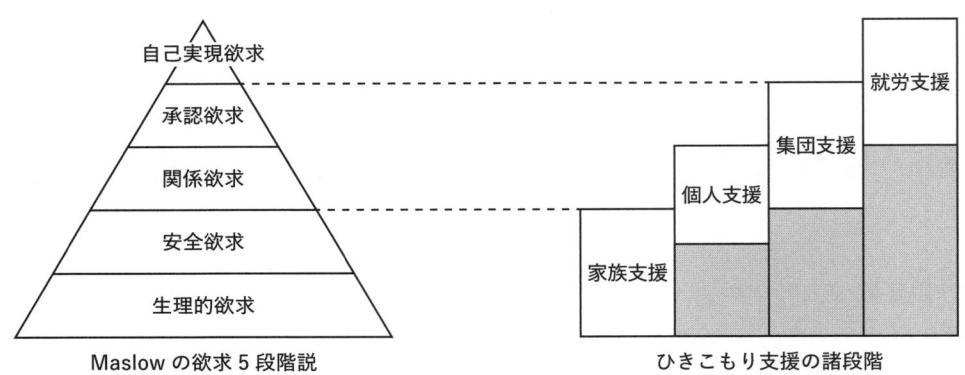

図1　欲求5段階説とひきこもり支援の諸段階との関係

かれている環境で「生理的欲求」などが確保されているか否かを確認し，確保されていなければ，「生理的欲求」などの確保を優先する必要があるといえる。

国のガイドラインによれば，ひきこもり支援は家族支援，個人支援，集団支援，就労支援という順で段階を進むことが指摘されている（齊藤，2012）。ひきこもり支援の諸段階を Maslow の欲求5段階説に当てはめれば，家族支援は「生理的欲求」と「安全欲求」，個人支援は「安全欲求」と「関係欲求」，集団支援は「関係欲求」と「承認欲求」，就労支援は「承認欲求」と「自己実現欲求」がそれぞれ該当する（図1参照）。家族支援では家族に衣食住の大切さと，家庭が安心・安全な環境であることが大切であると伝え，個人支援では支援者と会うことが安全であることを伝え，当事者との関係構築を図る。そして，集団支援では集団のなかで当事者が関係を築くことを支え，その場に居ても良いと感じられることを目指し，就労支援では周りから認められ，自らしたいと思う活動を支えていく必要がある。

ただ，「自己実現欲求」には注意が必要である。多くの支援を経験するなかで，当事者には自己実現欲求に関する思考のループがあると感じる。SMAP の「世界に一つだけの花」に代表されるように，自己実現といった場合，一人ひとりが特別な存在にならないといけないとの考えから，以下のような思考のループに陥る当事者に多く出会う（図2参照）。

具体的には，「価値のある仕事がしたい」「社会から認められる仕事がしたい」，しかし「生活ができる給料がほしい」，でも「今の自分にできるのか？（できない）」「しないといけない」「価値のある仕事がしたい」といったように同じ考えがグルグル回ってしまい，一歩も動けず，時間ばかりが流れてしまう。

価値ある仕事を目指す場合，資格取得に向けた勉強を始める当事者もいるが，取りたい資格は社会的に評価されている資格であり，収入が安定しているもので，取得が難しい。結果として，資格の勉強に長い時間を使う当事者もいる。家族などはそれを見て，「ボランティアでもしたら？」と話したくなるが，当事者はボランティアでは承認欲求や自己実現欲求を満たすことはできないと考え，動かないことが多い。

当事者がこのような思考のループに囚われてしまう理由としては，自己評価の低さと「失敗したくない」との想いがある。就労経験がなければ，失敗を恐れる気持ちであり，就労で失敗した経験があれば，今度は失敗したくないとの気持ちがある。斎藤（2020b）は「『働かなくても大丈夫』と安心できて初めて，ひきこもり当事者は安定した就労動機を発見する」と指摘しているが，思考のループから抜け出し，当事者が行動を起こすた

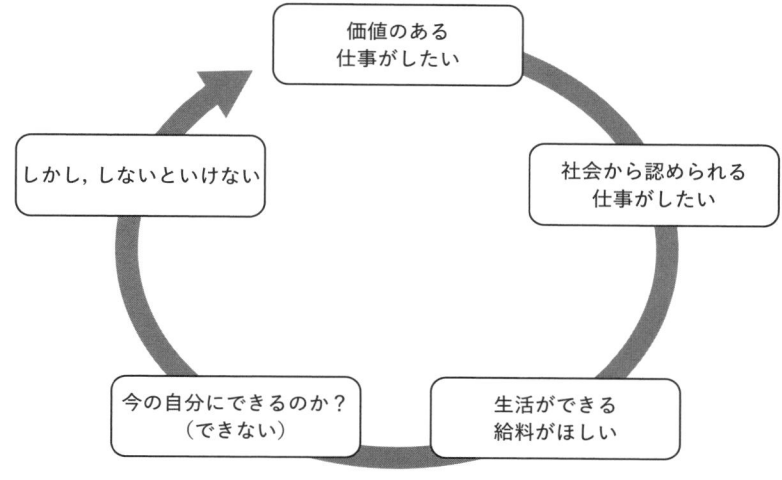

図2　思考のループ

めには，失敗しても問題が生じない状態にする必要がある。したがって，逆説的だが「働かなくても良い状態」にすることが重要となる。

　また，ひきこもり支援については，前述の通り，段階があることが指摘されている。そのため，各段階を異なる機関が担当する形が取られ，就労支援に関しては，地域若者サポートステーション，障害者総合支援法上の就労移行支援や就労継続支援を担う事業所，生活困窮者自立支援法上の就労準備支援事業を行う機関などが活用され，支援が引き継がれる場合が多い。地域や支援機関の状況などから難しい面もあるが，筆者は関係性の継続を第一に取り組んできた。すべての段階を同一の機関と相談員が担当し，一貫した伴走型支援を担うことが大切であると考え，筆者が取り組んだ事例を以下に提示したい（芦沢，2018）。

III　事例の概要

　タクヤさん（仮名）。40代の男性。2年前に父が死亡後は母との2人暮らし。大学卒業後，コンピューター関連の会社に就職したものの，過重労働と人間関係の躓きから，2年で退職。退職後はハローワークに通い，職業訓練を受け，就職活動を行うものの，就職できず。ここ数年は活動に対する意欲も衰え，自宅でほとんどの時間を過ごし

ていた。昼夜逆転の生活になり，不眠なども見られるようになった。2年前に父親が死亡した際に彼が精神的に不安定になったことから，母親が相談し，一時期は相談機関に通っていたことがあったが中断。その後も状態に変化が見られないことから，今後を心配した母親が再度相談することをタクヤさんに勧め，筆者が勤務する相談機関に来所することになった。

　来所した彼は筆者に「自分は価値のない人間。仕事をしないといけないのはわかる。これまで自分なりに努力もしてきたけれど，ダメだった。もう失敗はしたくない」と話した。彼にとって，価値のある仕事とは生活が送れるだけの給料が得られる仕事であり，そのためにはフルタイムで働く必要があった。だが，筆者が出会った当時，彼は精神的な不調から精神科受診をしており，フルタイムで働ける状態ではなかった。そのため，体調を考え，短時間の仕事も考えたが，車の免許がないことから，自宅から通えるところを探すしかなく，就職先をなかなか見つけられずにいた。

　時間ばかりが流れ，彼は気持ちが焦るばかりだった。焦れば焦るほど，体調が悪くなり，動き出すこともできなくなるという悪循環に陥っていた。この状況を打開するために，彼に自宅から通える介護施設でのボランティアを提案したもの

の，十分な給料が出ないものは価値がないと考え，彼は提案を受け入れなかった。

　彼を説得しようとして，時間ばかりが流れ，思考のループから抜け出すことは難しかった。ループから抜け出し，彼が動き出すためには，失敗しても問題がない環境で短時間でも働き，給料を得る必要があると考えた。

　具体的には，失敗しても問題がない環境として，社会制度の利用を勧めた。彼の生活は母親の年金で支えられており，彼は母親に頼らなくてはいけない自分自身を責めていた。精神科を受診してから1年半が経過していたため，彼に障害年金の申請を提案した。彼は提案を受け入れて申請し，申請から3カ月後，年金の受給が決まった。

　年金の受給が決まり，2カ月に1回，まとまった金額が入ることになり，彼は「失敗しても母親に迷惑をかけずに生活ができる」と話した。生活上の不安が一つ解消されたことで，今の状態から考えて，かつては無理なフルタイムの仕事を希望し，「働かなければならない」と話していたが，今の状態でできる仕事を希望し，「無理のない範囲でやってみる」と話すようになった。

　彼には，短時間から始められ，少額でも手当が出る形として，県が実施している精神障害者社会適応訓練事業の利用を提案した。精神障害者社会適応訓練事業は，以前は精神保健福祉法上の事業であったものの，法体系から削除され，それに伴い多くの自治体で現在は廃止されている。山梨県では県の単独事業として残っており，保健所が窓口となり，「ひきこもり」を含む精神障害者が，一定期間，外部の事業所での作業に従事した際に，作業日数に応じて事業所に協力金が支給されるものである。支給される協力金のうち，事業所の判断で本人に少額のお金が渡されている。

　1日の作業時間の規定はなく，事業所との相談で短時間から始めることができ，少額ではあるものの作業に応じたお金を受け取れることから，この事業の利用を彼に勧めた。利用にあたり，彼の住んでいる付近に事業に協力してくれる事業所が

なかったことから，自宅から近い，他の当事者が以前アルバイトをしていた事業所に相談し，受け入れを依頼した。彼は事業を利用し，定期的に事業所に通い，事業所内の作業を行うようになった。それが習慣となり，昼夜逆転の生活も改善され，衰えていた就労に対する意欲も徐々に出てくるようになった。

IV　考察

　「働かなくても良い状態」にするために，取り上げた事例では障害年金の申請を勧めたが，障害年金の申請には，精神科受診後に1年半が経過しており，当事者も申請に同意している必要があり，全ての事例に適応できるわけではない。また，障害年金を申請できなければ，家族と世帯を分け，生活保護を申請することもあるが，当事者や家族の制度に対する抵抗感などもあり，制度を活用しない場合もある。その場合，当事者と家族と共に話をする機会を設け，当事者に毎月かかる金額，そのうち家族が負担できる金額，当事者が負担する金額を明らかにする。当事者が負担する金額は，今の状態から考えた最低の金額を設定する。家族が負担できると決めた金額は家族の考えで一方的に変えないことを，当事者と家族と確認することで，当事者にとって「働かなくても良い状態」を保証することになる。

　そして，当事者が具体的に就労に向けて動きはじめるために，タクヤさんの事例では県の単独事業である精神障害者社会適応訓練事業を活用したが，前述の通り実施している自治体は少ない。そのため，現時点で精神科受診をしている場合は，障害者総合支援法上の就労移行支援事業と就労継続支援事業，それ以外は生活困窮者自立支援法上の就労準備支援事業の活用が考えられる。ただ，地域によっては当事者が選択できるほど事業所や作業内容が豊富にあるわけではないことから，支援者自身が地域に出て，協力してくれる事業所を増やしていく必要がある。

　就労支援といった場合，動機付けの促進，コミュ

ニケーションスキル，ビジネスマナーの習得など，就労に繋がるために支援者が必要と考えるものを挙げ，それを身につけることを当事者に求める傾向がある。だが，当事者が支援者と同じように考えていなければ，支援は支援者の一方的なもので終わってしまう。当事者が就労についてどのように考えているのかを，確認する必要がある。

　その上で，「働きたいけれど働けない」気持ちと「働くからには認められたい」気持ちが同居した状況から当事者が抜け出るために，「働かなくても良い」ということを認め，今の状態でもできることを当事者と一緒に考えていく伴走型支援が必要だと考える。

▶文献

芦沢茂喜（2018）ひきこもりでいいみたい—私と彼らのものがたり．生活書院．

池上正樹（2019）ルポ「8050問題」—高齢親子“ひきこもり死”の現場から．河出書房新社．

石川良子（2007）ひきこもりの〈ゴール〉—「就労」でもなく「対人関係」でもなく．青弓社．

菊地まゆみ（2015）「藤里方式」が止まらない．萌書房．

齊藤万比古（2012）ひきこもり評価・支援に関するガイドラインの概要．In：齊藤万比古 編著：ひきこもりに出会ったら—こころの医療と支援．中外医学社，pp.17-38．

斎藤環（2020a）ひきこもりの理解と対応．In：斎藤環，畠中雅子：新版 ひきこもりのライフプラン—「親亡き後」をどうするか．岩波書店，pp.3-40．

斎藤環（2020b）中高年ひきこもり．幻冬舎．

［特集］ひきこもり──就職氷河期からコロナウイルス時代を見据えた全世代型支援

訪問支援

齋藤暢一朗 Choichiro Saito

北海道大学学生相談総合センター／NPO 法人メンタルコミュニケーションリサーチ

I　訪問支援とは

　訪問支援はアウトリーチ（outreach）のひとつであり，本人の自宅等の生活拠点に支援者が出向いて行われる形態であり，ひきこもり支援において，最もインパクトの大きい介入である。特に，家族支援だけではなかなか事態の改善が進まない事例では，なんとか本人が第三者とつながってほしいという家族のニーズは強い。訪問支援は，長年のひきこもり状態に風穴をあけるきっかけとなりうるが，やみくもに行えば本人や家族の危機となってしまうこともある。そのため，本稿でも取り上げるような，訪問支援特有の構造を踏まえた実践が必要である。

　はじめに，類義概念の「訪問カウンセリング」と「訪問支援」との異同を考えると，ひきこもりの訪問支援の輪郭が見えてくる。そもそも，カウンセラーによるひきこもり当事者への訪問行為が「訪問カウンセリング」とイコールではない。訪問カウンセリングは，それがたとえクライエントの自宅で行われるとしても，あくまでもカウンセリングであるため，主訴をもつクライエントの要請によって行われる。例えば，パニック症状の発作によって外出の困難を抱えている事例で考えてみる。カウンセリングルームまで来所できないクライエントへ，ある程度外出が可能になるまでの期間，自宅に訪問してカウンセリングを行う場合，それは訪問カウンセリングである。すなわち，訪問カウンセリングは二者間で支援契約が交わされているという前提で成立している。当然，クライエントには困り感に基づく相談動機がある。

　一方，ひきこもりの訪問支援は，訪問カウンセリングとは異なり，ひきこもり当事者の要請によって行われることは滅多にない。その多くは家族から支援者に対する要請によって開始される。そのため，訪問支援を受けることに対して，ひきこもり当事者は積極的に同意するというよりも，（あくまでも周囲による誠実な説明努力を前提とした）消極的な同意（竹中，2018）をしていると理解される。この前提が，ひきこもりの訪問支援の最大の特徴である。すなわち，相談動機の低い対象者に対して，その当事者家族の要請に基づいて，周囲が先行して支援を進めていく点である。家庭内という空間の特殊性以上に，関係性の前提が支援の構造を規定しているのである（齋藤，2012）。

II　訪問支援のアセスメント

ひきこもり支援は対象者と会えないなかでアセスメントを行わなくてはいけない。特に訪問導入前のアセスメントは重要である。ひきこもりの程度，家族の問題解決機能，訪問に伴うリスク要因などがあげられる。これらはいわば事例の否定的な側面の評価である。これらに加えて，訪問を成功させるためには，本人の趣味趣向や興味関心，解決資源となる関係者の存在といった肯定的な側面の評価も欠かせない。

ひきこもりの程度は，部分的な社会参加が可能な比較的ひきこもり度が軽い状態から，ほとんどの時間を自室で過ごして家族との接触も持たないひきこもり度の重い状態まで幅がある。部分的に社会参加が可能な事例では，訪問支援ではなく来所型の相談機関を利用したり，居場所を利用することも期待できる。したがって，訪問支援が要請される事例の多くは，ひきこもり度が重い。また，ひきこもり度が重くなるほど，訪問支援を開始するまでに，その準備として家族支援を行う期間は長くなる傾向がある。

家族の問題解決機能については，問題に対する理解度，コミュニケーションスキル，家族成員個々の健康度，相互の関係性などを評価していく。こうした点の評価は訪問支援に限らず，ひきこもり支援全般において欠かせないポイントである。ただ筆者は，訪問支援を導入していく段階では，これだけでは十分ではないと感じている。その例として，ある事例では親が本人の問題をある程度理解し，本人とも比較的冷静にコミュニケーションを図ることができているとする。こうした事例は，一見，家族の問題解決機能が比較的高いと評価できるだろう。しかし，訪問支援について本人に提案した際に，本人がそれを拒否すると，それ以上本人に提案することをやめてしまうことがある。

このようなことから，以下のような家族の実存的な態度も注目したい。それは言うなれば，家族が一個人として，人生を生きていき，生活してい

くにあたっての信念や姿勢を持っているかどうかである。そもそもなぜひきこもりを続けていくことが問題なのか，そして，なぜ支援を受けることが必要なのか。こうしたことは家族が本人に訪問支援を提案する際に，家族が改めて考えなくてはいけない点である。他者を拒否してひきこもる本人の心情を理解することと，人には社会との関わりが必要であるという親の信念や姿勢は相容れない面がある。しかし，家族にこの両方がなければ，訪問支援を粘り強く提案しつづけることは難しい。

こうしたことに加えて，訪問に伴うリスクを評価することも不可欠である。まず，家族への暴力の有無の評価はひきこもり事例において特に注意が必要である。そして暴力に対して，家族がどの程度対応できているのかも評価する。暴力があり，家族がそれに対応できていない場合は，訪問支援の提案が暴力を誘発する刺激となってしまうため，そのような状況での訪問は控え，まずは家族支援を丁寧に行っていかなくてはいけない。

また，希死念慮や自殺企図歴のある事例においても，訪問支援の導入はより慎重に行う必要がある。特に，第三者が接近することが，本人にとって強い脅威となり自己否定感を強めてしまう場合は，自殺企図のリスクが高まる。こうした場合は，まずは本人の安全を最優先に考え，家族支援や必要に応じて医療からの介入を検討することが望ましい。

III　家族支援との連動

訪問支援は家族支援と並行で行う必要がある。家庭の中に入っていく訪問支援は，家族関係の影響を受けやすい。支援者は本人の味方として関わることを大切にしたいと思うが，訪問支援を依頼した家族は目に見える変化を望む。ひきこもり支援は年単位の経過をたどることが多く，むしろ家族が喜ぶような変化のない期間の方が長い。そこで支援者が親の焦りに加担してしまうと，本人との関係が壊れて支援が中断して，再び地域に潜在

することになる。このように，家族支援を並行しない訪問支援単独でのアプローチは，次第に機能しなくなってしまう構造がある。

　次節でもみていくように，支援の各段階で家族支援が必要になる。初期は家族からの情報をもとにアセスメントを行い，訪問導入のために家族と協同する必要がある。中期では，支援を機能化することや，機能抑制を予防するためにも家族支援が必要となる。後期では，終結に向けて家族の調整を行っていく。これらは家族支援によって訪問支援をバックアップするような位置づけとも言える。

　そして，訪問支援を通して，家族を支援していく機能もある。家族はひきこもり状況を改善しようと本人に働きかけるなかで，本人との間で軋轢が生じて関係が悪化してしまいやすい。やがて，家族だけでは改善できない状態に陥ってしまう。そのとき支援者がその間に入っていくことで，膠着した家族関係に動きが生じていく。このように訪問支援は個別支援のひとつであるが，訪問支援を通して家族関係にも肯定的な変容が生じるため，家族支援の機能もあると言える（齋藤・若島，2012）。

IV　訪問支援の実際

　訪問支援には実際に経験した者でないとわからない独特の緊張感がある。そうした感覚を抱えながら，相談動機もなく，自分と会いたくないと思われている相手と関係を作っていく。その上，専門の資格，理論や方法は，目の前のひきこもり当事者を前にすると，その威光を借りることはできない。そのため，支援者の生身の人柄が嫌でも相手に伝わることになる。訪問支援は対象者にとって侵襲性の高い方法であるが，支援者自身も侵襲されるかのような感覚を抱くことがある。

　訪問支援ではまず，相手に敬意を払い，尊重する態度を持たなくてはならない。そのためには，ひきこもり当事者の心情を想像し，理解しようと努めることが必要である。したがって，誤解や偏見はもとより，先入観をもってアプローチすることは慎みたい。また，苦しみや抑圧を想定して，そうした心情を解放してあげたいという支援者側の思惑も，本人を苦しめてしまう。筆者の経験では，ひきこもる人たちは，ひきこもりつづける理由や心情を隠していたり，押し込めているのではなく，むしろなぜ身動きが取れなくなってしまうのか，自分でも説明がつかないような経験をしているように思える。

　このように，付け焼刃的な傾聴の姿勢をひきこもりの訪問支援に持ち込んでも，おおむねそれらは失敗してしまう。本人にとっては気まずい沈黙が続き，そのことで恥や苦痛を感じてしまう。そして，支援者と会うことを強く拒否して，支援は中断してしまうことになる。相談動機のない人への訪問支援において，カウンセリングもどきは通用しない。

　相手の生活空間を脅かすような存在でありながら，安全な存在になる——それが訪問支援の難しさであろう。その実践の肝は「節度ある押しつけがましさ」（田嶌，2001）という言葉に集約できる。そもそもひきこもり当事者の主体性を最大限尊重するのであれば，本人が他者を拒否している以上，訪問支援は成り立たない。したがって，訪問支援は支援者の主体性がないと成立しないと言える。「なぜひきこもりは支援の対象なのか」という問いに対して，支援者として，あるいは一人の人間としての考えが必要である。そうした考えに基づいた支援者側の押し付けであることを支援者自身が受け入れ，その覚悟をもたなくてはいけない。さらに，相手を一人の人間として尊重し，配慮をする"節度"が必要である。訪問支援を個人開業で行うとしても，あるいは何らかの組織に所属して行うとしても，このことは支援者が個々に考えつづけなくてはいけないことである。

　さて，こうした少々堅苦しいことを胸の内側に持ちつつも，いざひきこもり当事者の家に訪問した際には，ごく気楽な話題が交わされることになる。天気の話，スポーツの勝敗の話，アニメや動

画サイトの話など。どのくらいの量をどのように届けるかは，支援者の力量次第である。これは実践を重ねないとなかなか培うことができないが，同性異性の友人作り，飛び込み的な接客業など，自分から人間関係を作っていくなかで培われた経験が活かされることも多い。ただし，必ずしも話し上手なセールスマンタイプがどの事例にも向いているというわけではなく，口下手でもの静かな支援者との間で，ゆっくりと良い関係を築いていく事例も決して少なくない。

このように，初期は訪問支援の導入と関係作りが最大のテーマであり，難しさであると言える。そして，継続的に会うことができる程度に関係ができてからは，支援の中期へと入っていく。そして中期はその経過の長さが大きな特徴であり，難しさであると言える。訪問支援は，支援者が本人を説得して直接変化を起こすものではない。本人の心理的なリソース（齋藤，2017）を拡張していき，変化や挑戦に向けた内的な準備性を高めることが，重要な機能であると筆者は考えている。

ただし，支援者と会う回数に比例して心理的なリソースが増えていくわけではない。支援のマンネリ化は，時として本人の自己否定感を高めてしまう場合もある。ここで重要なのは，本人のそうした感覚は，必ずしも支援においては否定的なものではなく，内的な葛藤として変化への原動力になりうるという視点である。こうした本人の心の揺らぎを感じ取りながら，天気の話，スポーツの勝敗の話，アニメや動画サイトの話などを本人と交わしていく。

この中期では，新鮮な出来事がないなかで本人と会いつづけることになりやすい。そのため支援者には，焦りや不安，いら立ちが生じ，目に見える変化を本人に求めたくなる。その要因のひとつは，家族の焦りや不安を支援者が直接的，間接的に受けているためである。したがって，改めて家族支援と訪問支援を並行して行うことが必要である。もうひとつの要因は，支援者側のコスト意識である。訪問は来所に比べて，移動時間を含める

だけでも3倍程度のコストがかかる。一方で，そうした支援コストをかけても目に見える変化がないため，支援者の焦りや不安，いら立ちにつながってしまうことがある。したがって，支援者，当事者，家族の三者を事例経過のなかで俯瞰的に捉えて，支援者をサポートすることもひきこもり支援では必要であると筆者は考える。

さて，後期から終結期にかけては，その展開は事例によってさまざまである。想定外の要因によって本人が唐突に一念発起することもあれば，一進一退を繰り返していくなかで次のステップへと進んでいく事例もある。必ずしも全てが居場所のような集団支援につながって終結するわけではなく，訪問という個別支援から，本人に適した就労や進学などにつながって終結していく事例もある。

終結期では，家族の不安についても扱うことが重要である。特に，家族は長い経過を身近で見守ってきているため，再び本人がひきこもってしまうのではないかという不安を抱きやすい。そのため，本人の社会参加後も，ずっと訪問支援を継続してほしいという家族から支援者への強い要望があることも珍しくない。もちろん，本人の社会参加が定着するまでに訪問支援を併用していくことは大変有効である。一方で，家族の不安に応じて終わりのない支援を提供しつづけることも現実的にはできない。したがって，終結期はどのように家族支援を終結するかということも大切である。

Ⅴ　訪問支援の限界

本稿で述べてきたなかにもすでに含まれているように，訪問支援は万能ではなく，むしろデリケートな実践である。あらかじめその限界を踏まえて，家族と共同して支援を行っていく必要がある。例えば，訪問支援に対して強い抵抗を示したり，そのことによって当事者本人や家族の安全が脅かされる可能性がある場合は，訪問を行うことはできない。また，仮に本人と会い長年訪問を継続したとしても，本人の社会復帰を確実に保証するもの

ではない。別の視点からは，訪問という形態にかかる費用コストは高くなりやすく，民間機関が採算を考慮して行うとすれば，家族の費用負担は大きく，年単位で継続できる事例は限られてくる。

　このように訪問支援はその実践やそれを支える制度，仕組みの面でも，今後も改善点を含みつつ発展が期待される支援形態である。

▶ 文献

齋藤暢一朗（2012）不登校・ひきこもりへの訪問援助に関する一考察—三者関係構造によるつながりの再構築．カウンセリング研究 45-2 ; 89-98.

齋藤暢一朗（2017）家族支援. In：一般社団法人日本臨床心理士会 監修：ひきこもりの心理支援—心理職のための支援・介入ガイドライン. 金剛出版，pp.175-192.

齋藤暢一朗，若島孔文（2012）訪問援助における三者関係モデルの構築—不登校・ひきこもりへの家族援助としての機能. 家族心理学研究 26-1 ; 13-24.

田嶌誠一（2001）相談意欲のない不登校・ひきこもりとの「つきあい方」. 臨床心理学 1-3 ; 333-344.

竹中哲夫（2018）ひきこもり支援の着眼点・着手点—長期化・年長化するひきこもり支援充実のための試論. 光陽出版社.

[特集] ひきこもり──就職氷河期からコロナウイルス時代を見据えた全世代型支援

危機介入

山本 彩　Aya Yamamoto

札幌学院大学心理学部

I　はじめに

　おそらく本特集の他の執筆者たちも，社会的ひきこもりについて論じる際には以下の3つを前提条件としていることだろう。本稿でも特に重要であるため改めて触れておきたい。1つ目は，世界には一人として同じ社会的ひきこもり状態の人はいないということである。それぞれが語る社会的ひきこもりが，全くの別物である可能性を念頭に置かなければいけない。2つ目は，生物−心理−社会的なアセスメントの必要性である。特に社会的側面については，今現在だけでなく，これまで本人や家族がどのような社会情勢の影響を受けながら過ごしてきたかという時間軸の視点もあわせて持つ必要がある。3つ目は，社会的ひきこもりへの支援は，本人支援や家族支援といった個への働きかけのみならず，居場所づくりや働き方改革といったコミュニティ側への働きかけも同時に検討する必要があるということである。ソーシャルワークでは前者をミクロ実践，後者をマクロ実践とよび，両者の連動が重視される。心理援助職はマクロ実践をあまり行わないかもしれないが，以下のような例を想像してみていただきたい。本人が「社会ともう一度触れ合ってみよう」と思うようになり，そしてついに勇気を出して一歩踏み出したとしよう。やっとの思いで一歩を踏み出した先の社会に，冷たい相談機関やブラック企業しかなかったらどうだろうか。

　以上をふまえて早速本題に入りたい。

II　危機介入とは何か

　危機介入について山本（1986）は次のように述べている。「危機介入はクライシス・インターベンション（crisis intervention）の訳である。この方法を紹介する時，訳語に悩んだ。とくにインターベンション（intervention）の適訳がなかった。そもそもの意味は，調停，干渉ということであり，基本的にはおせっかいの意味である」「ここでは，まだ十分なじめないが，インターベンションを『介入』と訳すことにした。そこには，おせっかいという自戒の意味もこめられている」。

　また，危機という言葉について，山本（2000）は次のように述べている。「危機（crisis）という意味はギリシャ語のカイロスという言葉に由来している。ヒポクラテスは病が，悪い方に向かうか良い方に向かうのかの分かれ目の時点をカイロスとよび，その時点の病気の特徴を記述している。クライシスは辞書を見ると『分かれ目』『峠』『危機』

という意味をもっている」「このように危機状態は成長促進可能性（growth promoting potential）を有している。古い習慣を動揺させそれを打ち破ることは不安でありまさに危ない状態であるが，一方で新しい対処様式を取り入れ，新しい発展をうながす大切な時点でもある」。

以上をふまえると，対人援助職が危機介入という「おせっかい」をするのは，危機状態が持つ「成長促進可能性」に着目し，「新しい発展をうながす」ためと言えるだろう。

危機介入という語は，地域精神保健やコミュニティ心理学などで用いられ，その系譜は「①戦争神経症の治療体験，②自我心理学の発展と悲哀反応に関する研究，③自殺予防運動，④フリー・クリニック運動，といった流れから検討することができる」（山本，2000）が，それらの詳細は紙幅の都合上省略する。

III 社会的ひきこもりに関連する危機場面

社会的ひきこもりとの関連では，主に以下の3つの危機場面が考えられるだろう。3つは併存することもあれば移行することもある。

1つ目は，暴言や物壊しを含む家庭内暴力である。社会的ひきこもりが現在の定義のように用いられるようになって以降，家庭内暴力併発の割合についての調査がいくつもなされてきた。調査結果は，サンプリング方法や調査項目によって違いがあるが，筆者の臨床感覚からも，「10%弱のケースに慢性的な暴力があり，50%程度に一過性の暴力」（斎藤，2019）があるというのが近い。家庭内暴力の場合，多くのケースで，被害者側である家族が「暴力は怖いが，同時に本人のことをとても心配もしている」というアンビバレントな気持ちを抱いていることや，それにより簡単に通報をしたり被害届を出したり逃げたりできないということ，また被害者側である家族が実は心理的に本人を追い詰めている場合が多く，「お互いさま」（斎藤，2019）であることなどに特徴があり，一般的な暴行事件や傷害事件と同様に語れない部分である

る。もちろん，だからといって家庭内暴力を容認してよいわけではない。以上から，家族力動のアセスメントと具体的現実的な家族支援が重要となる。

2つ目は自殺念慮・自殺企図・自傷行為である。「ひきこもっているうちは自己愛が保たれるので自殺しづらい」と聞くことがあるが，一方で，当事者アンケート（KHJ全国ひきこもり家族会連合会，2018）では，過去にあった行動として「自殺念慮・自殺企図」が42%，自傷行為が12%と示されている。斎藤（1999）の調査でも「希死念慮・自殺企図」が46%，「自傷，自殺未遂歴」が14%と示されている。希死念慮は，「人口全体のざっと半分が中程度から重度の希死念慮を人生のどこかの時点で経験する」（ヘイズほか，2014）ほど一般的な危機だが，社会的ひきこもり状態の場合，周囲が状況を把握しづらく，また予防において重要となるネットワーキング（高橋，2014）が機能しづらいところが難しさと言える。

3つ目は，家で親が急病を発症または急死した後に結果的にそれを放置してしまう，または自身も衰弱してしまい場合によっては衰弱死するなどの広義のセルフネグレクトである。山田（2019）は著書『親の「死体」と生きる若者たち』のなかで8050問題の実情を内側から描写し，今後ますます社会問題化するだろうと警鐘を鳴らしている。

最後に，社会的ひきこもりとの関連が強いわけではないが，犯罪について触れておきたい。社会的ひきこもりという語が，現在，厚生労働省の定義と同じような意味で用いられはじめた2000年，ひきこもり状態だった人による少女監禁事件やバスジャック事件が起き，連日ひきこもりが犯罪と結び付けて報道された。同様に2019年，登校中の小学生らが斬りつけられる事件や，元農水事務次官による長男刺殺事件があり，再び，メディアでひきこもりと犯罪とが結び付けて報道された。しかし実際は，社会的ひきこもり状態にある人が殺人や殺人未遂に及ぶ割合は極めて低い（東京新

聞, 2019)。筆者は殺人以外のデータを持ち合わせていないが, おそらくどの罪名についても同じことが言えるだろう。一方でインターネットが普及した現在,「ひきこもり状態なので絶対に犯罪とは無縁」とも言い切れず, 実際に筆者の担当ケースでも数例, 長年ひきこもり状態だった人がサイバー犯罪を行い, 逮捕をきっかけに支援を開始することができたということがあった。決して数は多くないが, そのようなこともあるため, 司法領域とのネットワークもつくっておきたい。

Ⅳ　社会的ひきこもりにおける 危機場面のアセスメント

　社会的ひきこもりにおける危機介入の難しさの一因に, 危機場面のアセスメントをしづらいことがあげられるだろう。ひきこもっている本人の多くには「語りたくない苦悩」「思い出したくない記憶」がある (山田, 2019)。対人援助職が, 最初から本人とニーズや危機について話し合えるくらいなら苦労はない。実際, 社会的ひきこもりにおいては, 本人よりも家族のほうが相談機関を利用している (境, 2007)。

　それでは家族を通してアセスメントを……と考えたいところだが, それも一筋縄ではいかない。というのは, どこにも相談したことがない家族が多数いるのが実情であるし (山田, 2019), 家族が相談機関を利用したとしても継続的な相談に至りづらいことが指摘されているからである (境, 2007)。

　一方, そのように相談事例化すること自体に工夫が必要な状況に対して, 対人援助職側の受入れ体制はどうだろうか。上記のような状況には, 高齢者への支援や精神科医療で用いられる地域包括ケアシステムやケアマネジメントの手法が参考になると考えられるが, ひきこもりを専門とする支援職の間ではそれらの認知度は低い (西元, 2012)。家族が相談に来てくれた場合には, アセスメントの面からも介入の面からもCRAFT (Community Reinforcement and Family

Training) が有用であり (境・野中, 2013), 今後の普及が期待される。以上のような手法を駆使しながら, 生物－心理－社会的側面から危機場面のアセスメントを行っていく。特に, 家庭内暴力や犯罪については行動理論をベースとした機能分析が, 希死念慮などについては自殺の危険因子についての評価が (高橋, 2014), セルフネグレクトについては社会資源についての評価が重要であり, これらを丹念に行っていく。

Ⅴ　社会的ひきこもりへの危機介入の実際

　対人援助においては, まずアセスメントを行い, それに基づき介入方法を検討していくのが一般的であるが, 地域支援の現場では, また特に危機介入が必要かもしれない地域支援の現場では, ケースに関わりながら同時にアセスメントを深めていくことが多い。そのため筆者は, 少しでも, また誰にとっても安全にアセスメントと介入を行うことができるよう, 以下のようなスキームを基本として支援にあたっている。ここで紹介させていただきたい。

　対人援助職チームのなかで,「急がない担当」「急ぐ担当」「リセット担当」「本人担当」の役割分担をする。

　「急がない担当」は, 困っていると表明している人をクライエントとして相談活動を開始する。クライエントは多くの場合, 本人の親であるが, 家族全員の援助要請行動が乏しいケースなどでは地域住民や他の対人援助職がクライエントになることもある。「急がない担当」はクライエントに寄り添いながら, 間接的に本人の生物－心理－社会的なアセスメントを行っていく。CRAFTについては,「急がない担当」が親へ行うことが多い。

　「急ぐ担当」は, 安全確保のための介入権限を持つ人が担当する。最初からこの役割が必要となることは少ないかもしれないが, いざという時にどこが・どのようにこの役割を担ってくれるか, あらかじめイメージは持っておきたい。多くの場合,「急ぐ担当」は警察や精神保健福祉相談員に

担っていただく。本人が未成年の場合は，警察の少年サポートセンターや児童相談所と連携することも多い。ここで，「司法か医療か福祉か」とたらい回しになったり，連携や引き継ぎがうまくいかず支援体制に穴ができてしまったりすることが多いが，多くのケースでは「司法も医療も福祉も」穴が生じないよう調整する必要がある。安全確保が「急ぐ担当」の最大の使命であるが，同時に介入を機会に本人に出会い・寄り添うことができるチャンスも併せ持っている。危機介入が本人にとってよい機会になるよう，「急がない担当」との充分な連携が望まれる。

「リセット担当」は，「急ぐ担当」が介入した後，法的な基準や権限に則って，例えば逮捕が必要だったり入院が必要だったり一時保護が必要だったりする場合に，本人を一度生活環境から離し，リセットして本人の再出発を応援する役割を担う。対人援助職としては，本人が逮捕されたり入院されたり保護されたりすると，「なんとか命を守ることができた」と安心し，そこで気を緩めてしまいがちだが，リセット期間は，本人の社会スキル保持の観点からも人権の観点からも一般的には短く設定される。また，リセット期間だからこそできるアセスメントや介入が多くある。そのためこの期間に気を抜くことなく，「急がない担当」「急ぐ担当」「リセット担当」「本人担当」が協力し，短期・中期の支援計画を練り直していく。

「本人担当」は，本人ニーズに寄り添って本人への応援に集中する役割を担う。

これらの役割を重複して担うこともあれば（例えば，当人たちの合意を得て「急がない担当」と「本人担当」を同一人物が担う），一つの役割に複数人担当者がつくこともあるなど，運用方法はケースに即して考える。

なお，「おせっかい」は人権侵害のリスクと隣り合わせでもあるため，適宜弁護士にコンサルテーションを受けるなど，法的根拠や枠組みを確認しながら運用する。

VI　おわりに

高橋（2014）は自殺の医療過誤訴訟について触れるなかで，精神分析医Hendinの言葉を以下のように引用している。「自殺の危険の高い患者に対して責任を持つことに不安になるあまりに，多くの治療者がこの種の患者の治療を意識的に避けてしまっている。（中略）患者が適応の一手段として，自殺すると訴える理由を治療者が理解しなければ，治療は成功しないだろう。しかし，このような治療を進めるには，治療者はある種の危険を引き受けることを前提としている。（中略）結局のところ，入院であろうが，外来治療であろうが，自殺の危険の高い患者に対する心理療法は，『警察官』が交通整理をするような役割しか果たせない治療者には十分な成果を期待できない」。また自らも「精神科医療に従事する者が，その能力の限界に留意しながら，活用可能な資源を有効に利用し，自らの責任を自覚しつつ，治療にあたることこそが，自殺の危険の高い患者の治療にもっとも求められている点なのである」と述べている。

これは自殺に限らず全ての危機場面について言えることだろう。外から見ると危機場面であることが本人にとっては「適応の一手段」であると理解しようとすること，支援者は限界に留意しながら危険を引き受けること，しかし一人ではなくチームで行うことが重要と考える。そのためにはやはりミクロ実践とマクロ実践の連動が必要不可欠となろう。

▶文献

スティーブン・C・ヘイズほか［武藤崇，三田村仰，大月友 監訳］（2014）アクセプタンス＆コミットメント・セラピー（ACT）第2版—マインドフルネスな変化のためのプロセスと実践．星和書店．

KHJ全国ひきこもり家族会連合会（2018）厚生労働省平成29年度生活困窮者就労準備支援事業費等補助金社会福祉推進事業．ひきこもりの実態に関するアンケート調査報告（https://www.khj-h.com/wp/wp-content/uploads/2018/05/Sakai_binder_2017.pdf［2020年8月6

日閲覧]).

西元祥雄（2012）ひきこもり支援におけるケアマネジメント・プログラム導入の検討—ひきこもり地域支援センターの実態調査を踏まえて．社会福祉学 52-4；80-91.

斎藤環（1999）社会的ひきこもり—終わらない思春期．PHP 研究所.

斎藤環（2019）ひきこもりの「家庭内暴力」は止められる．文藝春秋 97-8；148-157.

境泉洋（2007）ひきこもり状態にある人の受療行動を促進するための支援．In：水野治久，谷口弘一，福岡欣治ほか 編：カウンセリングとソーシャルサポート—つなが

り支えあう心理学．ナカニシヤ出版，pp.89-100.

境泉洋，野中俊介（2013）CRAFT ひきこもりの家族支援ワークブック—若者がやる気になるために家族ができること．金剛出版.

高橋祥友（2014）自殺の危険 第3版—臨床的評価と危機介入．金剛出版.

東京新聞（2019）関連事件の割合わずか（2019年6月6日）.

山田孝明（2019）親の「死体」と生きる若者たち．青林堂.

山本和郎（1986）コミュニティ心理学．東京大学出版会.

山本和郎（2000）危機介入とコンサルテーション．ミネルヴァ書房.

[特集] ひきこもり──就職氷河期からコロナウイルス時代を見据えた全世代型支援

ファイナンシャル支援

村井英一　Eiichi Murai

ファイナンシャル・プランナー

I　ひきこもり家族のファイナンシャル支援

　現在私は，ファイナンシャル・プランナー7名でひきこもりの子どもを抱えた家族から相談を受け，家計状況の分析と将来のシミュレーションを行っている。一般の家庭に対する分析と基本的な考え方は同じだが，分析の対象期間がかなり長くなる。一般の家庭に対する分析では夫婦が80歳，90歳になるくらいまでだが，ひきこもりのご家族の分析だと，そのお子さんが80歳，90歳になるくらいまでとなり，分析期間は50年，60年に及ぶこともある。それだけに，手掛けているファイナンシャル・プランナーは多くはないが，Excelさえ使えればできる手法なので，支援者には考え方をぜひ知ってほしい。

　まず，現在の家計状況を聞き取ることから始める。記入シートなどを用意して書き込んでもらってもよいが，臨時の出費などは抜け落ちていることが多いので，その点は注意してもらう（支出の回答が実際の支出よりも少ないと，シミュレーションが実体よりも良い結果になってしまう）。

　1年間の収入－1年間の支出＝1年間の収支（マイナスのこともある）

　前年の貯蓄額＋1年間の収支＝その年の貯蓄額

　基本的には，上記の計算を繰り返していくことで，10年後，20年後の家庭の貯蓄額を推計していく。1年間の収支は，その時の状況によってプラスの年もあれば，マイナスの年もある。両親が現役の間や2人の年金がある間はプラスのことが多い。一方，両親が亡くなると（平均的な年齢で亡くなると仮定する），年間収支はマイナスになり，貯蓄額は毎年減少していく。

　貯蓄額がマイナスになると，家計の破綻を意味することになり，何らかの改善が必要だとわかる。できれば，ひきこもりの本人が80歳，90歳になるまで貯蓄が維持できるように計画しておきたい。もっとも，40年，50年先だと，誤差が大きくなる。少し前提を変えただけで遠い将来には大きな違いとなってくる。プラスマイナス500万円以内であれば，誤差の範囲内と考えられる。

　ひきこもり家族の分析でのポイントは，親の資産とひきこもり本人の資産を一体として計算することである。生活費が一緒になっていることがほとんどだからである。相続が発生し，他の子どもが相続する分は「支出」として，この貯蓄額から差し引く。

表　キャッシュフロー表

項目	上昇率	現在 2020	1年後 2021年	2年後 2022年	3年後 2023年	4年後 2024年	5年後 2025年	6年後 2026年	7年後 2027年	8年後 2028年	9年後 2029年	10年後 2030年	11年後 2031年	12年後 2032年	13年後 2033年	14年後 2034年	15年後 2035年	16年後 2036年	17年後 2037年	18年後 2038年	19年後 2039年	20年後 2040年
ご家族 お父様（年齢）		78	79	80	81	82	83	84	85	86	87	88										
お母様		75	76	77	78	79	80	81	82	83	84	85	86	87	88	89	90	91				
ご本人		45	46	47	48	49	50	51	52	53	54	55	56	57	58	59	60	61	62	63	64	65
お姉様（参考）		50	51	52	53	54	55	56	57	58	59	60	61	62	63	64	65	66	67	68	69	70
収入 お父様の年金	0.00%	250	250	250	250	250	250	250	250	250	250	250	129	129	129	129	129	129	0			
お母様の年金	0.00%	115	115	115	115	115	115	115	115	115	115	115	115	115	115	115	115	115				
ご本人の年金	0.00%																					78
その他の収入	0.00%												500						300			1,800
収入計		365	365	365	365	365	365	365	365	365	365	365	744	244	244	244	244	244	300	0	0	1,878
支出 ご両親の生活費	0.00%	245	245	245	245	245	245	245	245	245	245	245	172	172	172	172	172	172	120	120	120	120
住居費	0.00%	60	60	60	60	60	160	60	60	60	60	60	60	60	60	60	160	60	60	60	60	60
税・社保料	0.00%	94	94	94	94	94	94	94	94	94	94	94	45	45	45	45	27	27	17	17	17	17
特別な支出	0.00%	0											706						1,000			800
支出計		399	399	399	399	399	499	399	399	399	399	399	983	277	277	277	359	259	1,197	197	197	997
年間収支	0.00%	−34	−34	−34	−34	−34	−134	−34	−34	−34	−34	−34	−239	−33	−33	−33	−115	−15	−897	−197	−197	881
貯蓄残高	0.00%	3,466	3,432	3,398	3,364	3,330	3,196	3,162	3,128	3,094	3,060	3,026	2,788	2,755	2,723	2,690	2,576	2,561	1,664	1,467	1,270	2,151

貯蓄現在高　3,500

（注：お父様の年金は「遺族年金」、その他の収入は「保険金」、ご本人の年金は「老齢基礎年金」、ご両親の生活費・税社保料は「3割減」の矢印・吹き出しが付記されている）

	自宅	金融資産	相続財産	非課税額
	2,500	2,118	4,618	4,800
お母様	2,500		2,309	
お姉様		706	1,155	
ご本人		1412	1,155	
合計			2,309	

	自宅	金融資産	相続財産	非課税額
	2,000	1,149	3,149	4,200
お姉様		1,000	1,575	
ご本人	2,000	149	1,575	
合計			3,149	

項目	上昇率	21年後 2041年	22年後 2042年	23年後 2043年	24年後 2044年	25年後 2045年	26年後 2046年	27年後 2047年	28年後 2048年	29年後 2049年	30年後 2050年	31年後 2051年	32年後 2052年	33年後 2053年	34年後 2054年	35年後 2055年	36年後 2056年	37年後 2057年	38年後 2058年	39年後 2059年	40年後 2060年
ご家族 お父様（年齢）																					
お母様																					
ご本人		66	67	68	69	70	71	72	73	74	75	76	77	78	79	80	81	82	83	84	85
お姉様（参考）		71	72	73	74	75	76	77	78	79	80	81	82	83	84	85	86	87	88	89	90
収入 お父様の年金	0.00%																				
お母様の年金	0.00%																				
ご本人の年金	0.00%	78	78	78	78	78	78	78	78	78	78	78	78	78	78	78	78	78	78	78	78
その他の収入	0.00%																				
収入計		78	78	78	78	78	78	78	78	78	78	78	78	78	78	78	78	78	78	78	78
支出 ご両親の生活費	0.00%	120	120	120	120	120	120	120	120	120	120	120	120	120	120	120	120	120	120	120	120
住居費	0.00%	60	60	60	60	160	60	60	60	60	60	60	60	60	60	160	60	60	60	60	60
税・社保料	0.00%	17	17	17	17	17	17	17	17	17	17	17	17	17	17	17	17	17	17	17	17
特別な支出	0.00%																				
支出計		197	197	197	197	297	197	197	197	197	197	197	197	197	197	297	197	197	197	197	197
年間収支		−119	−119	−119	−119	−219	−119	−119	−119	−119	−119	−119	−119	−119	−119	−219	−119	−119	−119	−119	−119
貯蓄残高	0.00%	2,032	1,913	1,794	1,675	1,456	1,337	1,217	1,098	979	860	741	622	503	384	165	46	−73	−192	−311	−430

　シミュレーションの結果，どう工夫しても貯蓄額がマイナスに陥ってしまうこともある。その場合は最終的に生活保護などの公的援助を受けることを考えなければならない。しかし，ひきこもりはそもそも支出が少ないことが多く，生涯にわたって貯蓄を維持できるケースは少なくない。また，遺産分割によって調整することもできる。それも，シミュレーションによって確認ができる。

II　最近の傾向

　ここで，最近の相談の傾向とそれに対応する考え方をご紹介したい。
　ひきこもりの子の年齢が上昇しているのが大きな特徴である。最近は，ひきこもり本人が40代，50代で，親は70代，80代のケースが増えている。
　ひとつには，子どもが40代になり，あるいは親が70代になり，ようやく将来の本人の生活，

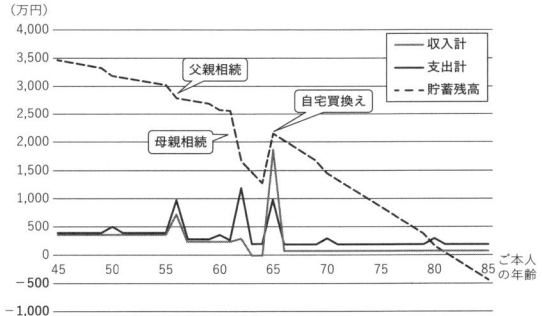

図　将来の家計の状況

親亡き後の生活が心配になってきたということがあるだろう。若いうちは，現実を避けてしまうということがあるし，ひきこもりからの立ち直りを期待することもある。親だからこそ，本人がひきこもりから立ち直り，就労できるようになることを期待して，不安な現実を受け入れたくないとい

う気持ちが強いのであろう。本人が40代，親が70代になってようやく「このままの状態が続いたら」ということを考えるようになる。特に経済的な不安は，今日明日の問題ではないだけに，後回しになる傾向がある。

　もうひとつは，ひきこもりが増えた世代が，そのまま持ち上がってきてこの年代になったことがあるだろう。それはとりもなおさず，問題の解決が難しいことを意味している。就職氷河期に社会にうまく適応できなかったことが，後々まで影響していると考えられ，これからも簡単に改善するとは考えにくい。安易な回復を期待して待つのではなく，現状が続くものとして将来の状況を考えなければならない。

　ひきこもりの子の親の年齢が高齢になっていることが原因で，相談者がひきこもりの親から兄弟姉妹へと移ってきているのも，最近の大きな特徴である。親が高齢になったために相談先を探すことができず，ひきこもり本人の兄弟姉妹がネットで見つけてきたという場合もあるが，それだけではない。親が積極的に動かないので，他の子がひきこもり本人の将来を不安に思い，相談を依頼してくるケースは少なくない。

　将来，親が亡くなれば，さまざまな面で支援を求められるのは，身内である兄弟姉妹である。それはやがて兄弟姉妹の子に及ぶかもしれない。それだけは避けたい，少なくとも経済的な負担を自分の子に負わせたくないと，本人の将来の経済状況を心配して相談に来るケースが増えている。

　先に述べたように，私の家計分析では親とひきこもりの子の家計を一体として分析をしている。それだけに，シミュレーションの作成においては，家族における収入と支出，親の資産の情報が必要である。兄弟姉妹からの相談依頼の場合は，両親を巻き込んで，家計と資産の状況を把握してもらうようにお願いしている。

III　最近の傾向への対策

　ひきこもり本人の年齢が高いと，就職などの社会復帰は難しくなるが，実は資金計画は若い場合よりも立てやすいことが多い。若い人に比べて，平均寿命までの残りの期間が短くなるからだ。85歳を寿命とみなすと，45歳の人であればあと40年だが，25歳であればあと60年もある。本人が生涯にわたって働けないことを前提とすると，やはり残りの期間は短いほうが，家計が破綻しないで済む資金計画を立てやすい。

　また，残りの期間が長いと，少しの違いでもブレが拡大し，前提条件の違いによるシミュレーション結果の変化が大きくなってしまう。それだけに，本人の年齢が高いほうが資金計画を立てやすい。

　本人の年齢が高いほど，親や兄弟姉妹は就労への焦りを本人にぶつけてしまいがちだが，あまりこだわらないように話をしている。年齢が40代，50代になると，それから状態が改善して何らかの仕事に就けるようになったとしても，就労期間は長くない。生涯獲得賃金はそれほどの金額にならず，トータルでの資金状況にはあまり影響しないからである。例えば，55歳で月額5万円の勤労収入が得られるようになり，その後65歳まで働いた場合，生涯獲得賃金は600万円となる。けっして小さな金額ではないが，誤差も小さくないなかでは，将来の家計状況を大きく変えるまでには至らないことが多い。節約を意識した毎日を送るだけで，これに近い改善ができてしまう。

　ひきこもり本人が若い場合は，賃金額が少なくても，長く働ければ大きな影響を及ぼすことができる。例えば25歳で月額5万円の勤労収入が得られるようになれば，65歳までの40年間で2,400万円の収入となる。月額5万円であっても就労期間が長いだけに，生涯獲得賃金はかなり大きい。

　若いうちは少額でも収入を得られれば，将来大きく影響するので，正規雇用にこだわらずに，少しでも収入が得られるようになることを目指したい。一方，年齢が高い場合は，もちろん就労できたほうがよいことには変わりないが，生涯への影響を考えると，あまり就労にこだわる必要はない

だろう。徐々にでも社会復帰ができて，その延長線上に就労が視野に入れば良いぐらいの心構えのほうが，本人も家族も焦らずに済むのではないか。

親が亡くなった後のひきこもりの生活をどのように支えていくかは，これからの大きな社会問題と言えるかもしれない。社会的な支援はもちろん重要だが，親族つまり兄弟姉妹の支援も大切である。それだけに，親が亡くなって相続が発生した際には，ひきこもり以外の子への遺産分割を慎重に考える必要があるだろう。

親からすれば，どうしてもひきこもりの子の将来が心配である。ひきこもりではない子がしっかりと就労して家庭を築いていると，安心感からか，余計にひきこもりの子だけに目が向きがちである。しかし，親亡き後は何かにつけ，兄弟姉妹が頼りになるだろう。納得感のない偏った相続がなされると，たとえ親族ではあっても親身になった支援をしようという気にはならないかもしれない。そのためにも，相続についてはできるだけ，ひきこもりではない子に配慮したい。

また，兄弟姉妹からの相談でも，親からの遺産相続をはじめからあきらめて考える人も少なくない。結果的にひきこもりの子が多く相続することはあるかもしれないが，それでもできるだけ均等に近い状況で遺産分割することを考えてほしい。遺産分割でわだかまりを持ったままでいると，親亡き後の支援が気持ちよくできないと思うからだ。

ひきこもり本人の生涯にわたるシミュレーションを行えば，遺産分割をどれくらいの割合で行うことが適切かを推計できる。本人が生涯，家計破綻することなく生活していければ，それ以上を相続する必要はない。それよりもできるだけ子どもたちで均等に相続し，その後に資金面では解決できない援助を受けるほうが，本人のためにもなるのではないかと考える。

Ⅳ　具体的な手法

1　遺言書

相続では，遺産の分割は相続人の合意で自由に決めることが可能である。分け方を，相続する子どもたちに任せてしまうのが心配なら，財産を遺す親がその指定をする方法として，遺言書の作成がある。遺言書（法律用語としては「いごんしょ」と読む）は，遺産をどのように相続するかを生前に指定しておくために作成する。

自分で書いて自分で保管しておく「自筆証書遺言」，公証役場で作成して保管しておく「公正証書遺言」，自分で書いて内容を明かさずに公証役場に預ける「秘密証書遺言」など，作成方法によっていくつかの種類がある。遺言の内容の実効性や保管の安全性を考えると公正証書遺言が最も確実である。費用はかかるが，事前に行政書士や司法書士などに相談し，公正証書遺言の作成に必要な証人になってもらうとよいだろう。

今年7月から「自筆証書遺言」を法務局で預かる制度がスタートした。自宅で保管するのと違い，紛失の心配がないのがメリットである。

2　生命保険

生命保険も，受取人を指定することができ，円滑な遺産分割に有効である。保険加入時には，死亡保険金の受取人と受取割合を指定するようになっている。保険金は相続財産ではないため，遺族による遺産分割協議を経る必要がなく，保険会社から受取人に直接支払われる。相続税の非課税枠もあるため，相続税対策にもなる。

3　成年後見制度

ひきこもりの子に十分な財産を遺すことができても，しっかり管理して計画的に使えなければ，やがて生活を維持できなくなる。なかには金遣いが荒く，まとまった財産を渡すのが心配だという親も少なくない。

判断能力に欠ける本人に代わって，第三者が財

産を管理するのが成年後見制度である。本人の判断能力によって，成年後見，保佐，補助の3段階があり，家庭裁判所によって指定される。成年後見人等がまとまった財産を管理し，日常に必要な生活費だけを本人に渡していけば，計画的な財産管理ができる。

ただ，本人に判断能力が欠けているのが利用の条件であるため，部屋にひきこもっているだけでは利用ができない。また，成年後見人への報酬が必要で（報酬額は財産額に応じて裁判所が決める），長期間になると費用がかさむことがデメリットである。

4　信託

一定の財産を信託銀行などに預けておき，定期的に指定した人（受益者）に渡していくのが「信託」である。受益者であっても自由に財産を引き出すことができないため，これも計画的な財産管理につながる。判断能力に欠けるなどの条件はなく，成年後見制度が利用できない場合にも活用できる。主に信託銀行などが金融商品として扱っている「商事信託」のなかから，利用に適したものを選ぶのもよい。受益者が障害者の場合，「特定贈与信託」を利用すると，6,000万円までは贈与税が非課税となる。

一方，親族などが信託銀行の代わりに財産を管理するものを「民事信託」という（「家族信託」と言われることもある）。司法書士などに依頼して，家族に適したスキームにすることができる。

5　障害年金の受給

医師の診断を受けて一定の障害と診断された場合は，障害年金の受給を検討したい。国民すべてを対象としている障害基礎年金は2級が年額781,700円，1級が977,125円となっている。障害状態が続く間，毎年この金額が受給できるわけで，

生活設計に大きく寄与する。受給には，障害と診断されるだけでなく，初診日（初めて診察を受けた日）時点で国民年金の保険料を一定以上納付していることなど，いくつかの条件がある。

初診日に厚生年金に加入していた（勤労者であった）場合は，障害厚生年金の対象にもなる。金額は条件によってまちまちだが，3級まであるため，限定的な就労をしながら受給している人もいる。

6　自宅の扱い

ひきこもりの子が，親亡き後，生涯にわたって生計を維持していくための最大のポイントになるのが，親の自宅の扱いである。他の兄弟姉妹は自宅を出て自立した生活を送るのに対し，ひきこもりの子だけが親と同居しているケースが多い。親亡き後もそのまま，庭付きの戸建てに一人で住みつづけるということになりがちだ。すると，相続で金融資産を他の兄弟姉妹が相続し，ひきこもりの子は広い家に一人で暮らしながら，生活費が不足するという事態に陥る。1人暮らしに十分な間取りの中古マンションなどに住み替えて，自宅の売却代金を生活費に充当できればよいが，自宅の売買や引っ越しができないと，食費にさえ窮することになってしまう。

親亡き後，自宅の売買などで兄弟姉妹が援助する関係性を築いておくことが大切である。あるいは，親が元気なうちに一人暮らしを始めるのもよいだろう。いずれにしろ，親亡き後は一人暮らしをしていかなければならず，そのときに自宅という財産を有効活用できるように，親だけでなく兄弟姉妹を含めて，あらかじめ方策を検討しておきたい。

ひきこもりの子が生涯にわたって生計を維持することが，本人はもとより，兄弟姉妹にとっても負担を減らすことになるだろう。

🐢［特集］ひきこもり──就職氷河期からコロナウイルス時代を見据えた全世代型支援

ひきこもり本人がいるきょうだいへのアプローチ

「KHJ ひきこもり兄弟姉妹の会」の実践活動から

深谷守貞 Morisada Fukaya

特定非営利活動法人 KHJ 全国ひきこもり家族会連合会 本部・ソーシャルワーカー（社会福祉士）

Ⅰ　悩める「きょうだい」

　きょうだいにひきこもり本人がいる方（以下「きょうだい」）は，親とは違う立場ゆえにさまざまな葛藤を抱えることが多い。きょうだいにはきょうだい自身の生活があり，自身の家庭や仕事をしながら，ひきこもり本人（以下「本人」）とどう関わっていくか，そういう悩みや苦しみを根底に抱えている。そしてその悩みを誰にも話せないという課題も抱えがちである。

　KHJ 本部では 2014 年から「ひきこもり兄弟姉妹の会」（以下「会」）を毎月開催し，具体的な困りごとの相談に応じる「グループ相談会」と，同じきょうだいの立場で自由に悩みを分かち合うフリートークの場「居場所」活動を実践している。相談会をグループ形式にしているのは，きょうだいは共通の困りごとを抱えているケースが多く，ほかに同じ立場・境遇のきょうだいがいるという安心感を得られやすいからである。居場所でも同じ立場・境遇という安心感のなかで，悩みや苦しみを分かち合い，他のきょうだいの話のなかに気づきを得る効果が見られる。

　会では「きょうだいは自分の生活を第一に考えて，精神的にも経済的にも余力のところで本人と関わってほしい」と参加者に必ず提案をしている。

　会に初めて参加するきょうだいのなかには「ここに来るまで誰にも話せなかった……」と涙ぐんで訴える方が少なくない。見過ごされがちなきょうだいという立場だからこそ，きょうだい特有の心情や境遇に理解を深めるアセスメントが不可欠なのである。

　会に集うきょうだいのほとんどが，親亡き後に自分の生活を維持しながら，どのように本人と関わっていくかについて悩み，葛藤を抱えている。親が本人を抱え込んでしまい，本人の状況を何も知らされないきょうだいもいるのだ。8050 という状況において，親の要介護状態や逝去が現実味を帯びてくるなかで，今後の本人との関わりに悩みが生じてしまう。事実，会の参加者の 7 割強が 40 代・50 代の方であるのも 8050 の反映と考えられる。

　そしてほぼ全てのきょうだいが「先取り不安」や困り事を訴えて会に参加される。親が本人を抱え込んでしまって動かない，親が高齢で動けない，親亡き後は自分が面倒を見なければいけない，親が要介護状態になってしまったら……このような先行きの不安，具体的な困り事が生じて，それが

会への問い合わせや参加動機であることが多いのである。

相談会では，先取り不安への対応として，全ての参加者に「きょうだいの扶養義務」について説明をしている。扶養義務には「保持義務」と「扶助義務」という２つの解釈があって，きょうだいは「扶助義務」に該当する，つまり，あくまでも自分の生計に余裕があった場合に「扶養義務」が生じるという解釈になる。親代わりに扶養する義務はないし，「あくまでも自分の生活を第一に考えて，精神的にも経済的にも余力・余裕のところで関わってほしい」という提案の根拠ともなる。

「扶養義務」の範囲と解釈を説明することで安心されるきょうだいは多い。親ではない立場であり，事実，きょうだいは親代わりにはなれない。「余力・余裕のところでの関わり方を一緒に考えていきましょう」と，きょうだいの悩む気持ちの吐き出しを通じて考え方の整理を促し，さまざまな社会福祉制度の活用を提案しながら相談に応じるようにしている。

自分の悩み・苦しみ，本人や親に対する正直な思いを吐き出せるようなアプローチと，さまざまな社会福祉制度を活用する提案で，きょうだいの先取り不安を軽減し，きょうだいの生活や自己実現を第一に考えていくことに罪悪感を抱かせない対応を会では心掛けている。

II　本人との距離感

しかし，その余力のところ，つまり，本人や親との距離感に苦しみが生じることも事実である。道義的なところで「きょうだいはどこまで関わればいいのか」という課題を抱えてもいるからだ。親戚や第三者から遠慮のない声を受けたり，それ以前に「血を分けたきょうだいだから……」という道義的責任感からの思いを訴えるのである。会ではそういう思いを受け止め尊重し，きょうだいの気持ちに寄り添いながら，本人や周囲との距離感についても共に考えていくのである。

本人との距離感については，会で毎回のように話題にのぼるが，親とは違った立ち位置というのは，距離感のつかみ方がきわめて難しかったりする。

歩み寄ろうと思っても，本人から勝手に「敵認定」されてしまうことがある。例えば「妹のくせにもう結婚して，仕事もして，自分は何をやってるんだ！　妹と比較されたくない！」とか，「自分は長男なのに，本当は自分がしっかりしないといけないのに……」という本人の自己肯定感の低下から生じる心情が，きょうだいに対する劣等感を誘い，「敵認定」へと形を変えることがあるのだ。幼い頃のきょうだい関係をいつまでも引きずってしまったり，ジェンダーによるパターナリズムが絡むこともある。きょうだいは自分の人生を生きているだけなのに，存在そのものが本人の劣等感を刺激することになってしまって「関係性を取ることが難しい」と悩むきょうだいは少なくない。なかには，本人からの暴力行為に悩むきょうだいもいる。本人の存在が原因で恋人と別れたり，人生設計が本人のせいで狂わされたなど，負の気持ちを持って会に来られる方が何人もいる。

また，周囲との関係性でも，本人のことでパートナーと不和が生じてしまうというきょうだいの声もある。義理の父母から責められたり，自分の両親の育て方を貶められたりして，実家とパートナーの家との狭間で苦しんでしまう。ほかにも「きょうだいなんだからあなたが面倒をみないと！」と遠慮のない親戚に責められたり，行政の窓口でもそう言われたという訴えもあった。

先取り不安が高じて，大きな犯罪を起こすのではないかという懸念を抱くきょうだいもいる。社会的な事件が生じると，いつ犯罪を犯すか，自分たちが加害者家族になるのではないかという強い不安に至る声もある。本人に生きていてほしくないという思いを打ち消せず，自分を責めてしまうきょうだいの方もいるのである。

こういう苦しい状況のなかで，本人に負の感情を抱いてしまうことによる自責感に囚われるのも，きょうだいならではの悩みである。いわゆる

「世間体」という不確かなもののなかで，本人への葛藤や道義的責任に苦しむきょうだいはとても多いのだ。

III　親亡き後の不安

　加えて相続や資産の管理のことも，きょうだいの方にとっては大きな問題となりうる。本人に遺産を全て相続させるとか，財産をきょうだいに渡すから本人のことを死ぬまで面倒みてくれとか，そういう難題を親や親戚から押しつけられることもある。親亡き後に住居を売却したいが，本人がそこで生活していて，固定資産税をずっと支払わなければいけない，本人と近隣がトラブルになって引越しを迫られているといったケースもあった。本人の生活費を親の遺産から捻出するために信託銀行を活用している方もいたりと，金銭が絡む問題はとてもデリケートである。

　相続については法定相続が基本であり，平等に決められた相続分を分配するのが望ましい。財産分与と引き換えに，きょうだいの関わり方を縛るというのは無理が生じてしまう。きょうだいにはきょうだいの人生があるし，親代わりに本人を生涯背負っていくことは，相当に難しいのが現実だからだ。

　経済的な問題で親や本人と拗(こじ)れそうなときは，弁護士やファイナンシャルプランナーという専門の第三者を活用するように働きかけている。第三者や代理人を通じて，冷静にきょうだい自身の意思を伝えていくことで，本人との関わりを考えていくきっかけになる場合もあるからだ。

　一方，本人からの声として，親の世話になるのは仕方がないが，きょうだいを巻き込むことには抵抗感があるという意見も多い。本人も将来の不安はあるが，恐れの渦中では自らの意思を伝えることすら困難だったりする。きょうだいがそういう本人の不安や思いへの理解に努めることで，本人との距離感を見直すことがある。

　そのためにも，きょうだい自身が精神的にも経済的にも余裕を持って本人と関わっていけるよう

に，きょうだいの不安や葛藤に寄り添いながら，さまざまな情報収集や情報提供を行い，共に先行きのことを考えていくことが大切なのだ。

　本人のなかには，人は怖いけれど情報は欲しいという声も多く，きょうだいの方が情報を収集し必要に応じて情報提供することで，本人との関係性が改善されるケースもある。親とは違った距離感だからこそ，さまざまなきっかけを促す立場にもなりうるのが，きょうだいという存在でもあるのだ。

　本人に負の感情や恨みを抱えたままの関わり方では，どうしても無理が生じることになりがちで，きょうだいと本人の双方が傷つけ合うことにもなりかねない。本人に囚われて双方で傷つけあってしまうときは，一時的に本人との関係性をお休みするように提案をすることもある。

　きょうだいが悩みを抱え込むことなく，さまざまな社会福祉制度を活用していくことで，自分の生活を第一に大切にして，精神的な余裕や落ち着きを得ていってほしいと会では提案をしている。

IV　きょうだいの心情の変化

　会への参加を重ねるにつれて，次第に本人のことから，親への思いや自身の悩みの吐露に変化していくきょうだいも多い。

　「自分だって苦しかった」「親に対しての複雑な思いは同じだった」，なかには「私は反発して家を出たが，姉はひきこもることで親に反発しているのかもしれない……」という気づきに至る方もいた。厄介な存在として捉えていたひきこもりの本人が，実は一番分かりあえる存在だったと気づいていくこともあるのだ。

　特に居場所では，同じ立場のきょうだいたちがそれぞれの思いや悩みを皆で共有しながら考えていこうという雰囲気をつくっている。「自分の場合はこうだった」「私はこう思う」といった自分の経験を持ち寄りながら，共感を伴ってお互いがさまざまな気づきを得ていく過程が多々見られる。親の前では話せないことも，同じきょうだい

の立場だから話せるし，気づくことがある。親代わりに何もかもしなきゃいけない……と思い込んでいた方が，ほかのきょうだいの話を聞いて，その囚われを手放していくこともある。同じ立場という安心の場が，正直な悩みや葛藤の吐露になる。そういう交わりを通じて，本人に対して向けられた負の感情が，実は自分の嫌な側面を投影していただけだった……と気づかれたきょうだいも何人も見られた。

　遠方に住む本人を強く責めていたきょうだいで，帰省後に親に暴力を振るうと悩まれて，会に参加されたきょうだいがいた。この方は，ほかのきょうだいとの交わりのなかで「本人は働いていないだけで，高齢の両親を一番近くでみてくれる存在」と，次第に本人を肯定的に見ていくよう認識を変えていった。手紙でこれまで責めていたことを本人に謝罪し，親の見守りの感謝を伝えたところ，きょうだい仲が劇的に改善したのである。

　このケースのように会での交わりを通じて，本人を肯定的にリフレーミングしていく過程も見られる。

　本人にとっては口うるさい存在であったきょうだいが，理解してくれる存在へと変化し，本人が安心できる関係性になる。きょうだいの存在が安心できる存在になることで緊張関係が緩和され，また本人が尊重されることで，自尊感情や自己肯定感の回復に導くことにもなりうるのだ。

　会に集うきょうだいは，家族のキーパーソンである場合が多いようだ。親が動かないから，親が高齢で動けないから，きょうだいが何とかせざるをえないので，きょうだいが中心になって本人のことを考えていくという立場に置かれるということである。キーパーソンであるがゆえにさまざまな問題を背負いこみがちなのだが，それがきょうだいの心的負担や葛藤になって，自ら苦しんでしまうことがとても多い。

　無理なく適切な距離感で本人と関わり続けていくためにも，本人に対する思い，親に対する葛藤，先取り不安，現実に直面している困り事……きょうだいの正直な気持ちや葛藤・境遇に寄り添うアプローチが何よりも大切なことなのである。

[特集] ひきこもり──就職氷河期からコロナウイルス時代を見据えた全世代型支援

コロナ危機とひきこもり

中垣内正和 Masakazu Nakagaito
医療法人社団 未来舎 ながおか心のクリニック 心療内科／ KHJ 全国ひきこもり家族会連合会共同代表

I　はじめに

　2020 年初頭に勃発した新型コロナ肺炎は，パンデミックとして世界を瞬く間に覆った。国際経済が大規模に分断され，仕事・教育・家族の在り方から個人の在り方まで不安定化し，以前のグローバル化，AI・IT 化の時代が牧歌的に映るほどの史上稀にみる激変となった。本稿では現在進行中の「感染症による激変」によって引き起こされた社会から個人にまで及ぶ全般的な危機的状況を「コロナ危機」（コロナ禍）と呼び，ひきこもりとの関連について考察を加えてみたい。

　SARS，MERS，HIV などの感染症は，地域的限局性か早期終焉かであり，パンデミック化しなかったために，当初は「コロナ危機」をコロナ騒ぎなどと軽くみる向きもあったが，COVID-19 ウィルスによる感染症は，2020 年 8 月の時点で全世界に拡大し，2,300 万人超の感染者数，80 万人超の死者数が報告された。WHO は「100 万人の死亡，今後 50 年に及ぶ影響」を予測している。日本では第 2 波による感染増（日本感染症学会，2020）が進行し，先行きの見えない状況に社会不安は深まっている。予防ワクチンの開発が進められているが，ワクチン開発による早期終焉は楽観

論であるとして疑義が呈され（本庶，2020），また「このマラソンレースは 2，3 年続く」（平野，2020）ともいわれる。20 世紀初頭の「スペイン風邪」（流行性感冒）（内閣府衛生局，2008）と呼ばれたパンデミックは，日本に手指洗浄やマスク使用の清潔習慣を残したが，多大な犠牲の上に自然消滅するまでに 3 年を要した。ソーシャルディスタンスを早期に徹底した方が早い経済的再生をみたともいわれる。COVID-19 による経済活動の急激な減速は，国民総生産を半減させると予測されている。社会活動は全般的に低下し，IT への切り替えが進み，多くの分野で格差が拡大している。

　「新しい生活様式」は感染予防のみならず，社会と個人の考え方の全面的な見直しを迫っている。「生きる意味や職業の価値，家族とのつながりを評価する機会とするならば，災禍にも意義はある」（大野，2020）と学者たちは述べている。類似する歴史上の経験は，敗戦による「軍国主義から民主主義」への転換であろうが，コロナ禍では伝統的思考も含めたすべての価値観が問い直される。教育における混乱は大きく，小中高校生の一斉休校と緊急事態宣言は，家族生活のスタイルを根底的に変え，教育と家庭の関係を揺さぶった。

大学はオンライン授業を取り入れたが，入学式などのイベント，図書館などの利用，学生同士や教員との交流，アルバイト，就職活動など学生活の中心的な部分が不可能となった上に，オンライン授業に伴う課題提出が重圧となって学生と家族の不安は強まり，学費返還・減額の署名運動まで生じた。AI・IT やデータサイエンスへの注目度が急上昇し，学部間のバランスが崩れ，就職氷河期の再燃が懸念されている。仕事においてもテレワーク，在宅勤務，単身赴任解除が進み，会社人間の家庭への回帰が始まった。家族の許への回帰は好ましいことであるが，「いじめ，虐待，うつ病，自殺，依存症，不登校，ひきこもり」など，仕事と家庭と教育の間の矛盾の激化に直面化せざるを得なくなった現代家族のコロナ後の姿はみえてこない。

　感染者数と死者数の国際的な差異についてはさまざまな論議がある。健康より経済活動を優先する政策が感染増大を招くとする説，別のコロナウィルス感染がかつてあり，交差免疫が成立したとする説，COVID-19 武漢株から欧州株への変異による毒性の変化説，BCG による自然免疫力（獲得免疫）説，HLA（ヒト白血球抗原）の遺伝子差説などのなかで，歴史人口学の Todd E（2020）は，「コロナ禍は，個人主義，リベラル文化の伝統を持つ国で重度であり，軽度の国は権威主義か規律重視の伝統を持つ国で，後者が疾病の制御に成功している」と述べて，東アジア諸国の少なさを説明しようとした。東アジアは儒教文化圏であり，ひきこもりの多い文化圏と一致する。Todd の歴史的文化特性の分析は，日本におけるいじめ，ひきこもり，自殺など「自ら委縮する（させる）」社会病理を説明するとともに，自粛する能力の強さの説明ともなる。日本社会では，戦後も「集団主義」という形で，規律重視の心性は存続した。集団主義は自らの安全感を脅かす少数者（被災者，障害者などの社会的弱者）を萎縮させ，排除しようとする「いじめ」心性も併せ持つ。日常は「民主主義」「リベラル主義」で覆われてはいるが，残遺する「いじめ」の伝統的心性は，緊急事態や弱者との遭遇，リテラシーのない SNS，未熟な低年齢層などにおいて表面化しやすい。コロナ禍において，コロナ感染者に対する有形無形の「いじめ」が目立ってきた。偏見による風評や SNS による誹謗中傷にさらされて行き場を見失った場合には，自己委縮と疎外感から自殺につながることもある。

II　ビフォアコロナの社会状況

　KHJ 全国ひきこもり家族会連合会（以下，KHJ 家族会と略称する）は，ひきこもり対応を求めて 1998 年に全国「親の会」として発足し，2013 年以降は全国唯一のひきこもり家族会として，中央省庁や地方自治体などの行政とも協働するようになった。特に 2019 年の川崎市カリタス小学校殺傷事件や東京都練馬区の元農水事務次官による息子殺害事件などひきこもりをめぐる事件が続発したときには，厚生労働省が KHJ 家族会などへの参加を全国に通達するにいたった。KHJ 家族会は，20 年余の自助活動を通じて，2019 年は「時代と社会の大転換のとき」という共通認識を有していた。

　筆者は，2005 年以来ひきこもり回復のために「若者の 10 ステップ」「親世代の 10 ステップ」（中垣内，2008）を提示してきたが，前者のステップ 6 において，「不安定化する若者状況を把握し，親の価値観を基準にしない」ことを提案している。

　コロナ禍直前の段階での若者を中心とした社会状況を以下のように分析した。

　2018 年，同一年齢人口の減少にかかわらず，小中学校不登校は前年より 2 万人増加して約 14 万人に達した。また，いじめの認定数が文部科学省報告で約 54 万人，児童虐待数が児童相談所報告で約 16 万人に達した。内閣府の「生活の状況に関する調査」（内閣府，2018）によって，15 〜 64 歳のひきこもり数は 120 万人に近いという報告がなされ，いわゆる「8050 問題」が表面化したが，問題の悪化は 10 年以上続くことも予測さ

れた。若者の自殺は，15〜35歳までのすべての5歳幅で死因のトップにあったが，2017年，ついに10歳以上15歳未満の区分まで死因のトップとなった。若者をめぐる社会病理の指標が全面的に悪化し，既存の社会システムが問題解決能力を持たないことが示された。

2000年代，大学の入学定数は増加し，親たちは学歴神話から進学圧力をわが子にかけ続けたが，会社は非正規社員という安い労働力によって内部留保に勤しむ体質に変化していた。「失われた20年」のこの時期に非正規社員は40％に達し，若者は悲観的な人生観を持ち，大学中退や卒後就労からの脱落による挫折感が拡がり，「就職氷河期世代」と呼ばれた。彼らの挫折感と親の期待の相克は家庭内葛藤やひきこもりの主因となった。経済界は経済不調の原因を大学教育の遅れに求めたが，「大学の一体改革」は頓挫してしまった。オンライン授業によって大学の生の姿が露呈され，ビフォアコロナの危機が一気に大学の淘汰再編へ向かおうとしている。

精神医療は，長らく精神科病院への入院治療が中心であり，約28万人の入院者に対して巨額の医療費が投じられている。しかし，現状の国民の精神保健の視点からすれば，最も対応が求められているのは，うつ病，自殺，アルコール依存症，発達障害などの疾患や不登校・ひきこもり，いじめ，虐待などの社会病理ではなかろうか。統合失調症は軽症化して，薬物療法とアドヒアランスの改善によって外来クリニックでの対応が可能になっている。また国内のうつ病はおよそ600万人と推定され，約150万人が外来通院中である。うつ病は会社での過重労働や対人関係，空の巣症候群などから発症し，自殺やアルコール依存症，不登校，ひきこもりなどにもつながる。

ひきこもりは，うつ不安群，発達障害群，統合失調症群に分類される。統合失調症の家族会は別に存在するが，社会の偏見を避けるためにKHJ家族会に属する家族も多い。発達障害者支援法（2005）の登場は疾患単位による治療構造を大き

く変える一因となった。うつ不安群はひきこもりの中核的位置にあるが，軽うつは見落とされやすく，長期化群にはうつ病・うつ状態の放置ケースが多い。コロナ禍の到来と期を一にして制定された改正社会福祉法では「制度の谷間に放置することなく包括的支援を行う」こととされ，問題把握の全面的な転換が認められる。

III　コロナに直面する

ひきこもりから動くために2つの「山越し」が必要となる。1つ目の山は，家から居場所にたどり着くまでであり，2つ目は居場所から社会参加へ移行するまでである。1つ目の山では，個室や家から動くために訪問支援や家族の家族会参加が必要となるが，訪問は時間を要する作業であり，本人と会えるのに10年余を要したケースもある。家族会への長期にわたる参加も必要であり，感染予防のソーシャルディスタンスや3密（密閉，密集，密接）の回避はそれらの活動を阻害する。重篤な場合や精神疾患が疑われる場合には，家族や親族，保健師などの医療福祉関係者が，クリニックや病院につなぐカンファレンスを行う必要があるが，コロナ禍ではやはり大きな制限を受ける。2つ目の山となる居場所活動では，他者との親密さを形成し，ひと付き合いに慣れて，社会参加の意欲が育まれるが，感染予防はやはり阻害因子となる。交流促進のために有効とされてきたカラオケや飲み会も断念せざるを得なくなった。このように，すべての社会活動と同様，ひきこもり支援活動もコロナ禍による制限を受けるが，最も避ける必要があるのはクラスター化である。風評被害によって，居場所・家族会・外来などを再開・維持できなくなる可能性があるからである。幸いなことに「ひきこもりからのコロナ感染」は現段階では報告されていない。

コロナ禍に直面して，クリニックでは2020年2月から5月まで，ひきこもりの居場所・家族会，断酒ミーティングなどの自助グループ活動を，診療報酬の対象であるショートケアとともに一旦中

断した。代わりに，ひきこもり外来において，頻回の換気と２メートルの距離を保ちつつ，個人精神療法もしくは個人医療相談を行った。これらは奏功して個別家族と個人の支援のポイントの明確化が進み，コロナ禍での利用者の回復のスピードが速くなった。コロナ禍のひきこもり支援では，医療の参加や個別的な対応の促進によって有効性が高まることがあるといえよう。

グループ活動中断の４カ月間，クリニック利用数は前年度を下回り，特に４月は25%減となった。この時期は，ほとんどの一般病院やクリニックが利用者数大幅減の打撃を受けているさなかである。緊急事態宣言解除後に自助グループを再開したところ，利用数は回復して前年を上回るようになった。

グループ活動の中断を利用して，ひきこもり外来に以下の工夫を施した。居場所では肩を並べて語り合い，親密化を図っていたが，ソーシャルディスタンスが取れないことは明らかであったので，丸テーブルを並べて行っていた居場所を外来待合室から移動した。反面，居場所移動によって外来待合室は広くなり，受診待ちの方に感染予防に十分な広さを提供できるようになった。待合室には空気清浄機を複数台配置し，窓の頻回開放による換気を行った。診察室では利用者との距離を２メートルに保ち，さらに透明の仕切り版を設置したところ，医師の「安全感」は高まった。空気清浄機や仕切り版は，カウンセリングルーム，相談室やミーティングルームにも設置した。

緊急事態宣言解除後には，中断していた活動を再編成して再開した。再開後の居場所は，７名の居場所，別の７名のレクチャー，５名のパソコン教室に分離した。居場所では以前からの参加者が新規参加者に話しかけるようになり，自助グループ機能の向上をみた。レクチャーでは，社会福祉士が「コロナ対応」「新しい生き方」「新しい働き方」の講義を行った。パソコン教室は自閉スペクトラム症の当事者が講師となり，KHJ家族会が給付したパソコンなどを利用した。家族会も参加

者数を絞らざるを得なかったが，参加制限を受けた家族には個別相談を行った。以上から，コロナ禍による中断によってひきこもり対応の見直しが進み，参加者の回復が進むこともあるといえよう。

IV　ひきこもり with コロナ

改正社会福祉法には，初めて「制度の谷間なき包括的支援」が織り込まれた。ひきこもりは長い間社会制度の谷間にあり，社会的な放置が限界に達していたのは明らかである。コロナ禍の社会変化は10年分が凝集し加速化するといわれる。ひきこもりの行政対応にも同様の変化を期待したいところである。保健師や社会福祉士，精神保健福祉士，ピアサポーターなどの支援相談員が中心になると思われるが，ひきこもり対応の力をつけるには数年を有するので，転勤を繰り返す公務員制度の改革も求められる。前述のように，重篤なケースや精神疾患のケースには，精神医療の利用が有効である。筆者は，2005年からの10年間，新潟市の民間病院のひきこもり外来において当事者220名の受診とその37%の入院を得て，日本精神神経学会で２回，日本嗜癖行動学会で２回の演題発表を行った（中垣内，2014）。ひきこもり問題に取り組んできたKHJ家族会や当事者は長年にわたる苦しみから，新しい「地域共生社会」の創生を共通認識としている。これは，コロナ後の「新しい生活様式」「新しい日常」と矛盾しない動きである。

2020年８月現在，「コロナ関連いじめ」という新しい偏見と社会病理が急速進行中である。（回復した）感染者やその家族への差別やいじめが，行き場を失った感染者の自殺を招いている。伝統的心性に基づく「いじめ」が生の形で進行中なのである。ひきこもりKHJ家族会が大会宣言し，改正社会福祉法に謳われた，「多様性」「地域共生社会」「包括的支援」が新しい社会形成の基本理念として浸透し，ひきこもり支援が進み，コロナ関連いじめが拡がらないことが望まれる。

▶ 文献

平野俊夫（2020）医療体制を整備し，COVID-19 を克服せよ．中央公論 1640；70-83.

本庶佑（2020）東京五輪までにワクチンはできない．文藝春秋 98-8；95-103.

内閣府（2018）生活状況に関する調査（平成 30 年度）（https://www8.cao.go.jp/youth/kenkyu/life/h30/pdf-index.html［2020 年 9 月 10 日閲覧］）.

内閣府衛生局 編（2008）流行性感冒——スペイン風邪大流行の記録．東洋文庫.

中垣内正和（2008）はじめてのひきこもり外来——専門医が示す回復への 10 ステップ．ハート出版，pp.24-212.

中垣内正和（2014）ひきこもり外来の実践——新たな共同体づくりの途．医学の歩み 250-4；255-261.

日本感染症学会（2020）日本感染症学会学術講演会プログラム.

大野和基 編（2020）コロナ後の世界．文藝春秋.

エマニュエル・トッド（2020）コロナで不平等が加速する．朝日新聞社（2020 年 5 月 20 日）.

好評既刊

Ψ 金剛出版　〒112-0005　東京都文京区水道1-5-16　Tel. 03-3815-6661　Fax. 03-3818-6848
e-mail eigyo@kongoshuppan.co.jp　URL https://www.kongoshuppan.co.jp/

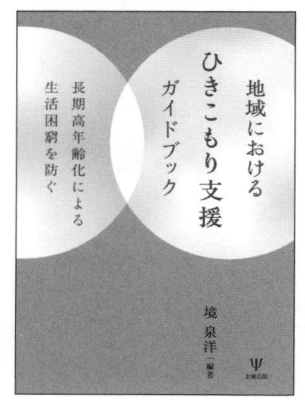

地域における
ひきこもり支援ガイドブック
長期高年齢化による生活困窮を防ぐ
[編著] 境泉洋

ひきこもり状態にある人は，複合的な困難のために地域に居場所を見出すことができずにいます。その状態にある人への支援において最も重要なのは，ひきこもり状態にある人にとって魅力的な居場所を地域に確保することです。本ガイドブックでは，魅力的な居場所をどう作り，その居場所にどうつなげ，支援していくかを紹介します。　　　　　本体3,200円＋税

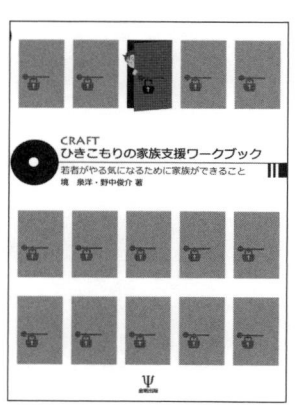

CRAFT
ひきこもりの家族支援ワークブック
若者がやる気になるために家族ができること
[著] 境泉洋　野中俊介

ひきこもり支援においては，当の若者へのアプローチが難しいため，まずは実現可能性の高い家族，特に親への支援が最も重要となる。全8回のプログラムを通して，ひきこもりのメカニズムを正しく理解し，コミュニケーションや問題解決の技法を家族に具体的に教えていくことで，家族関係の改善を促し，若者と社会をつなぐことができる。あらゆる職種の方々が家族と一緒に取り組む際に有用な援助のためのワークブックである。　本体2,800円＋税

不登校・ひきこもりのための
行動活性化
子どもと若者の"心のエネルギー"がみるみる溜まる
認知行動療法
[著] 神村栄一

子どもと若者の「心のエネルギー」をためるにはどうしたらいいのか？キーワードは「行動活性化」だった！「行動活性化」といっても，何をすればいいのかよくわからない。そのような方にも，現場ですぐに実践できる具体的な方法を提示する。教師・スクールカウンセラーなど，日々学校で数多くの子どもたちを見ている方々へオススメの一冊。　　　　本体2,800円＋税

次号予告 『臨床心理学』第 21 巻第 1 号

臨床心理アセスメント

プロフェッショナルの極意と技法

『臨床心理学』編集委員会 [編]

1 −［総論］アセスメントの基本を考える

［インタビュー］アセスメントを再起動する_____（お茶の水女子大学）岩壁　茂

2 −［基礎篇］アセスメントを理解する

ケースを観察する──力動的アセスメント_____（兵庫教育大学）上田勝久
ケースを査定する──心理検査_____（北翔大学）風間雅江
ケースを組み立てる──ケースフォーミュレーション_____（立命館大学）三田村仰
ケースを書く──レポート＋カンファレンス_____（就実大学）山本　力
ケースを語る──フィードバック_____（北海道医療大学）野田昌道

3 −［応用篇］アセスメントを実践する

［医療］「主訴」が語られなかったら？──情報収集と仮説生成_____（淀川キリスト教病院）出﨑　躍
［医療］属人的で断片的な情報をどうつなぐか？──チーム医療と情報共有_____（東京都健康長寿医療センター）扇澤史子
［福祉］優先すべきは治療か生活か？──トリアージの臨界点_____（国立精神・神経医療研究センター）山口創生
［福祉］暴力への介入をどう判断するか？──査定の領域横断性_____（目白大学）齋藤　梓
［司法］アセスメント面接におけるうそと真実──援助者のポジショナリティ_____（さいたま少年鑑別所）門本　泉
［司法］親子の「絆」を見極めるには？──面会交流_____（東京家庭裁判所後見センター）町田隆司
［教育］「問題児」が虐待されていたら？──ファーストクライエントの特定_____（大阪大学）野坂祐子
［教育］査定の結果をどう支援に活かすか？──コンサルテーション_____（香川大学）橋本忠行
［産業］ハラスメントが隠蔽されていたら？──環境の査定と調整_____（帝京平成大学）渡部　卓
［産業］悩める組織と社員に何ができるか？──病理モデルと事例モデル_____（ジャパン EAP システムズ）松本桂樹

4 −［資料篇］アセスメントを研究する

アセスメントを学ぶ基本書セクレション_____『臨床心理学』編集委員会

リレー連載

「臨床心理学・最新研究レポート シーズン 3」_____（明治学院大学）野村信威
「主題と変奏──臨床便り」_____（早稲田大学）木甲斐智紀

書評

アナベル・ゴンザレス＝著『複雑性トラウマ・愛着・解離がわかる本』（日本評論社）_____（原井クリニック）四方陽裕
西 智弘＝著『だから，もう眠らせてほしい──安楽死と緩和ケアを巡る，私たちの物語』（晶文社）_____（市立吹田市民病院）吉田三紀
マイケル・オットーほか＝著『ふだん使いの CBT──10 分間でおこなう認知・行動介入』（星和書店）
_____（国立精神・神経医療研究センター）船場美佐子
宮地尚子＝著『トラウマにふれる──心的外傷の身体論的転回』（金剛出版）_____（京都大学）松本卓也
大島郁葉・桑原 斉＝著『ASD に気づいてケアする CBT──ACAT 実践ガイド』（金剛出版）_____（早稲田大学）熊野宏昭

バックナンバー！

臨床心理学

Vol.20 No.5（通巻119号）[特集] カウンセラーの「問う力・聴く力」

1 総論
　心理療法・カウンセリングにおける「問うこと」と「聴くこと」 ……………………………… 石垣琢麿
　問う力・聴く力を涵養する——能動性を内包する受動性／理論や技法を支えるジェネラルアーツ
　　　村瀬嘉代子
　ケアする人の対話スキル …………………………………………………………………………… 井上祐紀
2 問う力・聴く力を身につけて，使ってみる
　パーソンセンタード・アプローチと「問う力・聴く力」…………………………………………… 久羽 康
　精神分析と「問う力・聴く力」……………………………………………………………………… 山崎孝明
　認知行動療法とソクラテス的手法における「問う力・聴く力」………………………………… 石川亮太郎
　ブリーフセラピーと「問う力・聴く力」…………………………………………………………… 黒沢幸子
　グループサイコセラピィと「問う力・聴く力」…………………………………………………… 橋本和典
　森田療法と「問う力・聴く力」……………………………………………………………………… 塩路理恵子
　オープンダイアローグと「問う力・聴く力」……………………………………………………… 下平美智代
3 何を問うべきか・何を聴くべきか——障害・問題別の対応集
　子どもにどう問いかけるか ………………………………………………………………………… 出﨑 躍
　高齢者にどう問いかけるか ………………………………………………………………………… 岸本寛史
　発達障害の「こまりごと」にどう対処するか——まとまらない主訴 ………………………… 中島美鈴
　激しい怒りにどう対処するか——アンガーマネジメント ……………………………………… 壁屋康成
　身体疾患の患者さんとどう語るか？——がん患者さんを例に ………………………………… 藤澤大介
　身体を整えるためにはどう対話するか——生活習慣病ケア ……………………………………… 巣黒慎太郎
　トラウマを受けた人にどう問うべきか——安全の保障 ………………………………………… 大澤智子
　ひきこもり本人と共に生きる家族とどう話し合うか …………………………………………… 境 泉洋
　産業領域のハラスメント相談対応における問う力・聴く力 …………………………………… 津野香奈美

緊急特集 コロナウィルス時代のカウンセリング 2.0

コロナ・パンデミック後の世界における心理臨床の視座
　黒木俊秀

1 −カウンセリング実践レポート 2.0
- 海外カウンセリングレポート——フランス　高須かすみ
- 海外カウンセリングレポート——イギリスからのレポート
　小寺康博
- 海外カウンセリングレポート——韓国　奇 惠英
- [補論] 臨床研究レポートレポート——アメリカ
　後藤豊実

2 −カウンセリング研究ノート 2.0
- 共通感覚をよみがえらせる——コロナ時代を生きる
　森岡正芳
- グリーフとロス——世界的規模の喪失・悲嘆の問題
　川島大輔
- 新しい子育て支援の形をさぐる——自粛期のブログ配信の試み
　森岡理恵子
- 新型コロナウィルスがもたらす価値観の変化と地域精神医療の実践を考える　高田大志
- 希望を生み出す進路ガイダンス　山本 恵
- ウィズコロナ時代の学生相談を考える　高野 明
- 企業のカウンセリングは今？　三瓶真理子
- 開業臨床のサバイバルモデル　福島哲夫

❋ B5判・平均150頁　❋ 隔月刊（奇数月10日発売）　❋ 本誌1,600円・増刊2,400円／年間定期購読料12,000円（税別）※年間定期購読のお申し込みに限り送料弊社負担

❋ お申し込み方法　書店注文カウンターにてお申し込み下さい。ご注文の際には係員に「2001年創刊」と「書籍扱い」である旨，お申し伝え下さい。直送をご希望の方は，弊社営業部までご連絡下さい。

❋ 「富士山マガジンサービス」（雑誌のオンライン書店）にて新たに雑誌の月額払いサービスを開始いたしました。月額払いサービスは，雑誌を定期的にお届けし，配送した冊数分をその月ごとに請求するサービスです。月々のご精算のため支払負担が軽く，いつでも解約可能です。

 金剛出版

〒112-0005　東京都文京区水道1-5-16　URL https://www.kongoshuppan.co.jp/
Tel. 03-3815-6661　Fax. 03-3818-6848　e-mail eigyo@kongoshuppan.co.jp

理論・研究法論文

対話的ナラティヴ分析の臨床的意義に関する考察
頻回病休者の混沌の語りからナラティヴ分析を考える

野田実希[1]・阪上 優[2]

1) 京都大学大学院教育学研究科
2) 京都大学環境安全保健機構健康管理部門健康科学センター

　ナラティヴ分析は，ナラティヴ構造の分析を行うことで，人生や体験の意味を描出することを目的としてきた。従来，ナラティヴは出来事の開始から終わりまでの意味単位を構成する通時的な要素を備えたものとして，水平的な次元から考えられてきた。一方，こうした構成要素を満たさない語りは，分析から見落とされている可能性がある。そこで本稿は，想像力を通した意味の広がりから垂直的にナラティヴを捉える Arthur Frank (2010, 2012) の対話的ナラティヴ分析を提示し，その臨床的意義を検討した。そのため頻回病休者の語りについて，対話的な問いを通して混沌とした語りの理解を試みた。さらに，3つの語りの類型を参照することで，さまざまなナラティヴの様相が見いだされた。このような類型化や，想像力に関わるものとしてナラティヴを捉える視点は，分析としての手法のみならず，心理臨床の場における語りにならない語りを理解するための糸口になることが示された。

キーワード：ナラティヴ分析，対話的ナラティヴ分析，質的研究法，混沌の語り，頻回病休

臨床へのポイント ・・・

- 語り手が語ろうとするという発話の行為的側面に聞き手が思いを巡らし，想像力を働かせた内的対話を通して聴くときにこそ，聞き手は，「語りを生きる」語り手の生に耳を傾けることが可能になる。
- 頻回病休者に見られた，ナラティヴとしての構成を欠いた語りは，混沌としてそのまま受け入れる必要があり，そのことが，語り手の生の在りようを理解することにつながる。
- 混沌とした語りを理解するためには，語り手が自己定義しようとして使用する語りの「類型」を手がかりに，そこからさまざまに派生して生成される語りの様相とその非完結性に出会うことが必要である。

・・

Japanese Journal of Clinical Psychology, 2020, Vol.20 No.6 ; 755-764
受理日——2020 年 3 月 24 日

I　問題と目的

　個人は，語りという表現形態を通して自身の体験や生を他者に伝えている。質的研究法は，そうした個人の体験世界やそのプロセスを理解するための研究法として発展してきた。語られたデータの解釈に当たっては，理論開発を目的として発話内容をコード化するカテゴリー分析と，語りの構造の再構成を目指して発話の全体的性質を捉えるシークエンス分析とに分けられ（Flick, 2007/2011），語りの内容だけではなく，どのように語られるかという語りの構造に着目した理解のされ方がある。Flick（2007/2011）によると，カテ

ゴリー分析ではテクストの全体的な形が削ぎ落とされるため，代替案として語りの文脈や構造に目を向けるシークエンス分析が用いられるようになったという。なかでもナラティヴ分析では，個人は主にストーリーという形式で自らの経験を理解し，それを他者に伝えていると考えられている（McLeod, 2000/2007）。このような語りの全体的性質に着目し，人生における経験との関連性を重視するナラティヴ分析の視点は，心理臨床における語りを通した心の作業を捉えようとする営みと重なるといえる。
　ナラティヴの定義は理論的立場によって異なるが，発話データからナラティヴが選択され，分析されると

いう点で共通している。その多くにおいて，ナラティヴ構造の詳細な分析が行われ，新たなナラティヴとして再構成される。しかし一方で，ナラティヴの定義から外れる発話データ，すなわち物語にならない発話は，分析の対象外とされたり，見落とされている可能性も否定できない。そうした構成されえない語りには，どのようにしたら耳を傾けることができるであろうか。本稿では，ナラティヴを再考するために，Frank（2010, 2012）の対話的ナラティヴ分析（Dialogical Narrative Analysis：以下，DNA）の理論的立場と手法を提示し，臨床心理学におけるナラティヴ分析の新たな可能性とその臨床的意義について論じる。まず，従来のナラティヴ分析を概観し，認識論的背景やアプローチの特徴を整理する。次に，Frank（1995/2002）のナラティヴの類型を踏まえながら，DNA について，頻回病休者の語りとの関連から検討したい。最後に，臨床心理学におけるナラティヴ分析の展望について考察する。

II　従来のナラティヴ分析

　ナラティヴ分析は，McLeod（2000/2007）によると，談話分析や会話分析と並んでシークエンス分析に含まれ，語りの全体的な流れや構造を損なわないよう，言語の使われ方や発話による現実構成のされ方の意味を読み解くことを目的としている。その背景には，社会的・主観的現実の文化的枠づけへの着目や，構造主義や精神分析的立場における心理的・社会的な無意識過程の探求への関心があると言われている（Flick, 2007/2011）。ここでは，臨床心理学，特に臨床心理実践との関連から従来のナラティヴ分析を概観し，ナラティヴがどのように捉えられてきたのかを整理する。

1　ナラティヴの認識論的背景

　心理学におけるナラティヴへの関心は，1970 年代に "ナラティヴへの転回（narrative turn）" と呼ばれる現象が生じ，高まってきたと言われている（McLeod, 2000/2007）。特に，Ricœur（1981）が「経験のナラティブ性あるいは前ナラティブ性のテーゼ」と指摘していたり，Bruner（1987）が「ナラティブは人生を模倣し，人生はナラティブを模倣する。この意味での『人生』は，『ナラティブ』と同じく人間的想像力によって構築されたものである」と指摘しているように（Flick, 2007/2011, p.98），心理学における知の在り方として，ナラティヴにおける人生，また人生におけるナラティ

ヴ性が着目されるようになった。

　ナラティヴの定義や分析手法をめぐっては議論が重ねられているが，Flick（2007/2011）によると，ナラティヴ分析には，人生の経過を再構成するためにナラティヴ・インタビューを用いてナラティヴを引き出すアプローチと，人生そのものをナラティヴと見なすため，上記のようなデータ収集法が明示的に使われる必要はないとする立場がある。前者はナラティヴを実際に起こったことの再現もしくは反映と見なす実証主義的な立場であり，ナラティヴの経過から，ライフヒストリーや事実的な経過を再構成することを目的としている。それに対して後者は，Bruner（1987）に代表されるように，「現実は言語を通じて構成される」という構成主義的な立場をとり，ナラティヴを実際に起こったことの再現ではなく，主観的または社会・文化的に構成される表現様式であると捉えている。前者は，語り手によって「生きられた生」と「語られた生」を同等と見なしているが，後者は，「語られた生」はあくまでも構成されたものであると捉え，「生きられた生」とは区別している。

　ナラティヴ分析においては，語り手の発話における「行為主体性」が注目されている。ナラティヴは，すでに作り上げられた事象や体験を示すのみならず，それらを自らの言葉として編み上げていく語り手の心の作業も含んでいる。これは，ナラティヴには「物語」「語り」と訳されるような〈もの〉的側面と，「物語り」「語ること」と訳されるような〈こと〉的側面があると能智（2006）が指摘していることでもある。行為主体性とは，McLeod（2000/2007）によると，語り手がナラティヴという形でコントロールし，聞き手に伝える発話行為である。また McLeod（1997/2007）は，ナラティヴとストーリーの差異について，ストーリーはある特定の出来事についての説明で，ナラティヴはストーリーに基づく出来事の説明であると述べており，ナラティヴのプロセスは多くの心理療法に見られる世界観とより調和していると指摘している。人が物語として語るためには，人生におけるさまざまな出来事や心情を「組み合わせと筋立ての中で統合していく力」が求められる（森岡, 2002）。このことから，ナラティヴにおける行為主体性とは，語り手が自身の経験をどのように物語として構成し，組み立てていくかという構成力を意味するものとして捉えられてきた。

2　従来の水平方向の次元に基づく視点

　ナラティヴ形式の基になるストーリーの定義はさまざまであるが,従来のナラティヴ分析では,ストーリーは出来事の開始から終わりまでの分節を形成する要素を備えた経時的な構造を有していることが前提とされている。これは,一連の出来事の直線的な構造を有するものであり,Frank（2012）はこれを物語における水平方向の特徴であると指摘している。Labov（1972）によると,「形の整ったナラティヴ」には,概要・オリエンテーション・行動の展開・評価・帰結・結尾の6つの構成要素がある。具体的には,概要として話の要点が述べられてから,時間・場所・登場人物・状況についてのオリエンテーションが導入され,事象の配列や筋立てといった行動の展開が続く。続いてそれに対する評価がなされ,語り手が行動を振り返り,その意味を述べ,感情を伝える。そして帰結として,その筋立ての結果を語り,現在に戻るという結尾で締めくくられる。Riessman（2008/2014）は,このような構造的な要素がどのように配置され,ストーリーが組み立てられているのかは個々の語り手によって異なるため,その配置を検討することで,意味と行為との関係を解釈することができると述べている。

　一方で,どのナラティヴにも全ての要素が含まれているというわけではなく,それらが経時的に組み立てられていなかったり,帰結部に相当するプロットがなかったり,登場人物や状況設定といった,通常のナラティヴには見られるものが描写されない発話データがあることも指摘されている（Riessman, 2008/2014）。Riessman（2008/2014）は,Gee（1991）の社会言語学の手法を紹介し,解釈が困難とも思われるテクストに対して,発話データの韻律的な単位（行,連,段,部）から詳細な構造分析を施して意味のまとまりを解釈し,ナラティヴの形式を見いだして提示している。

III　Frank の対話的ナラティヴ分析

1　垂直方向の次元に基づく視点

　しかし,経時的な構造を有さない,混沌とした様相を呈する語りに対しては,どのように捉えることができるであろうか。そのひとつの手がかりとなるものとして,Frank の DNA が挙げられる。Frank（2012）はストーリーを,水平的な次元だけではなく,垂直的な次元からも捉えようとする。これは,何が起こったかというストーリーの先へと進む動きではなく,それ

が何故起こったのかについて,背景にある力動を想像し,対話する動きである。Frank（2012）によると,ストーリーとは,登場人物,ものの見方,ジャンル,サスペンスを有し,とりわけ想像力に関わるものである。また,語り手が構成するいかなるストーリーであっても,ストーリーそのものに想像力を呼び起こす力があり,聞き手を教え導き,語り手が何者であるかを説明し,他者を引き込む特質があるとしている。Frank（2010）は,何が語られているか,そして語られた結果,何が生じているのかの間に映し出されるものを検討し,語りが成していることに目を向ける必要性を強調し,DNA を考案した。DNA では,個人の語りは多声的であるとし,一つの声の中に複数の声が潜在していることに関心が向けられている。さらに,Bakhtin（1984）の非完結性（unfinalizability）の概念に基づき,分析を行う際も,完結したものとして結論づけないことが重視されている。ナラティヴはモノローグと異なり,対話的な関係性において,場や時によってさまざまな様相へと常に変化し,語り直されていくため,終わりなく完結しえないものだというのである（Frank, 2005）。

2　対話的な問い

　Frank（2010）は,ストーリーが成していることを検討するためには,研究者はストーリーに「ついて」考えるのではなく,ストーリーと「ともに」考えることが必要であると述べている。そのため,ストーリーを選択する際に5つの対話的な問い（dialogical questions）を立てることを推奨している（Frank, 2012）。①リソース（resource）に関する問いは,どのようにストーリーが語られ,聞き手が理解するかを形成する,ストーリーの源に関わるものである。②広がり（circulation）についての問いは,ストーリーがどのような人々に向けて語られ,広まるかという視点に基づいている。③帰属（affiliation）に関する問いは,ストーリーがどのグループと結びついているのかに着目し,誰がそのストーリーを共有しているかを明らかにしていく。④アイデンティティ（identity）の問いは,語り手がナラティヴを通して,自分が何者であるのかを見いだそうとしているのかに着目する。⑤目下の困難に対する問い（questions about what is at stake）では,語り手がどのような人生の状況下にあり,物語を語ることによってどのように自分自身を持ちこたえ

ているのかに着目する。そして，物語を語るという行為は，その人が持ちこたえられうる想像力の限界を知ることでもある。これら5つの対話的な問いは，個人の語りが生成され，位置づけられていく社会的な文脈に目を向けるとともに，語ることによって生じる語りの広がりや語り手の在りようにも目を向ける視点につながっている。

3　語りの類型化

　Frank（2012）はDNAにおけるひとつの分析手法として，類型論を用いたアプローチを提唱している。語りは常に語り直され，流動的であるが，類型により，個々の語り手を完結しないままにしておくことができる。類型の例として，Frankは，病いの語りを分析するなかで3つの類型，すなわち，回復の語り，混沌の語り，探求の語りを見いだしている。この類型については，すでに邦訳（Frank, 1995/2002）が出版されているので，それを参考にしつつまとめてみたい。

　（1）回復の語り（restitution narrative）は，病いを健常な状態からの一時的な逸脱と見なし，健康な状態への回復を到達点とする語りである。これは，例えば，「昨日私は健康であった。今日私は病気である。しかし明日には再び健康になるであろう」という基本的なプロットパターンを持つとされている。一方で，回復の語りは，近代医療や社会制度が受け入れることのできる帰結として，病人に期待する語りであるとも指摘されている。（2）混沌の語り（chaos narrative）は，「回復の対立項」であり，そのプロットは，決して快癒することのない生を描くものである。本当の混沌を生きている人は，自らの生に距離を取ることも反省的に把握することもできないため，語りは，「物語としての一貫性と統一性を見いだせぬまま，断続的な言葉の反復において生起する語り」となり，「筋立てによる統合を可能にする媒介と反省の作用を欠いた状態で，病いの現実が直接に露呈するような語りの形式」（同訳書，p.11）となる。（3）探求の語り（quest narrative）は，「病いの苦しみを受け入れ，身体の偶発性に翻弄される生のあり方に，新たな意味の探求の機会を見いだすような語り」（同訳書，p.11）であり，この語りにおいて病者は初めて病いの経験を自己物語へと変換し，自分自身の声で語ることができるようになる。

　Frank（1995/2002）は，類型論は複雑な語りを単

純化したり固定化するのではなく，「病いの物語は，さまざまな語りの糸をより合わせ，織り上げていくものであるために，それを聴くのは難しい」（同訳書，p.112）ため，類型によってその糸を選り分け，病者の言葉を聴くことを助けると指摘している。実際の病いの語りは，3つの類型のいずれかにぴったりと当てはまるものではなく，それらを組み合わせたものであり，それぞれは他の2つの語りに絶え間なく介入する。そして聞き手は，その時々によってどの語りが前面に表れ，後ろに下がるのかという変化に注意を傾けることができる（Frank, 1995/2002）。こうした類型論は，単なる分類のための手法ではなく，類型を参照することにより，従来のナラティヴ分析からこぼれ落ちていた語りをカテゴリーによって拾い上げ，その語りが成していることを発見していくためのひとつの糸口なのである。

IV　対話的ナラティヴ分析を用いた頻回病休者の語り

　発話への対話的な関わりを開くDNAを用いるならば，従来のナラティヴ分析において，ナラティヴの構成要素を満たさないと位置づけられて分析の手が届かなかった語りを理解していく糸口が得られる。筆者は，職場のメンタルヘルス不調によって頻回に病休を繰り返している頻回病休者の主観的体験について，自己や職業の観点から探索するために面接調査を行い，語りのテーマを抽出した。しかし，頻回病休者の語りは，複数の病休エピソードが混在していたり，記憶の忘却によるオリエンテーション（時間や場所，人物などの方向付け）が欠落していたりして，ナラティヴの要件を欠くものも多く，従来のナラティヴ分析を用いて語り方の特徴を捉えることが困難であった。本節では，Frank（1995/2002, 2010, 2012）のDNAの手法に倣い，語りの類型を参照しつつ頻回病休者の語りを検討し，理解につなげることを試みたい。

　なお調査は，2016年7月から12月にかけて，精神科・神経科クリニック3施設に協力を呼びかけ，包含条件に合致する対象者を主治医が選定し，同意を得た7名に対して筆頭筆者が個別の半構造化面接を実施した。データの取得は総合病院内の診察室にて行い，調査への協力としてのみ参加してもらった（面接時間は65〜120分，平均96分）。頻回病休者は，「職業上のストレスをきっかけにメンタルヘルス不調（うつ病など

の気分障害やストレス関連障害等，common mental disorders に含まれるもの）をきたし，3 回以上休職を繰り返している職業人」と定義し，メンタルヘルス不調により職業から離れるという「自己の在りよう」を繰り返し体験する職業人とした。インタビューでは，頻回病休が個人にどのように経験されているのか，自身や仕事をどのように捉えているのかに焦点を当てた。分析では，まず，5 つの「対話的な問い」を通してストーリーを検討した。このとき，職業人の自己の在りようの探索というリサーチ・クエスチョンに基づき，④アイデンティティの問いと，⑤目下の困難に対する問いに焦点を当てることにより，当事者が語ることを通して，どのように「私が何者であるか」を語っているのかを探究した。その後，3 つの類型を参照し，語りをカテゴリーに分けた。なお，本研究は京都大学臨床心理学研究倫理審査会の承認を受けている。

1　回復の語り

　頻回病休者は，「回復したい」「普通に戻りたい」と，回復の語りを語ることを望みながらも，語れない苦しさを抱えていることが浮かび上がってきた。語りが回復の語りの様相を帯びるためには，頻回病休が過去に体験されたものとして対象化される必要がある。しかし，現在も頻回病休を生きている当事者にとっては，距離を置いて語ることが困難である。E さん（男性，30 代後半）は，8 回の病休を繰り返しているが，X − 3 年前，後輩の面倒を任された時に充実感を覚え，一時期，調子の良さを感じていたが，次第に業務量が増えてくると調子を崩したことにショックを受けていた。

　　この会社に入って初めて回復のイメージをもったんですけども，それが覆されたので，じゃあ，僕の回復ってなんなんだろうって自問自答はこの辺ずっとしていまして。じゃあ，俺は元気になるとか，普通の生活を送れるというのはどういうことなんだろう，と自分に問いましたね。

　これは回復のイメージを尋ねられたときの語りである。E さんは治る自己イメージを語ろうとして当時の状況を語りはじめるものの，回復のイメージをつかむことができずにいる自己についての語りに回収されてしまう。また，D さん（女性，40 代前半）は，3 回の休職を繰り返し，3 回目の病休中に「もう仕事できな

くなっちゃうんじゃないだろうか」と不安を抱いていた。今後の職業人生を考えていくなかで，D さんは次のように語った。

　　初回のこの時期に戻りたいとは思うんですけど，できれば，気持ちとしては。どうやったら…もっていけるか全然わからないですし……。……（6 秒）だから，こうなりたいって思うところまで考えられないから……，全然……，なんか……，なんか……，本当はね（笑），こんなはずじゃなかったのにって，ずっと思うくらいの感じですね。

　D さんは，最初の病休以前の自分に戻ることを願うが，戻り方がわからず，途方に暮れているようである。これは病いの否定，もしくは病休を繰り返す自己の否定とも考えられるかもしれない。しかし，Frank が，回復の語りには混沌の語りが介入すると述べているように，E さんと D さんの語りは，回復の語りを語ることを望み，語ろうとしながらも語れないという語りの様相を示している点が重要である。頻回病休者にとっては，病休を繰り返すたびに，自身にとっての「普通」や「元の状態」のイメージをつかむことができなくなり，回復の物語を自ら見いだせなくなってしまう。そうして回復の語りは混沌の語りに呑み込まれていく。

2　混沌の語り

　Frank は，混沌の物語は，「継続性なき時間，媒介なき語り，自己について完全に反省することのできない自己についての話という意味」（同訳書，p.141）において，語りではない（anti-narrative）と述べている。頻回病休者の語りの多くに見られたのがこの混沌の語りであった。語られる内容の不明瞭さや断片的なエピソードの羅列，現在の語りに過去のエピソードが唐突に挿入されるなど，構造としてまとまらない語りの様相を呈していた。

　頻回病休者の語りの多くにおいては，「覚えていない」「あまり記憶がない」というように，過去のエピソードが忘却されていた。特に，病休前の自身の状況や他者との関係，病休中の生活については，曖昧かつ不明瞭で，断片的なエピソードで紡がれていた。3 回の病休を繰り返している A さん（男性，50 代前半）は，自身を「環境に左右されやすい」と語り，職場環境に

よって「ダメになってしまう」，仕事や今後について
は「わからない」と繰り返すが，病休時の状況につい
て尋ねられると，固有名詞を挙げながら詳細に語った。

　病院行ったかどうかちょっと僕も間が飛んで覚え
ていないんですけれど，え〜……なんか，手切っ
て……，……自分で手切って，嫁さんがこれは1
人で置いとけへんからって，えー……　え〜……
（笑），P病院，1カ月ほど入院して，2カ月くらい，
まあ90日，3カ月病休してたのかな。で，11月頃
に復帰して，で，運良くそこの課をX−7年の3月
に，今度はQ局に4月から，X−7年の，Q局のほ
うに異動になって，そこはアットホーム的な，あた
たかく迎え入れてくれて，4年間悠々と，ねえ，病
気もせず，まあ普段有休あるから，その有休で休む
くらいでおったんですけど，4年経ったX−3年か
な……X−3年に，今度はRの施設の所に行って，
……保育士の先生と一緒にいろいろ運動とか，保育
園か幼稚園でやっているようなことをやってたん
……1年間やってて，で今度は，今度はね，そこは
S施設なんで，ひとつの課みたいな所やったんです
けれど，今度，えーX−2年かな……，X−2年4月に，
Tセンター言うて，今度，Sグループと，もう一個
のUグループいうのができたんです。僕，Uグルー
プのグループ長で行ったんですけど，あのー，……
まあ1年目，ほんまの新しい事業やから，わから
んなりに，まわったんですけれど，あ，それがX−
3年かな？　……これ（記載した病休の年月）僕間
違うてるわ。

　これは2回目の病休時についての語りであるが，一
見，時系列に沿って状況を説明しているようである。
しかし，その語りは外的な出来事をつなぎ合わせた語
りであり，またその年月は正確なものでない。そして
話が進むにつれて記憶の混在に自ら気づき，そのたび
に語りが中断される。過去の記憶が混然とした語りは，
頻回病休という現象に巻き込まれている自己を表して
おり，急き立てられるようにあふれ出る語りである。
この点についてFrankは，混沌の語りは，その特徴
として「それから，それから，それから（and then）」
の反復という統辞的構造を有していると指摘してい
る。Aさんの語りもまた，「……で，……して，……で」
と個々の出来事を断片的につなぎ合わせたものである

ため，個々のつながりや全体としてのまとまりを見い
だすことが困難になる。

　このような語りを精神症状の悪化による記憶の変容
や欠落，ないしは解離性健忘や混乱として捉えること
も可能ではあるかもしれない。しかし，対話的な問い
の視点に立ち，語りの当事者に目を向けるならば，自
身に生じたことを体験として引き受けることから遠ざ
かったまま，体験として定着されえない生を何とか語
ろうとしている姿が見えてくる。その現在において語
り手が生きている姿のリアリティを，混沌とした語り
を通して理解することができるのである。

　次のFさん（女性，40代前半）は，8回の病休を
繰り返している。職場での対人ストレスに苛まれ，突
然，職場に行けなくなったりするも，罪悪感との葛藤
に苦しんでいた。働いていないときの自分を「ダメな
人間」と語り，「このままではいけない」と焦るものの，
「こんな自分は職場に行ってはいけない」と八方塞が
りになり，先行きの見えなさを語った。以下は，今後
の展望やヴィジョンについて尋ねられたときの語りで
ある。

　歯車がこう緩やかに動いているというか，穏やか
にというか…なんか，穏やかに仕事をして，……（8
秒）介護を手伝って，できればやっぱり動物関係の
資格を取って。でもそれが多分そんなに直結して仕
事に生かせる資格ではないと思うので，……（12秒）
そうですね，……（4秒）そうですね，介護と動物
に関わって，ちょっと人の少ない……少ないほうが
住みやすいのかな……うーん……そうですね，なか
なかヴィジョンが……出てこないというか，……（8
秒）なんか役に立ってる自分というか。……（13秒）
でも，仕事が嫌いなわけではないので，働くのが嫌
いという気持ちではないので，何か……（4秒）働
きたいなあという……そうですねえ……。……（5
秒）うーん。……（4秒）あ〜……なんだろうなあ
……，うーん……，すみません……言葉が出ないで
すねえ……。……（6秒）でも，その……何かを見
つけたいというか，どうにか自分が変わりたいとい
うか，……（4秒）何か……そう……ですね。でも，
海外には行きたいですね。……（6秒）ああ，昔は
海外に移住しようと思っていたんですけど，でも
……，それはやめて，……結局日本で住むと決めた
ので，……（8秒）そうですねえ，でも……それも

また仕事とは関係ないですね。その……うーん，まあできれば今までの経験……経験って言っていいのかなあ，そういうのを生かせる何かが……うーん，どうなんだろう……生かせる何かがあるのかどうか本当に不明なんですけれど……，ちょっとまだごちゃごちゃごちゃごちゃしていますね。

この語りは，働く自己イメージが定まらない状態で進行しているため，先行きの見えなさを聞き手に感じさせる。Frank が「混沌の物語における起源の欠落は，これに対応する形で，未来の感覚の欠如をもたらす」（同訳書，p.153）と述べているように，ポーズの多用や，他者に向けた語りと自身に向けた語りの区別のされなさ，また切れ目のなさからは，語り手が現在の自己を捉えることの困難さをうかがわせる。F さんの語りは，「こうなりたい」自己像を探求しようとしているが，次第に「うーん」「そうですね」と言葉に詰まり，それでも探求を続けようとするものの，最後は，「仕事とは関係ない」「本当に不明」と混沌の語りに引き戻されてしまう。そうして F さんは出口のない思索のなかに呑み込まれる。そのとき，語りは他者が意識されていない語りとなるだけではなく，「私が語っている」という主体的な感覚が失われ，語る「私」と語られる「私」の境界が曖昧になる。つまり，語り手は語りの中に生きる「私」に出会うことが困難になり，その「『私』を語り生きること」が阻まれてしまう。回復や探求の語りを語ることの困難さからは，頻回病休という混沌とした，コントロールできない生の体験世界が示唆される。

3　探求の語り

　探求の語りは，病いを意味づけたり，病いをきっかけに自己を再構築したり，病いの経験を他者に還元していくという語りが含まれる。しかし，多くの頻回病休者は探求の語りを語ることは困難であるようであった。そのなかで，探求の語りの萌芽ともいえる語りが見受けられた。E さんは，病休を振り返り，その体験を他者のために語ろうとする。

　　自分がこういった……，いろんなね，紆余曲折を経ている……今日に至るまでの間に，何かしらの……自分のような苦しんでいる方もいると聞きますので，昨今，そういった人に何かしら自分の経験で

すとか，体験ですとか，こういったことがあったんだけども，こうしていけたというのを，人に伝えても良いのかな，と。

　ここでの E さんの語りでは，自身の頻回病休を「紆余曲折」と表現することによってひとつの体験として対象化し，自らの語りとして語ろうとする動きが見てとれる。そのように自己の体験と距離を取りつつあるときに，語りは他者に向けて語る様相を帯びてくると考えられる。また E さんは，病休を繰り返す自身について次のように語っている。

　　最終的には自分がもう，完全に逃げてたんですけども，うん。ですので，……やっぱ自分にとってなかなかうまくいかないときから逃げてたことが多かったんですね。だから，このときもやっぱり病気から逃げてた時期もありましたしね。なんでこんな目に遭わなあかんねんということは，やっぱり自分で現状を受け止め切れていないから，自分から逃げていたんだと思いますね。

　Frank（1995/2002）によると，探求の語りは，自分自身の物語を歩んでいくために，自身の病いの体験について問いかけ，追求し，意味あるものへとまとめあげていくプロセスである。それは，苦しみに真っ向から立ち向かい，病いを受け入れ，探求へとつながる過程でもあるという。そうして，病いは旅であったのだという語りが浮かび上がり，「自らが踏みこえてきた世界」（同訳書，p.167）のなかに生きる語り手の姿が見いだされる。E さんは，頻回病休の体験について思いをめぐらしており，一見，「自己の再定義」をしていると言えそうである。しかしそれは，「今ある私」ではなく，「そうであった私」にのみ言及するものであり，過去を意味あるものとして探求するのではなく，「逃げていた」という否定的な評価を繰り返すにとどまっている。探求の語りを語ろうとしながらも，逆説的に体験を意味づけたり物語化できない当事者の苦しみが伝わってくるといえる。

V　対話的ナラティヴ分析の臨床的意義

　前節では，頻回病休者の語りを 3 つの類型に基づきながらナラティヴを検討した。その過程で，単に 3 つの類型に当てはめるのではなく，例えば，回復を願う

ものの混沌に回収されていく語り，混沌の只中に呑み込まれている語り，未だ語りえぬ探求の語りといったように，ひとつの声に集約されえないさまざまな語りの様相が浮かび上がってきた。類型の視点があるからこそ，類型に当てはまらない語りや，変化しつつある語り，類型から派生していく語りなど，直接的には見いだされない語りを発見し，捉えることができるのである。能智（2006）が「素材としてのナラティヴ」と「見出されるナラティヴ」を区別し，ナラティヴは積極的な働きかけのなかで見いだされるものであると論じているように，DNAは，想像力による対話を通して，分析者がナラティヴを細分化したり再構成するのではなく，ナラティヴのそのままの形態を保ちながら，さまざまなナラティヴの様相を見いだしていく発見的プロセスに誘うものであるといえる。

DNAでは，語り手が何者であり，どのような生を生きているのかを伝えようとしているかについて，聴き手の想像力を引き起こす発話行為としてナラティヴを捉える。ここでの発話行為とは，物語を組み立てていく構成力を指すのではなく，語ることそのものの主体的な行為を意味している。この意味において，「語られた生」は，語られる現在において語り手によって主観的に「生きられている生」であるとも捉えられる。そのためDNAは，混沌の語りを単なる「混沌」として理解するのではなく，そのような混沌の語りの世界を生きている生に目を向ける。DNAが重視する非完結性（unfinalizability）は，語りや語られる生が変化していく可能性を見いだすものである。

そのため，ナラティヴは，語られた時点における個々人のアンビバレンスや完結しえない苦闘を表わしている（Frank, 2005）。前節で提示した頻回病休者もまた，自身の経験を対象化することが困難な世界にいるために，語りは秩序を失い，加工されないまま表出されている。こうした生々しく聞こえる語りは，聞き手に理解の困難さを感じさせる。Frank（1995/2002）は，混沌の物語は語り手の周囲に壁を築き，それによって他者からの援助が妨げられると指摘している。こうした混沌の物語に出会ったとき，支援者は自分たちが受け入れることのできる形式の物語に変容させようとするのではなく，完結しえない物語として聴いていくことが求められる。Frank（1995/2002）は，混沌の物語を否認することは，その物語を語る人を否認することであり，新しい物語が語られる以前に，混沌は受け入れられる必要があると指摘している。このことは，ナラティヴアプローチにおける，一見つながらない物語の連関に意味を見いだし，新たな未来の物語を生む可能性を見通す視点（森岡，2005）や，ナラティヴ研究における，物語の多様性と変化可能性を重視する視点（やまだ，2007）にも重なる。そのため支援者は，自己物語りがさまざまな様相へと変化しうる未完のものであることを念頭に置きながら，混沌とした円環的な語りにおいても，「語る私」「語られる私」が立ち上がる過程をまなざし，寄り添う姿勢が求められる。そうした姿勢が，「人生の過程を発見的に歩むのを援助すること」（河合，1992）を目標とする心理療法につながっていくと考えられる。

VI　臨床心理学におけるナラティヴ分析の展望

本稿では，ナラティヴを捉える新たな可能性として，ナラティヴとの対話を通して，ナラティヴを完結しえない物語として聴いていくFrankのDNAの理論的立場と手法を参照し，頻回病休者の語りの分析を試み，さまざまなナラティヴの様相の描き方を提示してきた。これまで見てきたように，従来のナラティヴ分析では，語り手の物語の構成力としての発話行為に焦点を当て，構成要素の配列や組み合わせを詳細に分析し，新たなナラティヴとして再構成してきた。一方で，病いの体験を語るとは，ひとつのストーリーには収集していかず，矛盾の中で逡巡し，語りにならない語りが生じるものである。DNAでは，語ることそのものの主体的な発話行為に焦点を当て，聞き手の想像力との対話のなかで見いだされるナラティヴもしくは生にまなざしを向ける。それにより，これまで「ナラティヴ」に当てはまらないものとして見落とされたり，聞き手の理解を困難にさせるものとして排除されていた語りに，新たなナラティヴの形を見いだすことが可能になろう。このことは，心理臨床の場において，臨床家がどのように発話者の心の微細な動きを捉え，語りにならない語りをいかに聴いていくかについての臨床的な視点を与えてくれるものである。

一方，研究法としては，Riessman（2008/2014）が指摘しているように，語られた内容と語りの構造の分析を組み合わせ，当事者の主観的体験や意味世界への探求を深めていくことも一層求められてくるだろう。昨今，質的研究や混合研究法において，方法論的なトライアンギュレーションとして，複数の研究法を組み

合わせることによって，多角的に理解することがトレンドになっている。しかし，そうした技法的な理解にとどまるのではなく，技法を通して見いだされる語り手の生に心を寄せることが必要である。例えば，語りを完結したものとして提示しようとするカテゴリー分析と，完結しえないものとして提示しようとするDNAというアプローチの異なる方法論を組み合わせ，その狭間で生じる葛藤に，語り手の“生きる”をめぐる葛藤が見いだされ，さらなる理解が開けていく可能性がある。このような研究法と人間理解の間におけるダイナミクスへの視座によって，臨床心理学におけるナラティヴ研究の新たな可能性が開かれていくのではないかと思われる。

▶ 付記

　本研究は2017年に京都大学大学院の修士論文として提出したものを大きく加筆修正したものである。

▶ 文献

Bakhtin, M. (1984). *Problems of Dostoevsky's poetics.* (Trans. by C. Emerson), Minneapolis : University of Minnesota Press.

Bruner, J. (1987). Life as narrative. *Social Research*, 54, 11-32.

Flick, U. (2007). *Qualitative sozialforschung.* Reinbek bei Hamburg : Rowohlt Verlag GmbH.
　（フリック，U. 小田博志（監訳）（2011）. 新版質的研究入門　―〈人間の科学〉のための方法論― 春秋社）

Frank, A.W. (1995). *The wounded storyteller.* Chicago : University of Chicago Press.
　（フランク，A. W. 鈴木智之（訳）（2002）. 傷ついた物語の語り手　―身体・病い・倫理― ゆみる出版）

Frank, A.W. (2005). What is dialogical research, and why should we do it? *Qualitative Health Research*, 15, 964-974.

Frank, A.W. (2010). *Letting stories breathe : A socio-narratology.* Chicago : University of Chicago Press.

Frank, A.W. (2012). Practicing dialogical narrative analysis. In J.A. Holstein, & J.F. Gubrium (Eds.), *Varieties of Narrative Analysis.* Thousand Oaks : Sage, pp.33-52.

Gee, J.P. (1991). A linguistic approach to narrative. *Journal of Narrative and Life History*, 1, 15-39.

河合隼雄（1992）. 心理療法序説　岩波書店

Labov, W. (1972). The transformation of experience in narrative syntax. In W. Labov, *Language in the inner city : Studies in the black English vernacular.* Philadelphia, PA : University of Pennsylvania Press, pp. 354-396.

McLeod, J. (1997). *Narrative and psychotherapy.* London : Sage.
　（マクレオッド，J. 下山晴彦（監訳）（2007）. 物語りとしての心理療法　―ナラティヴ・セラピィの魅力― 誠信書房）

McLeod, J. (2000). *Qualitative research in counselling and psychotherapy.* 1st Ed. Beverly Hills : Sage.
　（マクレオッド，J. 下山晴彦（監訳）（2007）. 臨床実践のための質的研究法入門　金剛出版）

森岡正芳（2002）. 物語としての面接　―ミメーシスと自己の変容― 新曜社

森岡正芳（2005）. 今なぜナラティヴ？　―大きな物語・小さな物語― 臨床心理学, 5, 267-272.

能智正博（2006）. “語り”と“ナラティヴ”のあいだ　能智正博（編）〈語り〉と出会う　―質的研究の新たな展開に向けて― ミネルヴァ書房　pp.11-72.

Ricœur, P. (1981). Mimesis and representation. *Annals of Scholarship*, 2, 15-32.

Riessman, C.K. (2008). *Narrative methods for the human sciences.* Thousand Oaks : Sage.
　（リースマン，C. K. 大久保功子・宮坂道夫（監訳）（2014）. 人間科学のためのナラティヴ研究法　クオリティケア）

やまだようこ（2007）. ナラティヴ研究　やまだようこ（編）質的心理学の方法　―語りをきく― 新曜社　pp. 54-71.

Clinical Significance of the Dialogical Narrative Analysis : Examining the Narrative Analysis through Chaos Narratives of Workers with Recurring Sick Leave

Miki Noda [1] , Yu Sakagami [2]

1) Graduate School of Education, Kyoto University
2) Kyoto University Health Services

Narrative analysis is a qualitative research method used to explore the meaning of life experiences by analyzing the narrative structure. Traditionally, narratives are analyzed horizontally as having basic elements that occur linearly in segments from the beginning to the end. However, it is possible that narratives that are not linearly structured may be overlooked or misunderstood during analysis. Therefore, this study uses and examines the clinical significance of the Dialogical Narrative Analysis of Arthur Frank (2010, 2012), who regards narratives from a vertical perspective. Narrative data from workers with recurring sick leave was presented to redefine narratives using dialogical questions and understand chaotic narratives. Furthermore, the study refers to Frank's three narrative types to define various aspects of the narratives. The classification of narrative type and discussion of narratives as related to imagination serve not only as the analytical method, but also provide insights into understanding the chaotic narratives in psychotherapy.

Keywords : narrative analysis, dialogical narrative analysis, qualitative research method, chaos narrative, recurring sick leave

資　料

心理療法におけるクライエントの感情変容を捉える
修正感情体験尺度クライエント版開発の試み

中村香理 [1)]・岩壁 茂 [2)]

1）お茶の水女子大学大学院人間文化創成科学研究科
2）お茶の水女子大学基幹研究院人間科学系

キーワード：感情変容，治療関係，プロセス尺度，クライエント視点

臨床へのポイント

- 修正感情体験尺度は，一定の信頼度をもって面接ごとのクライエントの感情変容を測定できる。
- 修正感情体験には，感情的な痛みだけでなく，ポジティブ感情も関わっている。
- 修正感情体験が起こると，面接後の感情状態も肯定的になる。

Japanese Journal of Clinical Psychology, 2020, Vol.20 No.6 ; 765-770
受理日——2020 年 2 月 26 日

Ⅰ　問題と目的

　心理療法を求めるクライエント（以下，Cl）の多くはうつや不安などの感情の問題を抱えている。したがって，セラピスト（以下，Th）は Cl の感情と関わる問題を適切に扱い，感情変容を促すことが重要である。Pascual-Leone, & Greenberg（2007）は，観察可能な指標に基づいてモデルを生成する課題分析を用いて，感情焦点化療法（Emotion-Focused Therapy）における Cl の感情変容モデルを生成した。そのモデルは，うつや不安などの二次感情を含む「全般的苦痛」から始まり，「恥や恐怖」などの中核的な痛みとそれに関わる「ネガティブな自己評価」が現れ，そして「主張的な怒り」「自己への思いやり」「グリーフや傷つき」といった適応感情が活性化されることによって「受容や主体性」の感覚に至るプロセスを表している。また，彼らのモデルは一事例を通してどのように感情が変容されていくかを調べることにも用いられている。例えば，McNally, Timulak, & Greenberg（2014）は全16セッションからなる感情焦点化療法の面接ビデオを全て見直し，感情が扱われた 123 の出来事を同定し，モデルの要素がどのように出現したかを分析した。そして，事例の初期には「全般的苦痛」が顕著であったが，中期にはそれに加えて「恥や恐怖」「主張的な怒り」が増え，後期には初めて「グリーフや傷つき」が出現したことを明らかにした。

　一方で，近年心理療法のアプローチをこえて注目されている修正感情体験の考え方によれば，Cl の感情変容をもたらす Th と Cl の治療関係の性質も重要な要素である（Alexander, & French, 1946 ; Castonguay, & Hill, 2012）。しかしながら，Pascual-Leone, & Greenberg（2007）のモデルでは Th と Cl の対人的なプロセスは検討されていなかった。そこで，Nakamura, & Iwakabe（2018）は同様に課題分析を用いて，感情に焦点を当てた統合的なアプローチにおける修正感情体験モデルの生成を試みた。その結果，Pascual-Leone, & Greenberg（2007）のモデルと同様の要素，「二次感情」「中核的痛み」「ネガティブなビリーフ」「自己への思いやり」「グリーフ」「安堵感」に加えて，Cl が「Th の共感や肯定を受け取る」「Th との安心感や親密感を深める」「Th との新しい関係体験を言葉にする」，といった対人的な要素を見出した。また，最終的な解決の状態として，希望やプライドなどのポジティブ感情，ネガティブなビリーフに代わる新しい

表 1　調査協力者

No	クライエント	主訴・問題	有効回答数
1	女性，40 歳	仕事，パートナーとの関係	14
2	男性，36 歳	うつ，仕事，家族関係	23
3	女性，49 歳	うつ，仕事，家族関係	59
4	女性，42 歳	幼少期のトラウマ，母親の自殺，育児	8
5	男性，55 歳	うつ，仕事	11
6	女性，23 歳	家族関係，進路	19
7	女性，55 歳	感情の回避，対人関係	12
8	女性，33 歳	うつ，育児	36
		計	182

ビリーフ，変容と関わる身体感覚を含む「新しいポジティブな自己の芽生え」という要素も見出した。

　では，一事例を通して修正感情体験はどのように展開されていくのか，それを扱うには方法論的な課題も大きい。修正感情体験は Cl の主観的な見方や感じ方も重要であることから，単に研究者や Th の視点から検討するだけでは十分でない。また，長期事例を扱う場合には，McNally et al.（2014）の研究のように感情が扱われた出来事を全て拾い上げ，詳細に検討するにはかなりの労力を要する。したがって，面接ごとに修正感情体験の要素がどのように現れ，変容が進んでいくかを Cl の視点から系統的に拾い上げるための量的指標も必要である。そこで本研究では，面接中の感情変容と Th との関係体験を Cl が評価する修正感情体験尺度を作成し，その信頼性と妥当性の予備的な検討を試みた。Cl が面接後にこの尺度に回答することによって，Th あるいは研究者は，Cl にとって感情や Th との関係はどのように体験されていたのか，どのような要素が際立っていたのか，あるいはどのような要素が足りなかったのかを検討することができる。

II　方法

1　調査協力者

　調査期間中に研究協力の同意が得られた方で，大学に併設された心理相談センターで心理療法を受ける Cl 8 名（男性 2 名，女性 6 名，平均年齢 41.63 歳，標準偏差 11.13 歳）を対象とした（表 1）。Th は臨床経験約 20 年の男性臨床心理士で，感情に焦点を当てた統合的なアプローチをとった。質問紙は週 1 ～ 2 回あるいは隔週の毎回の面接後に回答され，各 Cl に対して複数回実施された（平均 25.88 回，10 ～ 69 回）。

2016 年 5 月から 2017 年 8 月までに回収された 207 部のうち有効回答となった 182 部（87.92 ％）を分析対象とした。調査は研究者が所属する大学の研究倫理審査委員会の承認を得て行われ，全ての Cl から書面のインフォームド・コンセントを得た。

2　質問紙の構成

　以下の 5 つの尺度が用いられた。（1）修正感情体験尺度：25 項目 7 件法。まず，修正感情体験モデル（Nakamura, & Iwakabe, 2018）の要素に基づき，第二筆者である大学教員が以下の 6 つのカテゴリーおよび項目案を作成した。（a）Cl の問題と関わる不快な感情体験（3 項目，モデルの「二次感情」に該当），（b）根底にある中核的な不適応感情体験（3 項目，モデルの「中核的な痛み」に該当），（c）Th の共感や肯定（3 項目，モデルの「Th の共感や肯定を受け取る」に該当），（d）面接中に現れる新しい適応的な感情体験（9 項目，モデルの「自己への思いやり」や「グリーフ」「安堵感」などを含めた適応感情の体験，および「新しいポジティブな自己の芽生え」に該当），（e）自己や他者に対するビリーフの気づきや変化（3 項目，モデルの「ネガティブなビリーフ」および「新しいポジティブな自己の芽生え」に該当），（f）Th との間に体験される対人的変化（3 項目，モデルの「Th との安心感や親密感を深める」および「Th との新しい関係体験を言葉にする」に該当）。次に，第一筆者が，感情理論について知らない Cl が回答しやすいような表現や言い回しを検討し，6 項目について修正案を作成した。また，変容と関わる身体感覚も重要な要素であったことから，それと関わる 1 項目を新たに案として作成した。最後に，筆者 2 名で話し合い，その 6 項目を修

正し1項目を追加した。(2) Shorter Psychotherapy and Counselling Evaluation（以下，sPaCE）(Halstead, Leach, & Rust, 2007)：19項目5件法。うつや不安などの心理的症状を評価する効果尺度。面接日を含めた直近1週間にどのくらい悩んだり困ったりしたかを尋ねた。(3) Short Working Alliance Inventory（以下，WAI）(葛西，2006 ; Tracey, & Kokotovic, 1989)：12項目7件法。Th と Cl の作業同盟の3つの要素（目標の一致，課題の一致，情緒的絆）を評価する尺度。(4) Session Evaluation Questionnaire（以下，SEQ）(桂川・国里・菅野・佐々木，2013 ; Stiles, Gordon, & Lani, 2002)：21項目7件法。面接の深さとなめらかさ，および面接後の肯定感と覚醒度を評価する尺度。特に深さは，面接が役に立ったという評価と関連があることが指摘されている (Cummings, Barak, & Haixberg, 1995)。(5) 面接中の感情体験尺度（岩壁，2015）：20項目7件法。20の感情について面接中にどのくらい強く体験したかを尋ねた。

3　データ分析

　上記の（2）〜（5）によって，面接前の心理的状態，治療関係，体験の質，喚起された感情を測定し，修正感情体験尺度との関連性を検討した。特に，WAI は修正感情体験尺度で測定される Th との対人的な体験と，SEQ の深さは修正感情体験尺度全体と関連があると仮定された。また，面接中のネガティブ感情は修正感情体験尺度で測定される不適応な感情体験と，面接中のポジティブ感情は適応的な感情体験とそれぞれ関連があると仮定された。

　本研究により収集されたデータは各 Cl が複数回回答したものであるため，Cl の特徴がデータに混在していると考えられた。加えて，修正感情体験尺度の各項目の級内相関係数を算出したところ .34 から .68 であったため，マルチレベル分析を採用した。Lindqvist, Falkenstrom, Sandell, Holmqvist, Ekeblad, & Thoren (2017) を参考に，2つのレベルからなるマルチレベル分析では Within レベルと Between レベルを検討することから，本研究ではそれに対応して面接レベルと Cl レベルを検討した。分析には, Mplus 8.1 (Muthén & Muthén, 1998-2017) を用いた。

III　結果

1　修正感情体験尺度の因子分析と信頼性の検討

　Dunn, Masyn, Jones, Subramanian, & Koenen (2015) を参考に，修正感情体験尺度 25 項目の探索的因子分析（最尤法，オブリミン基準に基づくクォーティミン回転）を行った（表2）。その結果，解釈可能性から面接レベル4因子，Cl レベル1因子を抽出した。なお，面接レベルにおいて因子負荷量の低かった（.40以下）2項目「19. 自分の問題とかかわる出来事の詳細について思い出して話した」「23. 面接中に自分の中で起こった変化を言葉にして表した」，および Cl レベルにおいて因子負荷量の低かった1項目「02. 面接の中で不快な感情が強まっていく感覚があった」は除外した。Cl レベルは2因子以上とすると，2つの因子に負荷量の高い項目が多く，解釈が困難であった。面接レベルの第1因子は Th との肯定的な関係に関連する項目の負荷量が高いことから「Th との肯定的感情体験」，第2因子は新しい感情体験や開放感・安堵感など変化とともに起こる感情と関連する項目の負荷量が高いことから「感情変容」，第3因子はこれまでの見方やパターンの変化あるいは気づきと関連する項目の負荷量が高いことから「新しい理解」，第4因子は問題と関わる感情や痛みに関連する項目の負荷量が高いことから「中核的痛み」，と命名された。Cl レベルは1因子であったため，「修正感情体験」と命名された。項目は面接レベルのものと同一である。

　さらに，修正感情体験尺度の 22 項目が面接レベル4因子，Cl レベル1因子の構造となることを確認するため，確認的因子分析を行った。その結果，適合度は CFI = .822，RMSEA = .078，SRMRwithin = .094，SRMRbetween = .087 であった。そこで，村上・行廣 (2018) に則り，交差負荷や誤差相関の観点からモデルの問題を詳細に検討し，項目の修正を行った。まず，交差負荷の問題を検討するため，Wald 検定統計量と他の因子への負荷量に関する LM 検定統計量を比較した。前者に比べ後者が上回っている，あるいは同等の値を示す場合には，交差負荷が無視できない程度に大きいことを意味するが，そのような項目はなかった。次に，誤差相関の問題を検討するため，誤差相関に関する LM 検定統計量を確認し，その値の大きい項目の組み合わせから順に1項目ずつ除外し，モデルの適合度を確認していった。それぞれの組み合わせの

表2　修正感情体験尺度の探索的因子分析（最尤法，オブリミン基準に基づくクォーティミン回転）

項目	素点		面接レベル				CI レベル
	M	SD	1	2	3	4	1
Th との肯定的感情体験							
08. Th の共感・思いやり・暖かさを感じた	5.23	1.72	.86	−.12	.10	−.01	.93
06. Th に自分の気持ちが通じているように感じた*	5.09	1.77	.77	−.14	.14	.01	.92
22. Th と深く共鳴した	4.32	1.84	.76	.17	−.11	.03	1.00
11. Th とのあいだの信頼，安全の感覚が高まった*	4.90	1.92	.68	.13	.05	.00	.96
18. Th と分け隔てなく，とても親密に感じられた*	4.76	1.94	.63	.24	−.12	.12	.91
03. Th とのこれまでの関係を超えるような強いつながりを感じた	4.35	1.67	.50	.15	.07	.19	.92
感情変容							
12. 自分の感情を表すことですっきりする感覚または安堵感があった	4.22	2.10	.11	.75	−.04	.08	.98
13. 面接を通して生じた新しい感覚がからだにしみこむように感じた	3.82	2.15	.02	.72	.10	.02	.98
21. これまでに感じたことがない心地よい感情をからだで体験した*	3.29	1.93	.13	.72	.00	−.15	.96
24. それまでにしこりになっていた傷，痛みが緩和されて開放感を味わった*	3.22	2.09	−.12	.70	.16	.07	.98
07. 自分の中に起こった新しい感情を言葉にしてそれを表すことができた	3.93	1.66	.13	.50	.16	.01	.87
15. 新しい感情体験が起こった	3.26	2.01	.00	.44	.26	.11	.99
05. 自分自身の肯定的な側面にふれたり，気づいたりした	3.47	2.06	.23	.44	.25	−.19	.93
新しい理解							
04. 自分の中にある自己や他者に対するこれまでの見方・捉え方・考え方が変化した	3.86	1.94	.07	.02	.75	−.02	1.00
10. 自分が今までもっていた対人行動やそのパターンについて気づいた	3.98	1.96	.13	−.08	.67	.07	.95
25. 面接を通して自分の新たな側面にふれた	3.69	2.04	−.07	.31	.65	−.03	1.00
16. 自分の感情の意味や背景がわかった*	4.28	2.14	.10	.16	.47	.26	.98
中核的痛み							
20. 自分の問題にかかわる根深い苦しい感情的な痛み・苦痛を感じた*	4.62	2.07	−.03	−.12	.03	.96	.98
14. 過去から長く続く，自分の中にある痛みにふれた	4.56	2.11	.05	.16	−.07	.74	1.00
01. 面接中に自分の問題とかかわる感情を体験した	5.79	1.36	.05	−.12	.08	.60	1.00
17. 自分の中にある深い感情を体験することができた	4.41	2.12	.23	.25	.06	.53	1.00
09. 自分の問題の芯にあるような痛みにふれそれを言葉にできた*	4.16	2.03	.14	.33	−.05	.43	.92
	因子間相関		1	2	3	4	
	因子1			.49	.39	.40	
	因子2				.40	.19	
	因子3					.16	
	因子4						

注）Th はセラピスト，Cl はクライエントを表す。*確認的因子分析による項目修正の過程で削除された項目。

うち，どの項目を除外するかを判断する際は，Wald 検定統計量がより小さく，他の因子への負荷量に関する LM 検定統計量がより大きいものを除外するようにした。例えば，項目6と項目8の誤差相関に関する LM 検定統計量は 33.81 と最も大きく，そのうち項目6の Wald 検定統計量がより小さく，他の因子への負荷量に関する LM 検定統計量は項目6と項目8とで同程度であったことから，項目6を除外した。このようにして 22 項目から項目6，9，11，16，18，20，21，24 の計8項目を除外した。修正感情体験尺度 14 項目，面接レベル4因子，Cl レベル1因子の適合度は CFI＝.905，RMSEA＝.068，SRMRwithin＝.060，SRMRbetween＝.069 であった。なお，面接レベル5因子，Cl レベル1因子として，同様の方法で項目を修正した場合の適合度は CFI＝.885，RMSEA＝.070，SRMRwithin＝.062，SRMRbetween＝.080 であり，やや低かった。そのため，面接レベル4因子モデルを採用し，以降の分析を行った。面接レベルの各下位尺度の α 係数を算出したところ，第1因子から順に，.80，.83，.78，.72 であった。

2　尺度間相関の検討

　修正感情体験尺度の尺度得点と，sPaCE の合計点，WAI の尺度得点，SEQ の尺度得点，面接中の感情体

表3　修正感情体験尺度とsPaCE，WAI，SEQ，面接中の感情体験尺度との相関係数

	感情変容	新しい理解	中核的痛み	sPaCE	WAI	SEQ				面接中の感情					
						深さ	なめらかさ	肯定感	覚醒度	恐れ	悲しみ	嫌悪	怒り	驚き	喜び
面接レベル（N=182）															
Thとの肯定的感情体験	.57**	.42**	.57**	−.10	.19**	.43**	−.02	.26*	.13	.03	.25**	.13	.17*	.01	.18**
感情変容		.55**	.44**	−.21	.13	.32**	.30**	.47**	.07	−.12	−.03	−.04	.03	.18	.50**
新しい理解			.29**	−.09	.04	.23**	.03	.27**	.22**	.04	.03	.06	.09	.27**	.34**
中核的痛み				.14	.03	.39**	−.35*	−.07	.20	.43**	.60**	.53**	.48**	.22	−.01
Clレベル（N=8）															
修正感情体験				−.64**	−.03	.68*	−.16	.74**	.54**	.48	.39	.39	.37	.79**	.91**

注）Th はセラピスト，Cl はクライエント，sPaCE は Shorter Psychotherapy and Counselling Evaluation，WAI は Short Working Alliance Inventory，SEQ は Session Evaluation Questionnaire を表す。** $p<.01$，* $p<.05$.

験尺度の得点との相関係数を算出した（表3）。なお，尺度得点は各項目の点数の合計を項目数で割った値とした。また，面接中の感情は基本感情とされている恐れ・悲しみ・嫌悪・怒り・驚き・喜びの6項目を用いた。面接レベルにおいて，修正感情体験尺度の下位尺度間は全て有意な正の相関を示した。また，Th との肯定的感情体験は WAI，面接の深さ，面接後の肯定感，面接中の悲しみ・怒り・喜びと有意な正の相関を示した。感情変容は面接の深さ・なめらかさ，面接後の肯定感，面接中の喜びと有意な正の相関を示した。新しい理解は面接の深さ，面接後の肯定感・覚醒度，面接中の驚き・喜びと有意な正の相関を示した。中核的痛みは面接の深さ，面接中の恐れ・悲しみ・嫌悪・怒りと有意な正の相関を示し，面接のなめらかさと有意な負の相関を示した。一方で，Cl レベルでは，修正感情体験は面接の深さ，面接後の肯定感・覚醒度，面接中の驚き・喜びと有意な正の相関を示し，sPaCE と有意な負の相関を示した。

IV　考察

　本研究では，面接中の感情変容と Th との関係体験を評価する修正感情体験尺度 Cl 版の作成を試みた。尺度は14項目，面接レベル4因子，Cl レベル1因子からなり，面接レベルにおける各下位尺度の内的一貫性が確認された。また，確認的因子分析において，CFI は近年提案されている .95 以上という基準には満たなかったが，従来提案されてきた基準である .90 以上を満たし，RMSEA は中程度の適合（.05 ～ .10），SRMR は良い適合（.08 以下）を示した（村上・行廣，2018）。Cl レベルが1因子となったのは，サンプルの

小ささも影響していると考えられるため，今後さらにデータを加えて因子構造を確認する必要がある。
　一方で，修正感情体験尺度と sPaCE，WAI，SEQ，面接中の感情体験尺度との相関分析から尺度の妥当性が部分的に確認された。修正感情体験尺度で測定される Th との対人的な体験は WAI と関連があると仮定され，実際に面接レベルにおいて「Th との肯定的感情体験」と WAI は有意な正の相関を示した。また，修正感情体験尺度全体は SEQ の深さと関連があると仮定され，実際に面接レベルにおいても Cl レベルにおいても全て有意な正の相関が示された。さらに，修正感情体験尺度で測定される不適応な感情体験は面接中のネガティブ感情と，適応的な感情体験は面接中のポジティブ感情とそれぞれ関連があると仮定され，実際に面接レベルにおいて「中核的痛み」は恐れ・悲しみ・嫌悪・怒りと，「感情変容」は喜びと有意な正の相関を示した。「中核的痛み」は修正感情体験尺度の他の下位尺度とも有意な正の相関を示したことから，ネガティブな体験ではあるが感情変容プロセスの一部として捉えることができる。一方で，面接中の悲しみ・怒りは面接レベルにおいて「Th との肯定的感情体験」とも有意な正の相関を示した。悲しみや怒りは不適応な感情にも適応的な感情にもなり得る。しかし，Cl の自己報告のみではそうした感情の質を十分に捉えることは難しい。
　今後は，より多くの Th と Cl からのデータを増やし，以下の点に留意し，本尺度の信頼性・妥当性検証を続ける。第一に，性別や年齢などの属性の偏りに注目する。第二に，異なるデータセットを用いて因子構造の検証を行う。第三に，Th による評価や第三者による

評価を加えて尺度の妥当性を検討する。第四に，治療効果との関連を検討することが課題である。Cl にとってこのような尺度への回答は，自身の面接を振り返り，Th にフィードバックを与える機会になり，一方でTh はそれを，面接をより良いものにしていくための一つの材料として活用することができる。また，心理療法における変容プロセスを実証的に検討する上でも，このような尺度は重要な役割をもっていると考えられる。

▶ 付記

本研究は第二筆者が JSPS 科研費基盤研究（C）「修正感情体験のプロセスと効果（JP16K04347）」の助成を受けた研究の一部です。調査にご協力くださった皆様に感謝申し上げます。

▶ 文献

Alexander, F., & French, T. M. (1946). *Psychoanalytic therapy : Principles and application.* New York : Ronald Press.

Castonguay, L.G., & Hill, C.E. (2012). Corrective experiences in psychotherapy : An introduction. In L.G. Castonguay, & C.E. Hill (Eds.), *Transformation in psychotherapy : Corrective experiences across cognitive behavioral, humanistic, and psychodynamic approaches.* Washington, DC : American Psychological Association, pp.3-9.

Cummings, A.L., Barak, A., & Haixberg, E.T. (1995). Session helpfulness and session evaluation in short-term counselling. *Counselling Psychology Quarterly,* 8, 325-332.

Dunn, E.C., Masyn, K.E., Jones, S.M., Subramanian, S.V., & Koenen, K.C. (2015). Measuring psychosocial environment using individual responses : An application of multilevel factor analysis to examining students in schools. *Prevention Science,* 16, 718-733.

Halstead, J.E., Leach, C., & Rust, J. (2007). The development of a brief distress measure for the evaluation of psychotherapy and counseling (sPaCE). *Psychotherapy Research,* 17, 656-672.

岩壁　茂 (2015)．面接中の感情体験尺度．未発表．

葛西真記子 (2006)．セラピスト訓練における治療同盟，面接評価，応答意図に関する実証的研究　心理臨床学研究，24，87-98.

桂川泰典・国里愛彦・菅野純・佐々木和義 (2013)．日本語版セッション評価尺度（The Japanese Session Evaluation Questionnaire : J-SEQ）作成の試み　―カウンセラー評定による検討―　パーソナリティ研究，22，73-76.

Lindqvist, K., Falkenstrom, F., Sandell, R., Holmqvist, R., Ekeblad, A., & Thoren, A. (2017). Multilevel exploratory factor analysis of the Feeling Word Checklist-24. *Assessment,* 24, 907-918.

McNally, S., Timulak, L., & Greenberg, L.S. (2014). Transforming emotion schemes in emotion focused therapy : A case study investigation. *Person-Centered and Experiential Psychotherapies,* 13, 128-149.

村上　隆・行廣隆次（監修）(2018)．心理学・社会科学研究のための構造方程式モデリング　―Mplus による実践―　ナカニシヤ出版

Muthén, L.K., & Muthén, B.O. (1998-2017). *Mplus User's Guid*e. 8th Ed. Los Angeles, CA : Muthén & Muthén.

Nakamura, K., & Iwakabe, S. (2018). Corrective emotional experience in an integrative affect-focused therapy : Building a preliminary model using task analysis. *Clinical Psychology and Psychotherapy,* 25, 322-337.

Pascual-Leone, A., & Greenberg, L.S. (2007). Emotional processing in experiential therapy : Why "the only way out is through". *Journal of Consulting and Clinical Psychology,* 75, 875-887.

Stiles, W.B., Gordon, L.E., & Lani, J.A. (2002). Session evaluation and the session evaluation questionnaire. In G.S. Tryon (Ed.), *Counseling based on process research : Applying what we know.* Boston : Allyn and Bacon, pp.325-343.

Tracey, T.J., & Kokotovic, A.M. (1989). Factor structure of the working alliance inventory. *Psychological Assessment : A Journal of Consulting and Clinical Psychology,* 1, 207-210.

Assessing Client Emotional Changes in Psychotherapy : The Development and Initial Validation of Corrective Emotional Experience Scale-Client Version

Kaori Nakamura [1], Shigeru Iwakabe [2]

1) Graduate School of Humanities and Sciences, Ochanomizu University
2) Human Science Division, Faculty of Core Research, Ochanomizu University

Keywords : emotional change, therapeutic relationship, process measure, client's perspective

実践研究論文の投稿のお誘い

『臨床心理学』誌の投稿欄は，臨床心理学における実践研究の発展を目指しています。一人でも多くの臨床家が研究活動に関わり，対象や臨床現場に合った多様な研究方法が開発・発展され,研究の質が高まることで,臨床心理学における「エビデンス」について活発な議論が展開されることを望んでいます。そして，研究から得られた知見が臨床家だけでなく，対人援助に関わる人たちの役に立ち，そして政策にも影響を与えるように社会的な有用性をもつことがさらに大きな目標になります。本誌投稿欄では，読者とともに臨床心理学の将来を作っていくための場となるように，数多くの優れた研究と実践の取り組みを紹介していきます。

本誌投稿欄では，臨床心理学の実践活動に関わる論文の投稿を受け付けています。実践研究という場合，実践の場である臨床現場で集めたデータを対象としていること，実践活動そのものを対象としていること，実践活動に役立つ基礎的研究などを広く含みます。また，臨床心理学的介入の効果，プロセス，実践家の訓練と職業的成長，心理的支援活動のあり方など，臨床心理学実践のすべての側面を含みます。

論文は，以下の5区分の種別を対象とします。

論文種別	規定枚数
①原著論文	40 枚
②理論・研究法論文	40 枚
③系統的事例研究論文	40 枚
④展望・レビュー論文	40 枚
⑤資料論文	20 枚

①「原著論文」と⑤「資料論文」は,系統的な方法に基づいた研究論文が対象となります。明確な研究計画を立てたうえで,心理学の研究方法に沿って実施された研究に基づいた論文です。新たに,臨床理論および研究方法を紹介する，②「理論・研究法論文」も投稿の対象として加えました。ここには，新たな臨床概念，介入技法，研究方法，訓練方法の紹介，論争となるトピックに関する検討が含まれます。理論家，臨床家，研究者，訓練者に刺激を与える実践と関連するテーマに関して具体例を通して解説する論文を広く含みます。④「展望・レビュー論文」は，テーマとなる事柄に関して，幅広く系統的な先行研究のレビューに基づいて論を展開し，重要な研究領域や臨床的問題を具体的に示すことが期待されます。

③「系統的事例研究論文」については，単なる実施事例の報告ではなく，以下の基準を満たしていることが必要です。

①当該事例が選ばれた理由・意義が明確である，新たな知見を提供する，これまでの通説の反証となる，特異な事例として注目に値する，事例研究以外の方法では接近できない（または事例研究法によってはじめて接近が可能になる），などの根拠が明確である。
②適切な先行研究のレビューがなされており，研究の背景が明確に示される。
③データ収集および分析が系統的な方法に導かれており，その分析プロセスに関する信憑性が示される。
④できる限り，クライエントの改善に関して客観的な指標を示す。

本誌投稿欄は，厳格な査読システムをとっています。査読委員長または査読副委員長が，投稿論文のテーマおよび方法からふさわしい査読者2名を指名し，それぞれが独立して査読を行います。査読者は，査読委員およびその分野において顕著な研究業績をもつ研究者に依頼します。投稿者の氏名，所属に関する情報は排除し，匿名性を維持し，独立性があり，公平で迅速な査読審査を目指しています。

投稿論文で発表される研究は，投稿者の所属団体の倫理規定に基づいて，協力者・参加者のプライバシーと人権の保護に十分に配慮したうえで実施されたことを示してください。所属機関または研究実施機関において倫理審査，またはそれに代わる審査を受け，承認を受けていることを原則とします。

本誌は，第9巻第1号より，基礎的な研究に加えて，臨床心理学にとどまらず，教育，発達実践，社会実践も含めた「従来の慣習にとらわれない発想」の論文の募集を始めました。このたび，より多くの方々から投稿していただけるように，さらに投稿論文の幅を広げました。世界的にエビデンスを重視する動きがあるなかで，さまざまな研究方法の可能性を検討し，研究対象も広げていくことが，日本においても急務です。そのために日本の実践家や研究者が，成果を発表する場所を作り，活発に議論できることを祈念しております。

（査読委員長：岩壁 茂）（2017年3月10日改訂）

新刊案内

Ψ金剛出版　〒112-0005　東京都文京区水道1-5-16　Tel. 03-3815-6661　Fax. 03-3818-6848
e-mail eigyo@kongoshuppan.co.jp　URL https://www.kongoshuppan.co.jp/

認知行動療法実践のコツ

臨床家（あなた）の治療パフォーマンスをあげるための技術（アート）

［著］原井宏明

今や，多くの精神疾患の治療について認知行動療法（CBT）のエビデンスがあり，メジャーな精神疾患の治療ガイドラインでCBTをファーストラインの治療法として取り上げていないものはまずない。エビデンスという点でCBTは勝ち組と言えるが，勝ったと言えるためには病気に勝ったという結果も必要だろう。エクスポージャー，動機づけ面接，ACTといったCBTの各技法の実践のコツを，著者の臨床の知から具体的にわかりやすく解説。症例検討編や，うつ病，不安症，薬物依存などの各疾患ごとの治療についても語る，CBTの名手による実践的著作集。　　　　　　　　　本体3,400円＋税

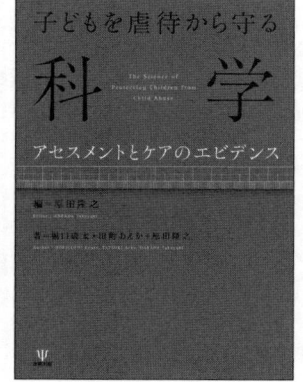

ポジティブサイコロジー 不登校・ひきこもり支援の 新しいカタチ

［著］松隈信一郎

不登校やひきこもりの若者のストレングス（強み）を生かしながら希望に向けて進める形の支援を続けてきた著者が，ポジティブサイコロジーの科学的根拠に基づいた実践的アプローチを紹介する。支援する若者のこころを「庭」にたとえ，ネガティブな側面（雑草）をならしながらプラス面（花）を育てるという発想から支援をしていく。　　　　　　　　　本体2,800円＋税

子どもを虐待から守る科学

アセスメントとケアのエビデンス

［編］原田隆之
［著］堀口康太　田附あえか　原田隆之

児童虐待に対応する支援者には自らの実践のエビデンスを追求する必要がある。児童虐待の基本データ，児童相談所をはじめとする機関の役割とそれを支える法制度，児童虐待のリスクファクターとリスクアセスメントをめぐる論争，段階に沿った効果的な介入，虐待が子どもの成長に及ぼす影響，児童福祉施設に入所した子どもへの効果的なケア。それぞれの検討を通して本書が提示するのは，データをもとに支援者が自らの実践の根拠を携えるための「児童虐待と闘う科学」である。　　　　　　　　　本体2,600円＋税

臨床心理学 ✳ 最新研究レポート シーズン 3
THE NEWEST RESEARCH REPORT SEASON 3

第**25**回

日常の臨床活動においてクライエントからのフィードバックを活用する

Lambert MJ, Whipple JL & Kleinstäuber M（2018）Collecting and delivering progress feedback : A meta-analysis of routine outcome monitoring. Psychotherapy 55-4 ; 520-537.

高野 明 *Akira Takano*
［東京大学 相談支援研究開発センター］

I　はじめに

　私たちは，クライエントへの心理的支援について，その進捗状況をどのように評価しているだろうか。直接的には，セッション中にクライエントとの対話から得られる情報や，心理検査を用いたアセスメント結果から判断することが多いだろうし，また，セッション後には，事後的に相談記録をもとに振り返ったり，事例検討会やスーパービジョンでクライエントとの関わりのなかで何が起きているかを詳細に検討したりして，進捗状況を評価することも一般的だろう。

　心理学的介入のアウトカムに関する研究からは，介入が一部のクライエントにとっては，有用でないか，逆に有害となってしまう場合もあることが示されている。さらに，クライエントの状態悪化に支援者側が気付けないことが多いという指摘もなされている。

　クライエントの状態悪化を防ぐための対策として，クライエントからの定期的なフィードバックを得て進捗を評価し，その評価にもとづき介入を調整する「定期的なアウトカムモニタリング（Routine Outcome Monitoring : ROM）」という手法が開発され，欧米を中心に実践でも活用され

るようになりつつある。

　心理学的介入をより効果的なものにするために，また，クライエントの状態悪化を避けるために，ROM システムの活用を日常的な臨床実践の枠組みに組み込んでいくことは検討に値すると考えられるが，日本の臨床現場ではほとんど普及していないのが現状だろう。ここでは，代表的な 2 つの ROM システムの効果について検証した 24 の研究に対する系統的レビューとメタ分析の論文を紹介してみたい。

II　OQ-Analyst フィードバックシステム

　OQ-Analyst フィードバックシステム（以下，OQ-System）は，Outcome Questionnaire-45（OQ-45）（Lambert et al., 2013）と Assessment for Signal Cases（ASC）（Lambert et al., 2015）という 2 つの尺度を用いて，クライエントからのフィードバックをリアルタイムに集計・分析して支援者に報告し，支援者の意思決定をサポートするオンラインの ROM システムである。

　OQ-45 は，クライエントの心理的機能の 3 つの領域，①心理的障害（特に不安と抑うつ）の状態，②対人関係の問題，③社会的役割の機能を評価する尺度で，得点が高いほど，クライエントの

現在の心理的障害のレベルが高いことを示す。毎回あるいは定期的にセッション開始前にクライエントが OQ-45 に回答し，その結果を参照して支援者がセッションに入ることができるようになっている。OQ-System では，介入開始時の OQ-45 の得点に応じて設定される期待される回復ペースとの比較から，期待される介入効果が得られておらず，介入成績が悪くなるリスクがあるクライエントが特定される。そして，悪化リスクのあるクライエントについては，支援者に臨床支援ツール（Clinical Support Tool：CST）を用いた問題解決が促される。CST は，支援者が考慮すべきクライエントの転帰に関係する要因を検討することを目的とする問題解決のためのチャートとなっている。支援者は，CST を用いた問題解決を支援をするために開発された尺度である ASC の結果を参考に，クライエントの状態悪化を防ぐための対策を検討することができる。ASC は，①セラピスト-クライエント関係，②クライエントの動機付け，③ソーシャルサポート，④ネガティブなライフイベントを領域ごとに評価する，クライエントによる自己報告式の尺度である。

III　Partners for Change Outcome Management System（PCOMS）

PCOMS（Duncan & Miller, 2008；Prescott et al., 2017）は，心理的健康の状態を測定する Outcome Rating Scale（ORS）と治療同盟を評価する Session Rating Scale（SRS）という２つの尺度を使用するオンラインの ROM システムである。それぞれ４項目からなる簡潔な尺度のため，臨床場面で用いやすく，セッション中に心理的健康の状態と治療同盟の評価について測定し，その結果についてクライエントと支援者が話し合いやすくなるように作られている。どちらかの尺度得点で問題があると思われる場合には，クライエントと支援者が介入の選択肢について話し合うことで，否定的な結果を回避することにつなげることができる。

IV　系統的・メタ分析的レビュー

本研究のレビューでは，OQ-System または PCOMS のいずれかを使用したクライエント・フィードバックに関する研究のうち，フィードバックあり群とフィードバックなしの通常介入群の比較が行われているなどのレビューの基準に合致した 24 の研究が取り上げられている。メタ分析では，フィードバックあり群と通常介入群について，介入終了時におけるアウトカム尺度の平均得点，標準偏差，参加者数を収集し，各条件の効果量が算出されている。また，フィードバック群と通常介入群間でクライエントの悪化と改善の割合を確認するために，両群の介入終了時におけるクライエントの悪化者数，改善者数，総サンプル数を収集し，各条件のオッズ比が算出されている。

1　OQ-System についてのレビュー

OQ-System について検討した 15 の研究のうち 11 件で，OQ-45 の得点が，期待される回復ペースから外れたクライエントのフィードバック群と，期待される回復ペースから外れたクライエントの通常介入群の間で有意な差が確認された。また，11 件の研究で，通常の介入と比較してフィードバックありの介入が有意な効果を持つことが報告された。つまり，臨床実践においては，日常的な支援のなかでクライエントからのフィードバックを用いることにより，期待される回復ペースから外れた，悪化するリスクのあるクライエントのアウトカムを向上させる可能性が示唆された。

メタ分析からは，全サンプルでの比較において，フィードバックありの介入は，通常の介入と比較して，小さい効果量であるものの有意に優れた効果が示され，オッズ比の検討からは，統計的には有意でないものの，フィードバックありの介入が，悪化したクライエントの数を減少させ，介入終了時に改善したクライエントの数を増加させる傾向が示された。

期待される回復ペースから外れたクライエント

のみで比較すると，フィードバックありの介入は，通常の介入と比較して，より大きな効果量で有意に優れた効果があることが示された。また，フィードバックありの介入群で，悪化したクライエントの割合が有意に減少し，改善したクライエントの割合が有意に増加した。

　フィードバックに加えて CST の利用を行った 6 件の研究からは，期待される回復ペースから外れたクライエントについて，フィードバック＋CST 群と通常介入群の比較で，中程度の効果量が確認された。オッズ比の分析では，フィードバック＋CST 群は，悪化するクライエントの減少と改善するクライエントの増加に有意な効果があることが示された。これらの効果量は，期待される回復ペースから外れたクライエントについてのフィードバック群と通常介入群間の効果量よりも大きいものであった。

　以上をまとめると，全サンプルでの比較では，フィードバックありの介入は非常に小さな効果量（0.14）に，期待される回復ペースから外れたクライエントでの比較では，より大きな効果量（0.33）に，フィードバックに加えて CST が用いられた場合には，さらに大きな効果量（0.49）になることが示された。

❷　PCOMS についての解析的レビュー

　PCOMS の効果を検討した 9 件の研究のうち 6 件で，フィードバック群と通常介入群間の有意差が報告されている。つまり，臨床実践の面からは，PCOMS を導入することで通常の介入以上にクライエントの転帰が改善される可能性が示されたと言える。

　メタ分析からは，全サンプルでの，PCOMS のフィードバックあり群と通常介入群との比較で，統計的に有意で小程度から中程度の効果量が示された。また，フィードバック群で，通常介入群と比較して，悪化するクライエント数の有意な減少が見られなかった一方で，改善したクライエント数は有意な増加が示された。PCOMS を用いた介

入の治療効果の大きさは，研究間でばらつきがあり，一様ではないことを示唆している。さらに，レビューで取り上げられた 9 件の研究のうち，4 件は米国以外で実施されたものであり，そのうち 3 件はフィードバックを用いる介入の優位性が示されなかった。

　9 件の研究から得られた知見を集約すると，PCOMS は ROM システムとしての活用に対する信頼性が高まりつつあることが示された。支援者は，PCOMS のフィードバックがクライエントのアウトカムを向上させることが期待でき，その効果量は 0.40 であったものの，各研究の結果にはかなりのばらつきが見られた。

　一方で，PCOMS を利用することで，介入終了時に「変化なし」と分類されるクライエントの数を大幅に減少させることが示され，PCOMS によるフィードバックを用いた介入では，確実に改善したと言えるほど大きく変化することが明らかになった。

Ⅴ　研究の限界

　本研究のメタ分析では，クライエント側の要因が ROM システムの効果にどの程度影響を及ぼしているかは検討できていない。このレビューで検討された 24 の研究では，クライエントの診断名によって ROM フィードバックの効果はあまり影響を受けないということが示されているが，診断名の影響について慎重な検討がなされておらず，その解釈には注意を要する。また，多くのクライエントがフィードバックありの介入に影響を受けないことが明らかになっているが，これがクライエントの側の要因，支援者側の要因，フィードバックの性質に関連した要因のうち，いずれの影響を受けているのかについての知見は提供されていない。

　ROM システムによる介入研究の限界としては，介入効果を評価した研究が少なく，一部の研究者による知見に偏っており，また，単一の自己報告尺度での評価に依存していることなどが挙げ

られる。今後の研究課題としては，より広い範囲の介入状況の設定とクライエント集団を対象に評価が実施される必要があり，それによって，クライエント・フィードバックを用いた実践の限界を明らかにし，介入効果を最大化する要因を明らかにすることが求められている。

VI 実践への示唆

本研究で取り上げたエビデンスからは，OQ-System または PCOMS のいずれかの ROM システムを用いて，心理学的介入を受けているクライエントの心理的健康状態を日常的にモニタリングすることが推奨される。具体的には以下の4点が推奨される——①介入形態（たとえば，個人，カップル，グループなど）や介入の枠組みにかかわらず，成人クライエントに対して ROM システムを用いること，②支援者がクライエントの状態悪化を正確に検知する能力に限界があることを補うために，リスクのあるケースを特定する警告機能を備えたリアルタイムの ROM フィードバックを用いること，③支援者の能力に頼るのではなく，ROM フィードバックによる報告と警告をクライエントの進捗状況を示す重要なサインとして検討すること，④支援者が ASC と CST を利用してクライエントとの話し合いを実施し，リスクのあるケースの問題を解決することで，単なる進捗のフィードバックを越えたさらなる臨床上のメリットを提供すること。

VII 紹介者からのコメント

ROM システムの導入に関しては，毎回の尺度への回答が治療関係に影響を及ぼすのではないかといった懸念や，クライエントの抱える問題や支援者とクライエントとの関係を尺度で測れない部分も多いのではないかといった抵抗感を抱く支援者も多いかもしれない。もちろん，ROM システムから得られる情報がすべてではなく，悪化のリスクがある場合にリスクなしというフィードバックが得られたり，リスクがないにもかかわらずリ

スクありという誤ったフィードバックが得られることもありえる。

筆者が所属する学生相談期間では，日常の実践のなかで OQ-45 を用いて，クライエントからのフィードバックを毎回の面接に活用している。限られた面接時間のなかでクライエントの変化をすべて拾い上げることは容易ではなく，ROM システムのフィードバックからクライエントの変化に気づかされ，助けられることも多いと実感している。

ROM システムの導入は，個別事例での介入効果を高めるためだけでなく，臨床実践のあり方についても，エビデンスにもとづいた議論を可能にしてくれる。たとえば，面接を隔週で行うよりも毎週のほうが改善のスピードが速いという報告（Erekson et al., 2015）や，継続相談の間隔を空けて新しい来談者を受け入れる方式よりも，毎週の継続相談を維持して相談枠が空いた場合にのみ新規来談者を受け入れる方式のほうが，問題の改善が顕著で，クライエント一人あたりの相談回数も確保できるという報告（Center for Collegiate Mental Health, 2019）などがあり，データにもとづいた効果的な実践活動のあり方を検討する方法としても有用であると考えられる。

なお，本研究で取り上げたもの以外にも，米国の大学カウンセリングセンターで多く用いられている Counseling Center Assessment of Psychological Symptoms（CCAPS）（Locke et al., 2011）や Behavioral Health Measure（BHM）（Kopta & Lowry, 2002）などの ROM システムもあり，CCAPS については日本語版も開発されている（Horita et al., 2020）。

クライエント・フィードバックの日本での普及については，ROM システムの日本語版が少ないことや，ROM システムの日本国内でのサービスや販売が行われていないため，導入の敷居が高いことが課題として挙げられる。また，インターネットやコンピューターを用いたアセスメント手法や面接補助ツールの活用が一般的になっていないと

いうことも，普及の足かせになっていると思われる。とはいえ，心理学的介入をより効果的なものにするための一つの方策として，ハードルを乗り越えてでも導入するだけの価値が，ROM システムにはあるのではないだろうか。

▶文献

Center for Collegiate Mental Health (2019) Center for Collegiate Mental Health (CCMH) 2018 Annual Report. (https://ccmh.psu.edu/annual-reports [2020 年 10 月 11 日閲覧])

Duncan BL & Miller SD (2008) The Outcome and Session Rating Scales : The Revised Administration and Scoring Manual, Including the Child Outcome Rating Scale. Chicago, IL : Institute for the Study of Therapeutic Change.

Erekson DM, Lambert MJ & Eggett DL (2015) The relationship between session frequency and psychotherapy outcome in a naturalistic setting. Journal of Consulting and Clinical Psychology 83 ; 1097-1107.

Horita R, Kawamoto A, Nishio A et al. (2020) Development of the counseling center assessment of psychological symptoms-Japanese version : Pilot study. Clinical Psychology and Psychotherapy 27 ; 97-105. doi:10.1002/cpp.2412

Kopta S & Lowry J (2002) Psychometric evaluation of the behavioral health questionnaire-20 : A brief instrument for assessing global mental health and the three phases of psychotherapy. Psychotherapy Research 12 ; 413-426. doi:10.1093/ptr/12.4.413

Lambert MJ, Bailey RJ, White M et al. (2015) Clinical Support Tool Manual (Brief Version-40). Salt Lake City, UT : OQMeasures.

Lambert MJ, Kahler M, Harmon C et al. (2013) Administration and Scoring Manual : Outcome Questionnaire OQ®-45.2. Salt Lake City, UT : OQMeasures.

Locke BD, Buzolitz JS, Lei P et al. (2011) Development of the counseling center assessment of psychological symptoms-62 (CCAPS-62). Journal of Counseling Psychology 58 ; 97-109.

Prescott DS, Maeschalck CL & Miller SD (2017) Feedback-Informed Treatment in Clinical Practice : Reaching for Excellence. Washington DC : American Psychological Association. doi:10.1037/0000039-000

♪ 主題と変奏——臨床便り

第46回

「東洋思想と心理療法」研究会の歩み

大山みち子
[武蔵野大学・広尾心理臨床相談室]

I　これまで

「東洋思想と心理療法」研究会は，下坂クリニック院長で精神分析家の下坂幸三を世話人代表として，1999年に発足した。会の前身は，下坂が，自身のクリニックのスタッフでもあった広尾心理臨床相談室室長の森山敏文に解説を依頼した「正法眼蔵」の個人的な抄読会であり，テーマを広げていく中で今に至っている。下坂は講演などで「Freudで埋まらなかった部分が正法眼蔵で埋まった」と語っており，鎌倉初期の禅僧道元の説く，難解ながらも先進的な仏教哲学が，日常の臨床に有益であると実感していた。なおこの詳細は，金剛出版の下坂・森山の著作および『家族療法研究』誌などを参照されたい。

精神療法に関する学会や研究会はすでに多くあり，類似の会を殊更に興す必要はなく，異なる切り口で臨床家の栄養になるものを求めてきた。参加資格不問・予約不要，ただし内容は濃いものを，という趣旨で，顧問に西園昌久・佐々木雄二を迎え，世話人たちで毎回テーマを考え，講師を招聘してきた。それだけに多彩な演者やテーマが魅力であり，東洋（中華圏・インド・本邦など）の思想・宗教・文化民俗に至るまでを中心としている。演者や形式を順不同に挙げると，中村雄二郎，吉見俊哉，羽田昶，唐十郎，前田重治らの講義，『あらしのよるに』の作者きむらゆういちによる読み聞かせ，柳亭燕路による落語，僧侶やユタによる解説，アイヌやネイティブカナディアンの方による祭祀や詠唱の実演などである。これらは，精神科医で田無神社宮司でもあった賀陽濟ら，世話人たちの交友の広さを示すものでもある。

世話人代表を下坂から森山が引き継いだ2年後，恩田彰らを迎え「死について」をテーマにした2006年の会の翌朝，下坂は急逝した。

私見であるが，「無意識を発見」するには意識の存在が不可欠であるように，このように東洋思想を対象化する行動は，我々自身が，対比としてのいわゆる西洋的な態度を，すでに身につけて（しまって）いるためでもあるかもしれない。自らの内にある東洋的心性を再発見する作業の意義は，ここにもある。

II　今とこれから

昨年2019年に，2代目世話人代表の森山が病を得て亡くなった。残る世話人たちは，運営を見直し，事務的な労力を極力減らし我々が講師から学ぶ時間を増やす，という趣旨の原点に返ることとし計画も整えていた。しかしこのたびのコロナ禍があり，感染拡大防止を第一に中止を決断したのが現在である。今後は，ポスターや通信文の郵送はとりやめ，ホームページでの情報発信に限ることとしている。これまでは，インターネットの環境が整わない参加者にも届くことや会のおもむきを考え，郵送を大切にしていたが，状況のよみにくい現時点では，情報更新の速さを優先し，現場の手作り・手弁当のよさを大切にするために判断した。

▶追記

すでに来年度に向け計画を進めておりますので，ご期待ください。テーマなど詳細は，下記のURLに掲載します。現在も新型コロナの感染収束は見えにくいため，参加ご希望の方は，（予約は不要ですが）事務局にメールでご一報いただければ，最新の情報をお伝えしますので，確実です（研究会ホームページ：https://www.aopp1999.com/ | 事務局メールアドレス：aopp1999@gmail.com）。

書評 BOOK REVIEW

鈴木大介［著］
「脳コワさん」支援ガイド

医学書院・A5判並製
定価2,000円（税別）
2020年5月刊

評者＝**風間雅江**（北翔大学）

　女性や若者の貧困問題，高齢者を狙う犯罪など，現代日本の格差社会の歪みに由来する深刻な問題をテーマに，多くの著作を世に送り出してきた著者。一連の作品では，当事者に密着した取材と綿密な分析により問題の本質に鋭く迫りつつ，一人ひとりの当事者の心の声をつぶさに聴きとり代弁しようとする姿勢が貫かれている。

　短期間で次々と話題作を刊行し，新たな領域の仕事も手掛け，死を予期するほどの激務の日々を送っていた2015年，著者41歳にして脳梗塞を発症し，高次脳機能障害を負う。

　本書は，その闘病記の3冊目になる。「脳コワさん」という言葉は，「脳機能に不自由を抱えた様々な当事者」を指し示す表現として，著者より先に発達障害と脳腫瘍による苦しさを抱えていた妻が考え出したという。先に刊行された『脳が壊れた』（新潮社，2016）と『脳は回復する——高次脳機能障害からの脱出』（新潮社，2018）に続き，高次脳機能障害当事者として体験した精神世界や，時と共に変化していく経過などをリアルに，時にユーモアを交えて描写している。著者は高次脳機能障害がもたらす困りごとには，発達障害，認知症，PTSDなどと共通する点があり，それは脳内の情報処理の特徴に由来すると論じている。

　本書では，発症後4年半が経ち，自身と援助職の現実を俯瞰し，心理職を含む全ての援助職に向けて，目に見えない障害による悲痛な体験を重ねる当事者がどのような支援を望んでいるのか，治療場面や生活場面で求められる配慮と支援の具体的な内容はいかなるものかを明確に示している。

　前書『脳は回復する』では，発症から12日後に入院先から担当編集者に送った長いメールが掲載されていて，「人生に何度もない僥倖と認識」「なにより自身が脳に障害を持つということは，当事者の気持ちが一端でもわかるということ」「ルポライターとして願っても得られない機会」など，超急性期にして執筆の意欲に満ち溢れている。病前に取材した多くの当事者を十分に理解できていなかったことへの痛恨の念，自身の病の体験によって当事者理解に近づいているという確信，文筆家として著作を通して当事者の理解と支援に繋げたいという願い……こうした思いが本書において実を結び花開いている。「疾患（disease）」よりも「病い（illness）」の体験が語られる内省描写には，古典的な学術理論とは次元を異にする，新たな心理支援の方法を帰納的に発展させるための貴重な示唆がある。

　本書は秀逸な言語表現に加えて，重要ポイントに黄色のマーカーが付され，イラストも多用されていて理解を助ける視覚的手がかりが多い。本書と併せて，臨床心理士で高次脳機能障害者への豊かな臨床経験をもち，神経心理学およびリハビリテーションの専門家でもある山口加代子氏と，鈴木大介氏の対談形式で著わされた新刊『不自由な脳——高次脳機能障害当事者に必要な支援』（金剛出版，2020）を読むと，当事者が望む支援の術を知ることができるだろう。

日本学生相談学会 ［編］
学生相談ハンドブック新訂版

学苑社・A5判並製
定価3,500円（税別）
2020年5月刊

評者＝杉原保史（京都大学）

　学生相談とは何だろうか？　学生相談は独自の専門性をもった心理支援の実践なのだろうか？　学生相談というのは，ただ単に大学，短大，高専という高等教育機関の場において行われる心理支援というだけではないのか？　そもそも大学に学生相談は本当に必要なのか？　地域の精神科クリニックと連携をとれば，大学には学生相談なんてなくていいのではないか？

　新自由主義的な政策が推し進められ，経済的効率性がますます優先される近年の社会状況のなかで，学生相談には，懐疑的な眼差しとともに，こうした疑問が差し向けられることが増えている。

　本書は，学生相談に関する基本的な知識が一通りカバーされた概説書であり，2010年に刊行された同名の書籍をアップデートしたものである。そして本書は，まさに上に挙げたような疑問に答えるものとなっている。本書には，決して追い風とは言えない状況のなかで，日々，苦悩を抱えて来談する学生たちに誠実に向き合っている学生相談カウンセラーたちが，その実践のなかでもがきながら獲得した経験知が息づいている。本書を読めば，大学という場にとって，学生相談がいかに本質的に重要な役割を担っているかが分かるはずである。

　大学を取り巻く状況は，近年，目まぐるしく変化している。18歳人口の減少，大学改革の推進，グローバル化，障害者差別解消法の施行，などなど。そうした変化を反映して，本書には，まさに今，学生相談が置かれている状況や，直面している課題がビビッドに反映されている。例えば，特別なニーズのある学生として，障害のある学生，不登校・ひきこもり，性的マイノリティ，留学生を取り上げ，それぞれに対する支援について解説されている。これらの学生への支援はいずれも近年，ますます重要となっているものである。

　かつての学生相談は，大学の相談機関でありながら，学生の教育に責任を担う主体である所属学部に対して

も厳格に秘密を守って独立的に相談を行っていた。しかし近年，大学においても，学生相談室，障害学生支援室，ハラスメント相談室，就職相談室，保健管理センターなどに所属する多様な学生支援専門職と，対象学生が所属する学部の教職員とで，チームを組んで学生支援を行う体制づくりへのニーズが高まっている。本書では，こうした学内連携に1章を割いて詳しく取り上げている。

　また現代の学生相談室は，悩みを抱えて相談に来る学生への対応に加えて，学内でのさまざまなトラブルや，学生が起こす犯罪などの事件，自殺など，大学を揺るがすリスクへの対応に関わるよう求められることが増えている。こうした危機対応についても1章が割かれている。

　現在，多くの学生相談室では，個別の相談以外にも，授業，グループ活動，居場所づくり活動，ピアサポート活動など，多様な活動を行っている。本書ではこうした多様な活動，さらには大学における学生相談機関の組織づくり，教員や保護者に向けた活動，広報と情報発信など，現在の学生相談に求められる幅広い活動が取り上げられている。

　本書は現代の学生相談のスタンダードを示すものであり，学生相談の現場のカウンセラーにとっては，本書を読むことが，自らの実践をふり返って検討する良い機会となるだろう。現場のカウンセラーだけでなく，学生相談を理解したい大学関係者にとっても有用な1冊である。

亀岡智美 ［著］
子ども虐待とトラウマケア
—— 再トラウマ化を防ぐトラウマインフォームドケア

金剛出版・A5判上製
定価3,400円（税別）
2020年6月刊

評者＝橋本和明（花園大学）

　著者はこれまで虐待をはじめとする子どもの臨床に長年かかわり，そしてトラウマ臨床の最前線でいつも活躍してきた医師であり臨床家である。本書では虐待へのかかわりやトラウマを受けた人への治療について取り上げているが，トラウマ臨床を牽引してきた著者であるだけに，わが国のトラウマ臨床の歴史を知るの

にもよい本である。

　そして，発達障害とトラウマにも触れ，「発達障害の特性は，一般の人たちにも知られるようになった。いわば，見えない発達障害の特性を見分けられるメガネを持つ人たちが増えたということができる。しかし，同じく見えないこころのケガであるトラウマが良く見えるメガネは，まだ一般にはあまり流通していないようである。今後は，これらの複数のメガネを通して，発達障害の人たちのトラウマを適切に理解し，対応していく姿勢が切に求められている」と述べている。まだまだ一般の人にはトラウマが正確には理解されておらず，より深い理解と適切な支援をしていくためにも本書の存在は大きい。

　また本書で著者が強調するのは，トラウマインフォームドケアである。それは「見えないトラウマを見える化する」ためにも重要であると論じている。同時に，「これは特定の治療プログラムのようなものではなく，支援の最も基本的な概念を示すものである」とも述べている。トラウマを抱える人にどのような姿勢で向き合うのかはトラウマ臨床にとってなにより大切であると，著者は自然体でサラッと言っているところにも感銘を覚える。○○療法とか，○○プログラムといった技法やテクニックが注目されがちであるが，心の傷を負っている人の悲しみをどう受け止め，いかに傷口に触れていくかといったことが重要かを思い知らされるのである。また，著者はこうも述べている。「自分や世の中に失望し，半ば人生をあきらめて生きている彼らを何とかやる気にさせ，ほんの少しの希望を抱かせることが重要なのである。この作業は，支援の成否を分ける要となる部分であるが，残念ながら，実際の支援現場では，この点がほとんど顧みられていないというのが実情である」と。著者がこれまでどれだけトラウマ臨床に悪戦苦闘してきたかが読み取れる一文である。

　このように虐待臨床やトラウマ，解離，トラウマインフォームドケアなど，本書の読みどころは満載である。そして，本書には具体的な事例が非常に多く挿入されていて，われわれの理解を大いに深めてくれる。そこにはトラウマケアの技術的なことばかりでなく，先ほども述べたような著者の人への温かいまなざしや接し方が伝わってくる。さらに，コラムの一つだけでも章ができると思えるほどの充実した内容で，多角的な視点を読者に持たせてくれることであろう。

齋藤 梓・大竹裕子 [編著]

性暴力被害の実際
── 被害はどのように起き，どう回復するのか

金剛出版・四六判並製
定価2,800円（税別）
2020年6月刊

評者＝**野坂祐子**（大阪大学大学院）

　性暴力のイメージと被害の現実とのあいだには大きな隔たりがある。「本書はその溝を受けるために書かれたもの」であり，性暴力を受けた当事者の声をていねいに分析し，「性暴力被害の実際」を示すことで，具体的な提言につなげている。

　なぜ，抵抗できなかったのか──こうした被害者に対する非難は，性暴力にまつわる偏見や先入観，通説に基づくもので，二次被害となる。被害者支援の現場では古くから異議申し立てがなされてきたが，社会が大きく動いたのは，2017年の刑法の一部改正であろう。強姦罪が，被害者の性別を問わず，処罰対象となる行為を拡大した強制性交等罪に変更され，被害者の告訴を不要とする非申告罪となった。新たに監護者性交等罪等も制定され，法定刑も引き上げられた。しかし，犯罪と認定する「暴行脅迫」と「抗拒不能」の要件は残され，依然として，相手の意思や感情をないがしろにした「不同意性交」が性犯罪だと認められることは難しい。

　このような現状において，被害者と支援者からの依頼を受けて実施された本調査は，一貫して，性暴力被害が「どのような体験なのか，一番よく知っているのは当事者」という姿勢で取り組まれている。

　女性たちの体験から明らかにされたのは，突然襲われる「奇襲型」，正常な判断力や身体の自由を奪う「飲酒・薬物使用を伴う型」，親子などの特有の力関係による「性虐待型」，そして，加害者が被害者の精神的・物理的な逃げ道をふさいでいく「エントラップメント型」という4つの性暴力被害のプロセスである。なかでも，エントラップメント型はあからさまな暴行や脅迫を伴わないため，「抗拒不能」の要件を満たしにくい。

　罠にかけるという意味の通り，エントラップメント型の性暴力では，加害者は普通の会話から始め，被害者の個人情報を引き出しながら力関係を作り出し，権威的な話し方で相手を追い込み，被害者が戸惑ったと

ころで犯行に及ぶ。被害者は気づかぬうちに上下関係に巻き込まれ，相手に逆らうことができなくなる。

　これらの実態からわかるのは，性暴力はすでにある関係性の悪用のみならず，被害者のパワーを奪う関係性を作り出すプロセスを含んだ一連の行為として捉えるべきものであるということだ。予兆的行動から被害後までの文脈を通して理解されなければならない。さらに，個人間の関係性だけではなく，社会的規範やジェンダー規範というマクロな文脈をふまえることで，「社会的抗拒不能」という被害者の抵抗を封じる社会的圧力がみえてくる。つまり，性暴力は個人の問題だけでなく，性や暴力への社会全体の認識や扱いが問われる課題であることが調査結果から明瞭に示されている。

　本書では，性暴力による深刻な影響とともに，被害者の回復の語りも紹介され，「誰かのために希望をもって立ち上がろうとする強い意志」が伝わってくる。その希望を手渡してくれた執筆者の思いや意思を受け止め，わたしも社会を変えていく当事者なのだと思いを新たにした。

臨床心理学
第 20 巻　総目次
2020 年（通巻 115 ～ 120 号）　（　）内は号数

◉特集
人はみな傷ついている――トラウマケア
1　総論
人はみな傷ついている――“悲しみ”と“哀しみ”の交錯
　　　　　　　　　　　　　　　　　橋本和明　3(1)
日本におけるトラウマケアの歴史と系譜………　飛鳥井望　8(1)
2　トラウマセオリー――概論と理論
［インタビュー］トラウマとリカバリー …………　宮地尚子　13(1)
2 つのトラウマ………………………………　松本卓也　22(1)
複雑性トラウマ（Complex PTSD）――慢性反復性の外傷
　　　　　　　　　　　　　　　　　田中　究　27(1)
心的外傷後成長（Post-traumatic Growth : PTG）――変容の先に待
　つもの…………………………　菊池美名子　32(1)
3　トラウマケア――技法と症例
トラウマ・インフォームド・ケア――傷を理解して接する
　　　　　　　　　　　　　　　　大江美佐里　39(1)
トラウマフォーカスト・アプローチ――傷に相対する
　　　　　　　　　　　　　　　　　亀岡智美　43(1)
ナラティヴ・エクスポージャー・セラピー――傷を語る
　　　　　　　　　　　　　　　　　森　茂起　48(1)
マインドフルネス――傷と生きる…………　大谷　彰　53(1)
トラウマケアと支援者の傷つき――傷に憑かれる
　　　　　　　　　　　　　　　　　稲本絵里　57(1)
4　語られる傷・語りえぬ傷
虐待・DV ………………………………　杉山　春　62(1)
「気づかない男たち」――ハラスメント・スタディーズ
　　　　　　　　　　　　　　　　　清田隆之　66(1)
自死遺族 …………………………………　中森弘樹　70(1)
戦争・トラウマ…………………………　中村江里　74(1)
傷とアジール――ハンセン病療養所生活者の戦後史から
　　　　　　　　　　　　　　　　　有薗真代　78(1)
カルト・脱カルト………………………　櫻井義秀　82(1)
受刑者の痛みと応答――映画「プリズン・サークル」を通して
　　　　　　　　　　　　　　　　　坂上　香　86(1)

心身相関の心理臨床
1　総論
心理臨床における「こころ」と「からだ」――ともに抱えるこ
　との大切さと難しさ………………　黒木俊秀　127(2)
心身相関の基盤としての脳………　富田　望・熊野宏昭　131(2)
アフォーダンスからの希望………………　染谷昌義　136(2)
心身相関の精神病理学…………………　野間俊一　142(2)
［インタビュー］神田橋條治先生に聴く――心身相関といのち
　　　　　　　　　　　　　　神田橋條治・黒木俊秀　146(2)

2　理論編
「こころ」の痛みと「からだ」の痛み――慢性疼痛臨床における
　心身相関
　　…細井昌子・伊津野巧・茂貫尚子・末松孝文・安野広三　150(2)
「こころ」と「からだ」をつなぐもの――最近の遺伝学や精神神
　経免疫学からの知見…………　河合啓介・藤本晃嗣　155(2)
ソマティック心理学と心理臨床――“架け橋の心理学”の紹介
　と展望…………………………　久保隆司　161(2)
自閉スペクトラム症の「こころ」と「からだ」の特徴と支援
　　　　　　　　　　　　　　　　岩永竜一郎　167(2)
子どもの「こころ」と「からだ」の心理臨床…　大堀彰子　171(2)
女性の「こころ」と「からだ」の特徴と臨床
　　　　　　　　　　　　　　　　平島奈津子　176(2)
3　実践編
災害被災者の「心のケア」における「からだ」の役割
　　　　　　　　　　　　　　　　　岩井圭司　181(2)
マインドフル瞑想における「こころ」と「からだ」
　　　　　　　　　　　　　　　　井上ウィマラ　186(2)
「こころ」と「からだ」を支える臨床動作法の技法
　　　　　　　　　　　　　　　　　藤吉晴美　193(2)
森田療法における心身相関………　竹田康彦・黒木俊秀　198(2)
トラウマ・ケアと身体――EMDR および他の技法
　　　　　　　　　　　　南川華奈・天野玉記・市井雅哉　202(2)

感情の科学――リサーチマップとアプローチガイド
1　［総論］感情の「正体」をつきとめる！
感情への招待――基礎心理学と臨床心理学のクロストーク
　　　　　　　　　　　　　　　　　岩壁　茂　245(3)
2　感情ってなに？――リサーチマップ
ソマティック・マーカー…………………　大平英樹　249(3)
比較認知科学からみた共感の進化…………　山本真也　254(3)
アタッチメント（ジョン・ボウルビィ）――発達心理学と感情
　　　　　　　　　　　　　　　　　井上果子　258(3)
「情の理」論――感情の中に潜む合理なるもの…　遠藤利彦　262(3)
持続的な幸福（マーティン・セリグマン）――ポジティブ心理
　学と感情…………………………　浅川希洋志　266(3)
妬みとシャーデンフロイデ………………　髙橋英彦　271(3)
羞恥・健康――社会心理学と感情…………　樋口匡貴　275(3)
スポーツパフォーマンスと感情――精神生理学からのアプロー
　チ………………………………　手塚洋介　279(3)
表情読解・ノンバーバルコミュニケーション――パーソナリティ
　心理学と感情…………………………　藤原　健　283(3)
トラウマ――ポリヴェーガル理論と感情……　岡野憲一郎　287(3)
神経精神分析と感情……………………　成田慶一　291(3)

3 感情を拓く！——アプローチガイド

エモーション・フォーカスト・セラピー——恥のアセスメント
と介入………………………………………… 山口慶子 296(3)

AEDPによる心の痛みへのアプローチ——安心安全の関係性と
感情体験の深化………………………………… 花川ゆう子 301(3)

スキーマ療法では感情をどう取り扱うか…… 伊藤絵美 306(3)

コンパッション・フォーカスト・セラピーによるうつ・不安感
情へのアプローチ……………………………… 浅野憲一 311(3)

弁証法的行動療法と感情調節——特に怒りに関して
……………………………………… 松野航大・遊佐安一郎 316(3)

メンタライゼーション——愛着……………… 池田暁史 321(3)

動機づけ面接における感情について………… 山田英治 326(3)

グリーフケア・悲嘆カウンセリング——悲嘆…山本 力 331(3)

カウンセラーの「問う力・聴く力」

1 総論

心理療法・カウンセリングにおける「問うこと」と「聴くこと」
……………………………………………… 石垣琢麿 375(4)

問う力・聴く力を涵養する——能動性を内包する受動性／理論
と技法を支えるジェネラルアーツ……… 村瀬嘉代子 379(4)

ケアする人の対話スキル……………………… 井上祐紀 385(4)

2 問う力・聴く力を身につけて，使ってみる

パーソンセンタード・アプローチと「問う力・聴く力」
……………………………………………… 久羽 康 389(4)

精神分析と「問う力・聴く力」……………… 山崎孝明 393(4)

認知行動療法とソクラテス的手法における「問う力・聴く力」
……………………………………………… 石川亮太郎 398(4)

ブリーフセラピーと「問う力・聴く力」…… 黒沢幸子 402(4)

グループサイコセラピィと「問う力・聴く力」…橋本和典 407(4)

森田療法と「問う力・聴く力」……………… 塩路理恵子 411(4)

オープンダイアローグと「問う力・聴く力」…下平美智代 415(4)

3 何を問うべきか・何を聴くべきか——障害・問題別の対応集

子どもにどう問いかけるか…………………… 出﨑 躍 419(4)

高齢者にどう問いかけるか…………………… 岸本寛史 425(4)

発達障害の「こまりごと」にどう対処するか——まとまらない
主訴……………………………………………… 中島美鈴 429(4)

激しい怒りにどう対処するか——アンガーマネジメント
……………………………………………… 壁屋康洋 434(4)

身体疾患の患者さんとどう語るか？——がん患者さんを例に
……………………………………………… 藤澤大介 439(4)

身体を整えるためにはどう対話するか——生活習慣病ケア
……………………………………………… 巣黒慎太郎 445(4)

トラウマを受けた人にどう問うべきか——安全の保障
……………………………………………… 大澤智子 450(4)

ひきこもり本人と共に生きる家族とどう話し合うか
……………………………………………… 境 泉洋 454(4)

産業領域のハラスメント相談対応における問う力・聴く力
……………………………………………… 津野香奈美 459(4)

児童虐待

1 総論

虐待臨床の難しさ……………………………… 川島ゆか 525(5)

2 児童虐待への基本的視点

虐待などのマルトリートメントが子どもに与えるダメージ——
脳神経科学の立場から………………………… 友田明美 530(5)

児童虐待防止法・DV防止法………………… 久保健二 535(5)

アセスメントの難しさ——複合要因とグレーゾーン
……………………………………………… 坂入健二 540(5)

スクールカウンセリングと児童虐待………… 本間友巳 545(5)

サバイバーの声を聴く………… 大嶋栄子・有元優歩 549(5)

3 回復への道のりを多面的に考える

犯罪心理鑑定に見る被害と加害——小説『ファーストラヴ』に
おける隠された虐待…………………………… 橋本和明 554(5)

虐待と加害者臨床——被害感情をどう扱うか…門本 泉 558(5)

加害者臨床について——DVと虐待をめぐって
……………………………………………… 信田さよ子 562(5)

子どもの性虐待………………………………… 與那覇聡 567(5)

児童自立支援施設の実践と新たな被虐待児ケアの可能性
……………………………………………… 富田 拓 572(5)

児童相談所の実践……………………………… 川﨑二三彦 577(5)

社会的養護における実践……………………… 樋口亜瑞佐 581(5)

4 児童虐待と社会

家族主義の陥穽——相対的剥奪とスティグマ化
……………………………………………… 土井隆義 586(5)

さまざまな養育の形…………………………… 津崎哲郎 591(5)

「育て方がわからない」男たちの子育て論——弱きものへの応答
責任（responsibility）…………………………… 清田隆之 596(5)

多文化家族と虐待——学校現場から………… 馬場幸子 601(5)

ひきこもり——就職氷河期からコロナウイルス時代を見据えた
全世代型支援

1 総論

日本のひきこもり……………………………… 境 泉洋 665(6)

ひきこもり本人………………………………… Toshi 670(6)

ひきこもり「当事者の知」——親の立場で… 伊藤正俊 674(6)

コロナウイルスとひきこもり………………… 池上正樹 679(6)

2 ひきこもりの理解

ひきこもりの生物学的基盤——ひきこもりにバイオマーカーは
存在するのか？……………… 早川宏平・加藤隆弘 683(6)

発達的要因・個人要因………………………… 齊藤万比古 692(6)

ひきこもりの理解——家族関係……………… 野中俊介 698(6)

ひきこもりの文化・社会的要因——文化心理学からの検討
……… Koh, Alethea H.Q.・Liew Kongmeng・内田由紀子 703(6)

3 ひきこもりの支援

家族支援………………………………………… 平生尚之 710(6)

居場所支援……………………………………… 田中 敦 714(6)

本人支援——主として相談室などでの対面的支援
……………………………………………… 竹中哲夫 719(6)

「働かなくても良い」から始まる就労支援 … 芦沢茂喜 723(6)

訪問支援………………………………………… 齋藤暢一朗 728(6)

危機介入………………………………………… 山本 彩 733(6)

ファイナンシャル支援………………………… 村井英一 738(6)

ひきこもり本人がいるきょうだいへのアプローチ——「KHJひき
こもり兄弟姉妹の会」の実践活動から…… 深谷守貞 743(6)

コロナ危機とひきこもり……………………… 中垣内正和 747(6)

◉緊急特集
コロナウィルス時代のカウンセリング1.0
特集の序…………………………………… 岩壁 茂 465(4)
総論………………………………………… 村瀬嘉代子 467(4)
1 カウンセリング実践レポート1.0
コロナの時代の愛——つながりを再考する…… 東畑開人 469(4)
オンライン面接の肌感覚………………… 三田村仰 477(4)
ディスプレイのなかに「枠」を組み立てる
…………………………… 原田 陸・櫻本真理 479(4)
カウンセラーのセルフケア——マネジメントとトレーニング
……………………………………… 山内志保 481(4)
2 カウンセリング研究ノート1.0
新型コロナウィルス（COVID-19）・パンデミックは我々のメン
タルヘルスの状態を悪化させているのか？
………………………… 末木 新・上田路子 484(4)
コロナ禍がもたらしているのは，不安や絶望だけなのだろうか
——心を騒がせる要素とメディアリテラシー…春日武彦 487(4)
新型コロナウィルス流行時のこころのケア… 竹林由武 490(4)
コロナウィルス時代を生き抜くためのリファレンスガイド
……………………………………… 井上ウィマラ 493(4)
親密圏の行方と心理臨床の可能性………… 橋本和明 497(4)
感染者への差別とスティグマ……………… 石垣琢麿 501(4)

コロナウィルス時代のカウンセリング2.0
コロナ・パンデミック後の世界における心理臨床の視座
……………………………………… 黒木俊秀 607(5)
1 カウンセリング実践レポート2.0
海外カウンセリングレポート——フランス…高須かすみ 609(5)
海外カウンセリングレポート——イギリスからのレポート
……………………………………… 小寺康博 612(5)
海外カウンセリングレポート——韓国……… 奇 惠英 615(5)
［補論］臨床研究レポート——アメリカ …… 後藤豊実 618(5)
2 カウンセリング研究ノート2.0
共通感覚をよみがえらせる——コロナ時代を生きる
……………………………………… 森岡正芳 621(5)
グリーフとロス——世界的規模の喪失・悲嘆の問題
……………………………………… 川島大輔 624(5)
新しい子育て支援の形をさぐる——自粛期のブログ配信の試み
……………………………………… 森岡理恵子 627(5)
新型コロナウィルスがもたらす価値観の変化と地域精神医療の
実践を考える……………………………… 高田大志 630(5)
希望を生み出す進路ガイダンス…………… 山本 恵 633(5)
ウィズコロナ時代の学生相談を考える……… 高野 明 637(5)
企業のカウンセリングは今？……………… 三瓶真理子 640(5)
開業臨床のサバイバルモデル……………… 福島哲夫 644(5)

◉投稿論文
原著論文
心理師（士）養成大学院における心理実習の教育効果——地域
援助実習に焦点をあてて
……… 宇都宮真輝・津川秀夫・藤原直子・藤吉晴美 93(1)
初回面接におけるセラピストの肯定はクライエントにどのよう
に評価されるか——模擬面接ビデオを用いて

…………………… 横田悠季・吉田寿美子・岩壁 茂 209(2)
発達障害を対象にした通級指導教室におけるソーシャルスキル
トレーニングの効果の検討——学ぶべき課題の自己理解，通
級時間数に焦点を当てて…………………… 岡田 智・
山下公司・岡田克己・森村美和子・中村敏秀 339(3)
大学生の「発達障害についての理解度」と「発達障害学生に対
する援助意識」との関連性
…………………… 京極暁子・廣澤愛子・大西将史 348(3)

理論・研究法論文
心理療法における概念の用い方についての一考察——Gendlin の
理論の観点から…………………………… 久羽 康 103(1)
対話的ナラティヴ分析の臨床的意義に関する考察——頻回病休
者の混沌の語りからナラティヴ分析を考える
…………………………… 野田実希・阪上 優 755(6)

資料
公立中学校教員を対象としたヤングケアラーに関する生活状況
および校内での支援に関する調査………… 奥山滋樹 220(2)
心理療法におけるクライエントの感情変容を捉える——修正感
情体験尺度クライエント版開発の試み
…………………………… 中村香理・岩壁 茂 765(6)

◉リレー連載
臨床心理学・最新研究レポート シーズン3
(20) 子どもと大人の相互作用——その分析方法と研究課題
……………………………………… 長岡千賀 113(1)
(21) 「大切な思い出」が高齢者にもたらす影響——高齢者の自
伝的記憶に関する介入研究の今…………… 屋沢 萌 231(2)
(22) クライエントの経済困窮感と心理療法…… 和田香織 360(3)
(23) セラピストへの訓練の効果を研究する…… 横田悠季 509(4)
(24) 性犯罪者に対するリスクアセスメントの現在と将来
……………………………………… 高橋 哲 651(5)
(25) 日常の臨床活動においてクライエントからのフィードバッ
クを活用する………………………………… 高野 明 773(6)

主題と変奏——臨床便り
(41) 人の生に寄り添う ……………………… 藤井真樹 118(1)
(42) 語りから立ち上がる未来——前方視的再構成法
……………………………………… 白井利明 236(2)
(43) 能楽の魅惑と心理臨床 …………………… 前原寛子 365(3)
(44) 臨床心理学科創設にあたって——心理臨床の力をどう育て
るのか？………………………………… 竹森元彦 514(4)
(45) 心理臨床家が哲学を学ぶ意味は（あるとしたら）なにか
……………………………………… 藤井翔太 655(5)
(46) 「東洋思想と心理療法」研究会の歩み … 大山みち子 778(6)

◉書評
ヤーコ・セイックラほか 著『開かれた対話と未来——今この瞬
間に他者を思いやる』…………………… 下平美智代 119(1)
松本俊彦 編『「助けて」が言えない——SOS を出さない人に支
援者は何ができるか』…………………… 楢原真也 120(1)
松本卓也 著『心の病気ってなんだろう？』… 山崎孝明 121(1)

総目次

門本 泉 著『加害者臨床を学ぶ——司法・犯罪心理学現場の実践ノート』……………………………… 松本佳久子　122(1)

日本総合病院精神医学会 リエゾン多職種委員会 編著『精神科リエゾンチーム活動指針』……………………… 稲本絵里　237(2)

仙道由香 著『心理療法に先立つアセスメント・コンサルテーション入門』……………………………… 木下直紀　237(2)

ジェフリー・K・ザイグ 著『エリクソニアン催眠誘導——体験喚起のアプローチ』……………………… 松木 繁　238(2)

藤井真樹 著『他者と「共にある」とはどういうことか——実感としての「つながり」』…………………… 田崎みどり　366(3)

井上祐紀 著『子どものこころ・発達を支える親子面接の8ステップ——安全感に根差した関係づくりのコツ』…吉田三紀　367(3)

藤岡淳子 編著『治療共同体実践ガイド——トラウマティックな共同体から回復の共同体へ』…………… 小林美智子　368(3)

下山晴彦 監修『公認心理師のための「基礎科目」講義』…………………………………………… 河合輝久　515(4)

工藤晋平 著『支援のための臨床的アタッチメント論——「安心感のケア」に向けて』………………… 木下直紀　516(4)

エリザベス・F・ハウエル 著『心の解離構造——解離性同一性障害の理解と治療』…………………… 大矢 大　517(4)

松本俊彦 編著『物質使用障害の治療——多様なニーズに応える治療・回復支援』………………… 河西有奈　518(4)

アン・マステン 著『発達とレジリエンス——暮らしに宿る魔法の力』……………………………… 下津咲絵　656(5)

齋藤憲司・石垣琢麿・高野 明 著『大学生のストレスマネジメント——自助の力と援助の力』…………… 奥野 光　657(5)

濱野佐代子 編著『人とペットの心理学——コンパニオンアニマルとの出会いから別れ』…………… 森岡正芳　657(5)

渡邊洋次郎 著『下手くそやけどなんとか生きてるねん。——薬物・アルコール依存症からのリカバリー』…… 小林 茂　658(5)

花川ゆう子 著『あなたのカウンセリングがみるみる変わる！ 感情を癒す実践メソッド』……………… 杉原保史　659(5)

谷 晋二 編著『言語と行動の心理学——行動分析学をまなぶ』…………………………………… 四方陽裕　660(5)

鈴木大介 著『「脳コワさん」支援ガイド』… 風間雅江　779(6)

日本学生相談学会 編『学生相談ハンドブック新訂版』………………………………………………… 杉原保史　780(6)

亀岡智美 著『子ども虐待とトラウマケア——再トラウマ化を防ぐトラウマインフォームドケア』………… 橋本和明　780(6)

齋藤 梓・大竹裕子 編著『性暴力被害の実際——被害はどのように起き，どう回復するのか』…………… 野坂祐子　781(6)

第20巻　人名索引

2020年（通巻115～120号）（　）内は号数

浅川希洋志　266(3)
浅野憲一　311(3)
芦沢茂喜　723(6)
飛鳥井望　8(1)
天野玉記　202(2)
有薗真代　78(1)
有元優歩　549(5)
安野広三　150(2)
池上正樹　679(6)
池田暁史　321(3)
石垣琢麿　375(4), 501(4)
石川亮太郎　398(4)
市井雅哉　202(2)
伊津野巧　150(2)
伊藤絵美　306(3)
伊藤正俊　674(6)
稲本絵里　57(1), 237(2)
井上ウィマラ　186(2), 493(4)
井上果子　258(3)
井上祐紀　385(4)
岩井圭司　181(2)
岩壁茂　209(2), 245(3), 465(4), 765(6)
岩永竜一郎　167(2)
上田路子　484(4)
内田由紀子　703(6)
宇都宮真輝　93(1)
遠藤利彦　262(3)
大江美佐里　39(1)
大澤智子　450(4)
大嶋栄子　549(5)
大谷彰　53(1)
大西将史　348(3)
大平英樹　249(3)
大堀彰子　171(2)
大矢大　517(4)
大山みち子　778(6)
岡田克己　339(3)
岡田智　339(3)
岡野憲一郎　287(3)
奥野光　657(5)
奥山滋樹　220(2)
河西有奈　518(4)
風間雅江　779(6)
春日武彦　487(4)
加藤隆弘　683(6)
門本泉　558(5)

壁屋康洋　434(4)
亀岡智美　43(1)
廣澤愛子　348(3)
河合啓介　155(2)
河合輝久　515(4)
川﨑二三彦　577(5)
川島大輔　624(5)
川島ゆか　525(5)
神田橋條治　146(2)
菊池美名子　32(1)
岸本寛史　425(4)
木下直紀　237(2), 516(4)
奇惠英　615(5)
京極暁子　348(3)
清田隆之　66(1), 596(5)
久羽康　103(1), 389(4)
久保健二　535(5)
久保隆司　161(2)
熊野宏昭　131(2)
黒木俊秀　127(2), 146(2), 198(2), 607(5)
黒沢幸子　402(4)
Koh, Alethea H.Q.　703(6)
小寺康博　612(5)
後藤豊実　618(5)
小林茂　658(5)
小林美智子　368(3)
齊藤万比古　692(6)
齋藤暢一朗　728(6)
境泉洋　454(4), 665(6)
坂入健二　540(5)
坂上香　86(1)
阪上優　755(6)
櫻井義秀　82(1)
櫻本真理　479(4)
三瓶真理子　640(5)
塩路理恵子　411(4)
四方陽裕　660(5)
茂貫尚子　150(2)
染谷昌義　136(2)
下平美智代　119(1), 415(4)
下津咲絵　656(5)
白井利明　236(2)
末木新　484(4)
末松孝文　150(2)
杉原保史　659(5), 780(6)
杉山春　62(1)

巣黒慎太郎　445(4)
高須かすみ　609(5)
高田大志　630(5)
高野明　637(5), 773(6)
高橋哲　651(5)
髙橋英彦　271(3)
竹田康彦　198(2)
竹中哲夫　719(6)
竹林由武　490(4)
竹森元彦　514(4)
田崎みどり　366(3)
田中敦　714(6)
田中宪　27(1)
津川秀夫　93(1)
津崎哲郎　591(5)
津野香奈美　459(4)
出﨑躍　419(4)
手塚洋介　279(3)
土井隆義　586(5)
東畑開人　469(4)
Toshi　670(6)
富田拓　572(5)
富田望　131(2)
友田明美　530(5)
長岡千賀　113(1)
中垣内正和　747(6)
中島美鈴　429(4)
中村江里　74(1)
中村香理　765(6)
中村敏秀　339(3)
中森弘樹　70(1)
楢原真也　120(1)
成田慶一　291(3)
野坂祐子　781(6)
野田実希　755(6)
野中俊介　698(6)
信田さよ子　562(5)
野間俊一　142(2)
橋本和明　3(1), 497(4), 554(5), 780(6)
橋本和典　407(4)
花川ゆう子　301(3)
早川宏平　683(6)
原田陸　479(4)
馬場幸子　601(5)
樋口亜瑞佐　581(5)
樋口匡貴　275(3)

平生尚之　710(6)
平島奈津子　176(2)
深谷守貞　743(6)
福島哲夫　644(5)
藤井翔太　655(5)
藤井真樹　118(1)
藤澤大介　439(4)
藤本晃嗣　155(2)
藤吉晴美　93(1), 193(2)
藤原　健　283(3)
藤原直子　93(1)
細井昌子　150(2)
本間友巳　545(5)
前原寛子　365(3)
松木　繁　238(2)

松野航大　316(3)
松本佳久子　122(1)
松本卓也　22(1)
三田村仰　477(4)
南川華奈　202(2)
宮地尚子　13(1)
村井英一　738(6)
村瀬嘉代子　379(4), 467(4)
森岡正芳　621(5), 657(5)
森岡理恵子　627(5)
森　茂起　48(1)
屋沢　萌　231(2)
山内志保　481(4)
山口慶子　296(3)

山崎孝明　121(1), 393(4)
山下公司　339(3)
山田英治　326(3)
山本　彩　733(6)
山本真也　254(3)
山本　恵　633(5)
山本　力　331(3)
遊佐安一郎　316(3)
横田悠季　209(2), 509(4)
吉田寿美子　209(2)
吉田三紀　367(3)
與那覇聡　567(5)
Liew Kongmeng　703(6)
和田香織　360(3)

投稿規定

1. 投稿論文は，臨床心理学をはじめとする実践に関わる心理学の研究における独創的で未発表のものに限ります。基礎研究であっても臨床実践に関するものであれば投稿可能です。投稿に資格は問いません。他誌に掲載されたもの，投稿中のもの，あるいはホームページなどに収載および収載予定のものはご遠慮ください。

2. 論文は「原著論文」「理論・研究法論文」「系統的事例研究論文」「展望・レビュー論文」「資料論文」の各欄に掲載されます。「原著論文」「理論・研究法論文」「系統的事例研究論文」「展望・レビュー論文」は，原則として400字詰原稿用紙で40枚以内。「資料論文」は，20枚以内でお書きください。

3. 「原著論文」「系統的事例研究論文」「資料論文」の元となった研究は，投稿者の所属機関において倫理的承認を受け，それに基づいて研究が実施されたことを示すことが条件となります。本文においてお示しください。倫理審査に関わる委員会が所属機関にない場合，インフォームド・コンセントをはじめ，倫理的配慮について具体的に本文でお示しください。

★ 原著論文：新奇性，独創性があり，系統的な方法に基づいて実施された研究論文。問題と目的，方法，結果，考察，結論で構成される。質的研究，量的研究を問わない。

★ 理論・研究法論文：新たな臨床概念や介入法，訓練法，研究方法，論争となるトピックやテーマに関する論文。臨床事例や研究事例を提示する場合，例解が目的となり，事例の全容を示すことは必要とされない。見出しや構成や各論文によって異なるが，臨床的インプリケーションおよび研究への示唆の両方を含み，研究と実践を橋渡しするもので，着想の可能性およびその限界・課題点についても示す。

★ 系統的事例研究論文：著者の自験例の報告にとどまらず，方法の系統性と客観性，および事例の文脈について明確に示し，エビデンスとしての側面に着目した事例研究。以下の点について着目し，方法的工夫が求められる。

　①事例を選択した根拠が明確に示されている。
　②介入や支援の効果とプロセスに関して尺度を用いるなど，可能な限り客観的な指標を示す。
　③臨床家の記憶だけでなく，録音録画媒体などのより客観的な記録をもとに面接内容の検討を行っている，また複数のデータ源（録音，尺度，インタビュー，描画，など）を用いる，複数の研究者がデータ分析に取り組む，などのトライアンギュレーションを用いる。
　④データの分析において質的研究の手法などを取り入れ，その系統性を確保している。
　⑤介入の方針と目的，アプローチ，ケースフォーミュレーション，治療関係の持ち方など，介入とその文脈について具体的に示されている。
　⑥検討される理論・臨床概念が明確であり，先行研究のレビューがある。
　⑦事例から得られた知見の転用可能性を示すため，事例の文脈を具体的に示す。

★ 展望・レビュー論文：テーマとする事柄に関して，幅広く系統的な先行研究のレビューに基づいて論を展開し，重要な研究領域や臨床的問題を具体的に示す。

★ 資料論文：新しい知見や提案，貴重な実践の報告などを含む。

4. 「原著論文」「理論または研究方法論に関する論文」「系統的事例研究論文」「展望・レビュー論文」には，日本語（400字以内）の論文要約を入れてください。また，英語の専門家の校閲を受けた英語の論文要約（180語以内）も必要です。「資料」に論文要約は必要ありません。

5. 原則として，ワードプロセッサーを使用し，原稿の冒頭に400字詰原稿用紙に換算した枚数を明記し，必ず頁番号をつけてください。

6. 著者は5人までとし，それ以上の場合，脚注のみの表記になります。

7. 論文の第1枚目に，論文の種類，表題，著者名，所属，キーワード（5個以内），英文表題，英文著者名，英文所属，英文キーワード，および連絡先を記載してください。

8. 新かなづかい，常用漢字を用いてください。数字は算用数字を使い，年号は西暦を用いること。

9. 外国の人名，地名などの固有名詞は，原則として原語を用いてください。

10. 本文中に文献を引用した場合は，「…（Bion, 1948）…」「…（河合，1998）…」のように記述してください。1) 2) のような引用番号は付さないこと。
　2名の著者による文献の場合は，引用するごとに両著者の姓を記述してください。その際，日本語文献では「・」，欧文文献では '&' で結ぶこと。
　3名以上の著者による文献の場合は，初出時に全著者の姓を記述してください。以降は筆頭著者の姓のみを書き，他の著者は，日本語文献では「他」，欧文文献では 'et al.' とすること。

11. 文献は規定枚数に含まれます。アルファベット順に表記してください。誌名は略称を用いず表記すること。文献の記載例については当社ホームページ（https://www.kongoshuppan.co.jp/）をご覧ください。

12. 図表は，1枚ごとに作成して，挿入箇所を本文に指定してください。図表類はその大きさを本文に換算して字数に算入してください。

13. 原稿の採否は，『臨床心理学』査読委員会が決定します。また受理後，編集方針により，加筆，削除を求めることがあります。

14. 図表，写真などでカラー印刷が必要な場合は，著者負担となります。

15. 印刷組み上がり頁数が10頁を超えるものは，印刷実費を著者に負担していただきます。

16. 日本語以外で書かれた論文は受け付けません。図表も日本語で作成してください。

17. 実践的研究を実施する際に，倫理事項を遵守されるよう希望します（詳細は当社ホームページ（http://www.kongoshuppan.co.jp/）をご覧ください）。

18. 掲載後，論文のPDFファイルをお送りします。紙媒体の別刷が必要な場合は有料とします。

19. 掲載論文を電子媒体等に転載する際の二次使用権については当社が保留させていただきます。

20. 論文は，金剛出版「臨床心理学」編集部宛に電子メールにて送付してください（rinshin@kongoshuppan.co.jp）。ご不明な点は編集部までお問い合わせください。

（2017年3月10日改訂）

編集後記 Editor's Postscript

　編集委員，4年間の任期のなかで3回の特集を担当させていただいた。認知行動療法，法律，そしてひきこもりである。編集委員会ではたくさんの意見をいただき，著者が想定した以上に充実した特集にすることができた。編集委員の先生方にこの場を借りて御礼申し上げたい。

　3つのなかでも，今回のひきこもり特集は格段の思い入れがある。著者は学生であった2000年頃からひきこもりの研究に取り組んできた。ひきこもりへの支援は根気が必要ですぐに成果が出ないことが多い。また，含まれる対象も多岐にわたり，難解である。それだけに，ひきこもりに取り組もうとする人たちの志は高い。学生時代から20年の間に志を共にできる仲間と少しずつ出会い，細いながらもつながりを感じてきた。そうした同志ともいえる方々に執筆をお引き受けいただけたことで，数あるひきこもり特集のなかでも際立った内容の特集にすることができた。執筆をお引き受けいただいた方々に，心より感謝を申し上げたい。また，いつものことながら，遅々として進まぬ執筆作業に穏やかに寄り添ってくださった藤井様に御礼申し上げたい。本特集は，安心できる場だからこそ実現したものであると実感している。　　　　　　　（境 泉洋）

臨床心理学 第20巻第6号（通巻120号）

発行＝2020年11月10日
定価（本体1,600円＋税）／年間購読料12,000円＋税（増刊含／送料不要）

発行所＝㈱金剛出版／発行人＝立石正信／編集人＝藤井裕二
〒112-0005　東京都文京区水道1-5-16
Tel. 03-3815-6661／Fax. 03-3818-6848／振替口座 00120-6-34848
e-mail rinshin@kongoshuppan.co.jp（編集）eigyo@kongoshuppan.co.jp（営業）
URL https://www.kongoshuppan.co.jp/

装幀＝岩瀬 聡／印刷＝太平印刷社／製本＝井上製本

北大路書房

〒603-8303　京都市北区紫野十二坊町12-8
☎ 075-431-0361　FAX 075-431-9393
http://www.kitaohji.com

認知行動療法における治療関係

ーセラピーを効果的に展開するための基本的態度と応答技術ー　S. ムーリー＆A. ラベンダー編　鈴木伸一監訳　A5・364頁・本体3400円＋税　CBTのセラピストにとってこれまで意識の低かった治療関係について、セラピストの温かさ、誠実さ、共感性等が治療成績に及ぼす最新の知見を提示し、認識の変革を迫る。

心の治療における感情

ー科学から臨床実践へー　S. G. ホフマン著　有光興記監訳　A5・224頁・本体2700円＋税　感情は、精神的健康の重要な決定因である。心理学的介入に関心のある臨床家や医療従事者に向けて、感情研究の基礎的な理論と知見を解説。生物学と神経科学、社会心理学、パーソナリティ心理学、動機づけ、近年のマインドフルネス瞑想法に至るまでを網羅。

忙しいお母さんとお父さんのための マインドフルペアレンティング

ー子どもと自分を癒し、絆を強める子育てガイドーー　スーザン・ボーゲルズ著　戸部浩美訳　四六・264頁・本体2500円＋税　忙しくストレスフルな日常を過ごす親が、子どもといながらできる瞑想エクササイズを豊富に紹介。心理学者の著者が自らの子育てや親との実体験に触れながら、マインドフルネスを解説する。DL音声付。

鬱は伝染る。

ー最もありふれた精神疾患は、どのように蔓延ったのか、どうすれば食い止められるのかー　M. D. ヤプコ著　福井義一監訳　定政由里子訳　A5・352頁・本体3600円＋税　投薬は最善策か。抑うつの社会的文脈に着目し、洞察や行動パターンの変化こそが回復や予防になると説く。実践的エクササイズ付。

SNSカウンセリング入門

ーLINEによるいじめ・自殺予防相談の実際ー　杉原保史・宮田智基著　四六・180頁・本体1800円＋税　SNSは、自殺やいじめ等に悩む若年層の支援で活用が期待されている。その一方で支援者は新たなツールに戸惑うことも多い。行政初のLINE相談事業の取り組みを示し、その経験知を伝える。若年層の悩みへ近づく扉を開き、SNS相談支援へと誘う。

公認心理師 標準テキスト 心理学的支援法

杉原保史・福島哲夫・斉藤彰編著　A5・308頁・本体2700円＋税　特定の学派に閉じこもらずバランスよく学ぶことを推奨し、各学派の理論と技法の最前線と普遍的な治療原理を理解できるよう配慮。並列的な解説に留めず、有機的・立体的な学びを目指す。公認心理師大学カリキュラム「心理学的支援法」に対応した教科書。

人生の終わりに学ぶ観想の智恵

ー死の床で目覚めよという声を聞くー　コーシン・ペイリー・エリソン他編　小森康永他訳　四六上製・464頁・本体4800円＋税　マインドフルネスを含む東洋思想、シシリー・ソンダースやエリザベス・キューブラー・ロス、劇作家デレク・ウォルコットなど、古今東西の「死」と「看取り」についてのエッセイ集。

みんなのスピリチュアリティ

ーシシリー・ソンダース、トータルペインの現在ー　A. グッドヘッド・N. ハートレー編　小森康永他訳　四六・376頁・本体3900円＋税　ホスピスはいかにして死にゆく人とその家族を支えるのか？　ホスピスで長年働いてきた医療者やボランティアがスピリチュアリティをどう理解してきたのか、自身の経験を交えながら率直に語り合う。

[三訂] 臨床心理アセスメントハンドブック
村上宣寛・村上千恵子著　2700円＋税

マインドフルネスストレス低減法
J. カバットジン著／春木 豊訳　2200円＋税

精神病と統合失調症の新しい理解
A. クック編／国重浩一・バーナード紫訳　3200円＋税

樹木画テスト
高橋雅春・高橋依子著　1700円＋税

実践家のための認知行動療法テクニックガイド
坂野雄二監修／鈴木伸一・神村栄一著　2500円＋税

メンタライジング・アプローチ入門
上地雄一郎著　3600円＋税

P-Fスタディ　アセスメント要領
秦 一士著　2600円＋税

ポジティブ心理学を味わう
J. J. フロウ他編／島井哲志・福田早苗・亀島信也監訳　2700円＋税

ふだん使いのナラティヴ・セラピー
D. デンボロウ著／小森康永・奥野 光訳　3200円＋税

オンライン版 10月上旬 発売予定！ ※2020年8月時点

Tokyo University Egogram-New Ver. 3

新版 **TEG® 3**

東大式エゴグラム（テグ・スリー）　東京大学医学部心療内科 TEG 研究会 編

交流分析理論に基づいた性格検査

選べる実施・採点方式
『新版 TEG 3』には、**オンライン版（CAT版）**、**検査用紙**、**マーク式用紙**があります。

		実 施	採 点
📶 オンライン版	**CAT版**	オンライン入力	オンライン採点
✏️ 検査用紙		筆記	手採点
☑️ マーク式用紙		筆記（マーク）	コンピュータ採点

CATとは…
オンライン版は、コンピュータ適応型テスト（Computerized Adaptive Testing; CAT）です。毎回すべての項目に回答する検査用紙・マーク式用紙とは異なり、**回答にあわせて最適な質問項目が選択・提示されます**。より少ない項目数※で精度の高い測定ができることが特徴です。

新版 TEG 3 オンライン版

回答者・検査者の負担の軽減に
オンラインで心理検査を実施・採点できるシステム

📶 オンライン版

 心理検査オンライン

「新版 TEG 3 オンライン版」のご利用には、**「心理検査オンライン」へのご登録が必要です。**

実施
検査者は「管理サイト」にて、実施の準備（各種設定）を行います。
回答者は、「新版 TEG 3 回答サイト」にログインし、回答します。
◆マニュアルが必要です。

≫

採点・レポート
「管理サイト」にて、検査者用と回答者用の結果レポートが作成されます。
◆回答者が回答後に結果をそのまま閲覧できるよう設定することもできます。

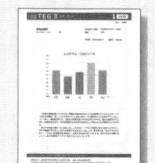

検査者用
エゴグラム・プロフィール
T 得点・5 段階コード
回答者用コメント★

回答者用
エゴグラム・プロフィール
回答者用コメント★

★回答者用コメントは、表示・非表示を選択できます。

※回答の傾向によっては、項目数が多くなる場合もあります。

オンライン版	♡ 心理検査オンライン	登録料（初回のみ）	10,000 円+税
	新版 TEG 3 オンライン版	1名分	300 円+税

♡ 心理検査オンライン
詳細は金子書房ホームページをご覧ください。

品　名	定　価
検査用紙（30名分1組）	本体 8,100 円+税
検査用紙（10名分1組）	本体 2,800 円+税
マーク式用紙（10名分1組）[コンピュータ採点用]	本体 2,000 円+税
コンピュータ採点料　　　　　1 名分　　　　　　　　　　　　201 名以上 1 名分	本体 1,100 円+税　　本体 750 円+税
エゴグラム早わかり（10名分1組）	本体 3,000 円+税
マニュアル	本体 3,500 円+税

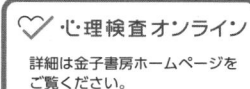 金子書房

〒112-0012　東京都文京区大塚 3-3-7
TEL: 03-3941-0111・FAX: 03-3941-0163
https://www.kanekoshobo.co.jp

◆本商品に関するお問い合わせは、弊社ホームページ内**「心理検査お問い合わせフォーム」**をご利用ください。

TEG は株式会社金子書房の登録商標です。

新刊案内

Ψ金剛出版　〒112-0005　東京都文京区水道1-5-16　Tel. 03-3815-6661　Fax. 03-3818-6848
e-mail eigyo@kongoshuppan.co.jp　URL https://www.kongoshuppan.co.jp/

不自由な脳
高次脳機能障害当事者に必要な支援

[著]鈴木大介　山口加代子
[編集協力]一般社団法人 日本臨床心理士会

高次脳機能障害の当事者と臨床心理士による対談を，日本臨床心理士会の協力を得て書籍化。中途で障害を負うということについて語り，支援の在り方を問う。日々の生活において症状がどのような現れ方をするのかが当事者感覚をもって具体的に語られ，さまざまなエピソードには，神経心理学の視点からの解説も加えられる。目に見えない障害とも言われる高次脳機能障害の症状と，そこから生じる日々の生活上の困り感や心理的反応について，周囲の人が理解する手助けとなるよう構成されている。　　　　本体2,400円＋税

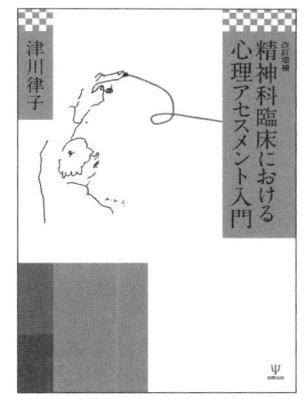

改訂増補
精神科臨床における心理アセスメント入門

[著]津川律子

臨床経験5年以内のビギナー臨床心理士を読者対象とし，「6つの視点」から心理アセスメントを著者の軽やかな語り口で解説。本書は単なるチェックリストではなく，クライエントとセラピストの間に築かれる立体的な心理アセスメントを論じており，これまでになかった心理アセスメントの必携書となる。特別対談「アセスメントからケース・フォーミュレーションへ」を新たに収録，データも最新のものを加えた改訂増補版。　　　　本体2,800円＋税

意識性の臨床科学としての精神分析
ポスト・クライン派の視座

[著]平井正三

精神分析は，自分自身の心を持つこと，自分自身の考えを考えることを目指す実践であるが，実際は，先達の「教え」を取り入れそれを実践に移していくことである。「教え」を鵜呑みにするという「動作」をやめ，自分自身の心を持つという「動作」に移行することは思いのほか難しい。本書では，ビオン，メルツァー，アルヴァレズを読み解きながら，自分自身を知るための作業であるいきいきとした精神分析実践の姿を描きだす。　本体4,200円＋税

新刊案内

Ψ金剛出版　〒112-0005　東京都文京区水道1-5-16　Tel. 03-3815-6661　Fax. 03-3818-6848
e-mail eigyo@kongoshuppan.co.jp　URL https://www.kongoshuppan.co.jp/

催眠心理面接法

[編著] 田中新正　鶴 光代　松木 繁

永い歴史の中で培われてきた催眠の知見を習得することは，催眠から生み出された技法だけでなく，すべての心理面接技法のスキルアップに有効な手段となる。本書では，心身を始めとするさまざまな心理的な問題を抱えるクライエントへの援助としての心理臨床活動において，広い意味での「催眠」を用いる心理面接を「催眠心理面接法（Hypno-psychotherapy）」と呼ぶ。「催眠心理面接法」は，「催眠導入プロセス（自己努力）」，「催眠自体（トランス自体）」，「催眠事態（状態・場・触媒）」という催眠導入暗示から解催眠暗示までの一部の要素を活用するものから，一連の要素を活用するすべての催眠面接法を包括したものである。　　　　　　　　　　　　　本体3,400円＋税

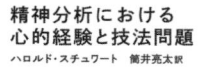
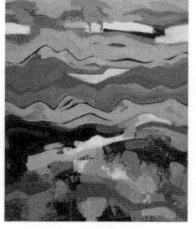

精神分析における 心的経験と技法問題

[著] ハロルド・スチュワート　[訳] 筒井亮太

ハロルド・スチュワートは，長年にわたって英国独立派の代表的な精神分析家として活躍した。患者の内的空間の経験における変化という論題でまとめられた本書は，寡作をもって知られる著者の真にオリジナルな思索が凝縮された代表作である。著者は，ある学派や派閥で信奉されている概念装置をそのまま臨床現場に平行移動させて適応するようなことを決してしない。自身の実践感覚に正直に，既存の理屈に厳しい査定の眼差しを向け続けることで，一回性を宿す臨床を瑞々しく描写する。　　　　　　　本体4,200円＋税

こころに寄り添うということ
子どもと家族の成長を支える心理臨床

[編著] 松谷克彦　吉沢伸一

本書には、子どもや家族が抱える「寄り添い難きこころの諸問題」への臨床的アプローチをめぐる幅広い論考が収められている。児童思春期精神科ファミリーメンタルクリニックまつたにの全臨床スタッフによる実践の経験が凝縮されている。「寄り添い難きこころの諸問題」に私たちができることがあるのかどうか、絶対的な答えがないとしても、悩みながらも考え続けていく価値はあるだろう。あなたの立場で、あなたなりにできることを試し、積み重ねていこうとする時、本書で描きだされている実践の一端が重要な意味を帯びてくるかもしれない。　　　　　　　　　　　　　　　本体2,800円＋税

新刊案内

Ψ金剛出版　〒112-0005　東京都文京区水道1-5-16　Tel. 03-3815-6661　Fax. 03-3818-6848
e-mail eigyo@kongoshuppan.co.jp　　URL https://www.kongoshuppan.co.jp/

うつ病とスティグマの臨床社会心理学
偏見の解消に向けた挑戦
［著］樫原 潤

うつ病は誰もがなり得る病気であり，現在も100万人を超える人々が病を抱えながら生活している。一方で，社会にはうつ病をどこかタブーのように扱う「雰囲気」が存在し，「無意識」にうつ病の人と距離を置いてしまうことがあるのではないか。うつ病の人に対して特有のスティグマの存在を明らかにし，その低減のためにより効果的な方策を提案するなど，従来の社会精神医学的研究の限界を超えた知見を示す。　　　　　本体6,600円＋税

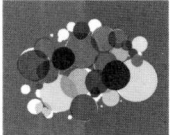

自殺学入門
幸せな生と死とは何か
［著］末木 新

今までヒューマニティの視点から語られることが多かった自殺や自殺予防について，科学的な知見をもとに宗教・文化的な背景も交えて考察し，自殺のメカニズムや危機介入の実際が述べられ，また，自殺予防の経済的価値やSNSなどの現代的なメディアの功罪から，幸福な人生についての考え方まで，今までの成書にはないトピックにも丁寧に触れられている。自殺や自殺予防に関心のある読者だけでなく，幸福な生と死について考えるあらゆる年代の人にとって最適の自殺学ガイドブック！

本体2,800円＋税

ASDに気づいてケアするCBT
ACAT実践ガイド
［著］大島郁葉　桑原 斉

「ASD（自閉スペクトラム症）をもつクライエントへのセラピーをどう進めたらいい？」「親子面接を上手に進めるには？」「ASDをもつクライエントにCBT（認知行動療法）はどこまで有効？」──よくある疑問と誤解に終止符を！　ACAT（ASDに気づいてケアするプログラム）は，ASDのケアに特化したCBT実践プログラムとして研究・開発されたプログラム。ASDと診断された子どもと保護者がプログラムに参加して，セラピストのガイドで「自分が変わる」パートと「環境を変える」パートを整理しながら，正しい理解とそれを実現するための方法を探る。　　　　　本体2,800円＋税

新刊案内

Ψ金剛出版　〒112-0005　東京都文京区水道1-5-16　Tel. 03-3815-6661　Fax. 03-3818-6848
e-mail eigyo@kongoshuppan.co.jp　URL https://www.kongoshuppan.co.jp/

トラウマにふれる
心的外傷の身体論的転回
[著] 宮地尚子

心は震え，身体はささやき，そして人は生きていく。
薬物依存，摂食障害，解離性同一性障害，女性への性暴力，男児への性虐待をはじめとした臨床現場の経験知から，中井久夫，エイミー・ベンダー，島尾ミホ・敏雄との対話からなる人文知へ。傷を語ることは，そして傷に触れることはできるのか？　問われる治療者のポジショナリティとはいかなるものか？　傷ついた心と身体はどのように連動しているのか？──傷ついた心と癒されゆく身体，その波打ち際でトラウマと向き合う精神科医の，思索の軌跡と実践の道標。　　　　　　　　　　　　　　本体3,400円＋税

子ども虐待とトラウマケア
再トラウマ化を防ぐトラウマインフォームドケア
[著] 亀岡智美

本書は長年，精神科臨床に携わってきた著者によって，子ども虐待とトラウマケアに必要なさまざまな視点や対処法が示されており，医療・保健・福祉・教育・司法といったあらゆる支援現場の方にとって指針となる必携の書である。各章は，被虐待児に起こるPTSDの諸症状やアセスメントのポイントから，何よりもまず念頭に置くことが求められるトラウマインフォームドケア，重要な治療プログラムとしてのTF-CBT，アタッチメントや発達障害との関連など，多岐にわたる臨床実践的視点から構成されている。
　　　　　　　　　　　　　　　　　　　　　　　　　　本体3,400円＋税

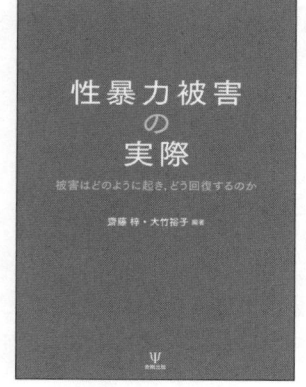

性暴力被害の実際
被害はどのように起き，どう回復するのか
[編著] 齋藤梓　大竹裕子

「望まない性交」を経験した当事者にその経験を語っていただき，その「語り」を，同意のない性交が起こるプロセス，同意のない性交が被害当事者の人生に及ぼす影響，回復への道のりといった観点から分析した，一連の調査の結果をまとめたものである。「語り」から分かった性暴力の加害プロセスには，大きく「奇襲型」「飲酒・薬物使用を伴う型」「性虐待型」「エントラップ（罠にはめる）型」の4つの型がある。それら4つのプロセスを詳述し，「被害当事者にとって，なぜ被害を認識したり相談したりすることが難しいのか」を解説する。　　　　　　　　　　　　　　　　　　本体2,800円＋税

好評既刊

Ψ金剛出版 〒112-0005　東京都文京区水道1-5-16　Tel. 03-3815-6661　Fax. 03-3818-6848
e-mail eigyo@kongoshuppan.co.jp　URL https://www.kongoshuppan.co.jp/

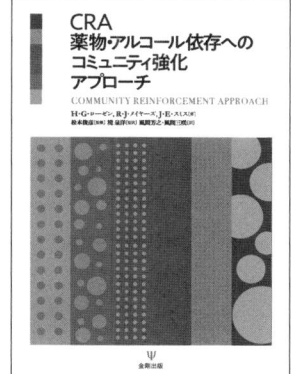

CRA 薬物・アルコール依存への コミュニティ強化アプローチ

[著] H・G・ローゼン　R・J・メイヤーズ　J・E・スミス
[監修] 松本俊彦　[監訳] 境泉洋　[訳] 風間芳之　風間三咲

コミュニティ強化アプローチ（CRA）は，オペラント条件付けに基づく行動療法による治療プログラムである。アルコールもしくはドラッグの使用は，強化の影響下にあることの顕れとしての行動である，と考えられている。CRA治療法は，物質使用よりも報酬の大きな，新しいライフスタイルを発見することを目指している。依存症臨床の最前線で働く援助者にとって，きわめて実践的有用なテキスト。　　　　　　　　　本体3,000円＋税

CRAFT
薬物・アルコール依存症からの脱出
あなたの家族を治療につなげるために

[著] 吉田精次　境泉洋

本書では，CRAFTを実践する著者らが，依存症から抜け出す方策を段階を追ってワークブック形式で解説する。このプログラムは，認知行動療法の技法に基づいて行われ，参加した多数の家族が，本人を治療につなげることに成功している。問題行動の分析，家庭内暴力の予防，イネーブリングを止めるなど，全7回のプログラムによって，当事者と家族の関係を修復し，社会復帰へとつなげる画期的な治療マニュアルである。　　　　本体2,400円＋税

アルコール依存のための治療ガイド
生き方を変える「コミュニティ強化アプローチ」[CRA]

[著] ロバート・J・メイヤーズ　ジェーン・エレン・スミス
[監訳] 吉田精次　境泉洋　[訳] 渋谷繭子

もし，患者が「アルコール依存」より「シラフ」の生活の方がより良いものと感じられたら――。それは患者にとって幸福な人生につながり，治療者にとって格別な有用感のもてるセラピーとなるだろう。コミュニティ強化アプローチ（CRA）は，そうした哲学から生まれた物質使用問題のための画期的な治療法である。回復過程にある患者に，自身がかかわる社会，娯楽，家族，職業などの因子を媒介させ，シラフの生活が豊かで実り多いものと感じさせながら，自らの力で変わろうとする意欲を引き出す。　本体3,200円＋税

好評既刊

Ψ金剛出版　〒112-0005　東京都文京区水道1-5-16　Tel. 03-3815-6661　Fax. 03-3818-6848
e-mail eigyo@kongoshuppan.co.jp　URL https://www.kongoshuppan.co.jp/

ひきこもりの心理支援
心理職のための支援・介入ガイドライン
［監修］一般社団法人 日本臨床心理士会　［編集］江口昌克

同じ当事者でも，場や関係により，その姿は一様ではなく，心のありようも微妙に変化し続ける。そうした当事者に，支援者は視点を移動させたり，関係者との連携の中でさまざまな情報を総合しながら考え，取り組むことが必要である。相談室での一対一の面接方法にこだわるのではなく，支援者自身がいかにそこから自らを解放してものを考え，関わりのバリエーションをもつかが求められる。本書では，心理職として「ひきこもり」をどう理解し，アセスメントし，支援していくかを，予防・教育アプローチ，家族支援，コミュニティーワークなど援助技術各論を紹介する。　　本体3,400円＋税

不登校の子どもの心とつながる
支援者のための「十二の技」
［著］吉井健治

「不登校」には子どもの数だけ理由があり，原因は一つでもなく，子どもとの「接し方」に唯一の正解はない。しかし子どもをなんとか助けたいと望む親や教師が参考にできる，心理的支援の専門家が培ってきた「技」がある。本書第Ⅰ部では，日々不登校の子どもたちと接してきた臨床家が，イメージを膨らませ，理解の間口を広げ，苦しいこころを受けとめて，子どもと支援者がともに機会をとらえて歩き出すための指針を「十二の技」として解説した。第Ⅱ部には，子どもたちへの多様な支援のあり方，不登校理解の鍵となる概念についての調査研究を集めた。　　本体3,200円＋税

いじめサインの見抜き方
［著］加納寛子

いじめを解決する鍵はどこにあるのか──。いじめは常に起きており，多様化しながら子どもたちを取り込んでいる。無視，からかいから暴力行為にまで及び，果ては子どもの心や命を危機にさらすこともしばしばだ。SNSは新たな"いじめツール"となり，いじめそのものもエンターテインメント化している。これら現代的いじめの特徴を踏まえ，深刻な事態に陥らないよう解決を図っていくためには，早期発見と早期対処しかないと著者は言う。こうした問題意識から，子どもたちから発せられるさまざまなサインをキャッチし，早期解決のための手立てをまとめたのが本書だ。　　本体2,400円＋税

好評既刊

Ψ金剛出版　〒112-0005　東京都文京区水道1-5-16　Tel. 03-3815-6661　Fax. 03-3818-6848
e-mail eigyo@kongoshuppan.co.jp　URL https://www.kongoshuppan.co.jp/

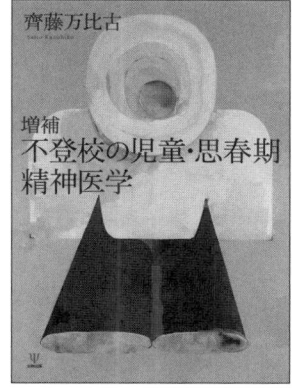

増補
不登校の児童・思春期精神医学

[著] 齊藤万比古

増補版として3章を追加し，現在の不登校事情を明らかにする。「筆者は10年にわたって本書の考え方を温め続け，それを土台に現在の不登校，とりわけ思春期の不登校にあらわれた，2016年現在の思春期心性をとらえようと努めてきた。……本書初版をここまで育んでくれた読者と，これから新たに不登校の治療・支援に関わろうとする若き読者に，不登校論の展開と現在の考え方を一連の流れとしてとらえる機会を提供し，その展望を持って臨床に関わろうと感じてくれることを期待した。」（緒言より）　　本体3,500円＋税

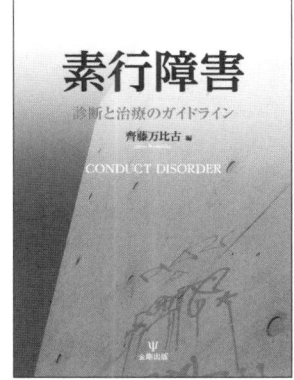

素行障害
診断と治療のガイドライン

[編] 齊藤万比古

素行障害（conduct disorder：CD）は，社会的な規範に対する反復的かつ複数の分野にわたる問題行動によって規定される疾患概念である。それは，被虐待児に発現の親和性が高く，発達障害の子どもにも同じ傾向があるとされる。また，CDの存在によって，併存する精神疾患の治療は難しくなり，対応困難例とされることも多い。診断・評価にあたっては，DSMやICDに基づく診断が半構造化された基準にしたがって行われるべきであり，それに加え本書では，下位分類を評価するCDCL（conduct disorder check list）の有効性を示す。　　本体4,500円＋税

不登校支援の手引き
児童精神科の現場から

[著] 山崎透

「不登校」という現象は，子どもの表れの多様化と，その変化に柔軟に対応できない教育システム，家庭の支持機能の低下などを背景にして，近年さらに複雑になっている。児童精神科臨床を主なフィールドとし，子どもの支援を実践してきた筆者が，自身の臨床経験をベースに，子どもや保護者への具体的な言葉のかけ方などをふんだんに盛り込んだ，不登校支援の集大成とも言える一冊。医療現場のみならず，相談機関や学校など，さまざまな場で不登校の子どもたちを支援する方たちの役に立ってくれる。付章には児童精神科臨床における初回面接の要点も収録。　　本体2,800円＋税